Das Spiel des Verteidigers

Claus Langbehn

Das Spiel des Verteidigers

Der Jurist Carl Langbehn im Widerstand
gegen den Nationalsozialismus

Lukas Verlag

Schriften der Gedenkstätte Deutscher Widerstand
Reihe A (Analysen und Darstellungen), Band 8
Herausgegeben von Peter Steinbach und Johannes Tuchel

© by Lukas Verlag
Erstausgabe, 1. Auflage 2014
Alle Rechte vorbehalten

Lukas Verlag für Kunst- und Geistesgeschichte
Kollwitzstraße 57
D–10405 Berlin
www.lukasverlag.com

Gesamtgestaltung: Lukas Verlag
Druck: Elbe-Druckerei Wittenberg

Printed in Germany
ISBN 978-3-86732-203-4

Inhalt

Vorwort 7

Kapitel 1
Von Sumatra nach Weimar 13

Kapitel 2
Historische Archäologie 41

Kapitel 3
Gewagtes Spiel 65

Kapitel 4
Anfänge im Widerstand 79

Kapitel 5
Offen unter Nationalkonservativen 99

Kapitel 6
Eine letzte Verteidigung 132

Anmerkungen 152
Danksagung 166
Literaturverzeichnis 168
Bildnachweis 177
Personenregister 178

Vorwort

Im August 1944 hielt Heinrich Himmler eine Rede vor den Gauleitern in Posen. Das Attentat vom 20. Juli lag zwei Wochen zurück und hatte vor Augen geführt, dass sich Adolf Hitler in den eigenen Reihen kaum mehr sicher fühlen konnte. Unter diesem Eindruck kam Himmler auf eine Begebenheit zu sprechen, die knapp ein Jahr zurücklag und sich nun für jeden, der es wollte, in die Vorgeschichte des 20. Juli einreihen ließ.

Am 26. August 1943 hatte sich Himmler mit Johannes Popitz getroffen, dem preußischen Finanzminister jener Jahre, der schon vor dem Krieg zum Gegner Hitlers wurde. In diesem Gespräch suchte Popitz dem Reichsführer-SS den Gedanken eines Friedensschlusses unter einer neuen deutschen Führung nahezubringen. Himmler musste in seiner Rede in Posen einen Weg finden, dieses Treffen im richtigen Licht erscheinen zu lassen. Popitz wurde dabei als ein leichtgewichtiger Verräter präsentiert, auf den sich Himmler mit Wissen Hitlers habe einlassen müssen, um mehr über den Widerstand zu erfahren. Daneben war von einer zweiten Person die Rede, einem Mittelsmann, den Himmler nicht namentlich nannte, sondern als »Dr. X« bezeichnete. Bei diesem »Dr. X« handelte es sich um Carl Langbehn, einen Rechtsanwalt aus Berlin, der das Gespräch zwischen Himmler und Popitz vermittelt hatte. Langbehn war seit geraumer Zeit im Widerstandskreis um Popitz aktiv und zugleich seit einigen Jahren persönlich mit Himmler bekannt. Dass sein Name in Posen ungenannt blieb, hatte seinen Grund deshalb nicht darin, dass der Mittelsmann im Leben des Redners sonst keine Rolle spielte. Im Gegenteil, in früheren Jahren war Carl Langbehn ein Mann für Sonderaufträge gewesen, manche von ihnen so brisant, dass Himmler jetzt gute Gründe hatte, seine Identität zu verschweigen.

Wer im Dienstkalender von Himmler steht, wer zum Tee mit ihm verabredet ist und im Ausland für ihn sondiert, darf sich nicht wundern, wenn man Fragen an ihn stellt. Mit Himmler zum Tee verabredet? Himmler war ja einer dieser ganz gewöhnlichen Menschen. Aber worüber man wohl sprach? Der Rechtsanwalt hatte viele Anliegen, darunter auch solche, die andere in größte Not gebracht hätten. Schließlich nutzte er seine Verbindung zum Zentrum der Macht, um sich für die Opfer des Regimes einzusetzen. Und mag es noch so merkwürdig klingen: Himmler geriet dabei in die Rolle eines Helfers. In der Sicht von Langbehn jedenfalls war diese Rolle gegeben – nicht unter moralischen, sondern pragmatischen Gesichtspunkten. Als er sich dann später am Widerstand gegen das Regime beteiligte, war es eigentlich nur konsequent, die Rolle Himmlers von der anwaltlichen Praxis auf den Widerstand auszudehnen.

Das Spiel des Verteidigers setzte hier ein, an einem Punkt, wo er nicht mehr nur Menschen, sondern ein ganzes Land gegen die Nationalsozialisten zu verteidigen suchte. Der Umgang mit Himmler machte es gewiss zu einem teuflischen Spiel. Um das Elend der Nation zu beenden, schien jedes Mittel recht. Wer direkten Zugang zu einer Führungsfigur im Dritten Reich hatte, musste wohl irgendwann auf den Gedanken verfallen, den Widerstand mit Hilfe des Gegners handlungsfähig zu machen. Im August 1943 kam es dann zu dem Treffen zwischen Himmler und Popitz, von dem Popitz und Langbehn hofften, dass es die Wende in Deutschland einleiten würde. Hitler sollte nicht ermordet werden, sondern sich nur zurückziehen – mehr konnte man vor einem Himmler nicht vortragen –, sollte die höchste Macht an einen anderen übergeben, um den Weg zu Friedensverhandlungen frei zu machen. Das alles scheiterte und leitete schließlich nur das Ende des nationalkonservativen Widerstandsflügels um Popitz ein.

Carl Langbehn gehörte zu einer Gruppe von Menschen im deutschen Widerstand, die vielfach als Nationalkonservative bezeichnet werden. Ist schon eine Verständigung über die grundsätzliche Bedeutung des Ausdrucks ›nationalkonservativ‹ alles andere als einfach, so ruft die Zuschreibung im Falle des Verteidigers besondere Probleme hervor. Wenn er selbst nationalkonservativ war, dann jedenfalls in einer Form, die sich von der seiner älteren Mitstreiter unterschieden hat. Anders als Popitz oder Ulrich von Hassell kam der viel jüngere Langbehn gleichsam zu spät, um im staatlichen, politischen und militärischen Leben des Kaiserreichs entscheidende Prägung zu erfahren. Die älteren Nationalkonservativen hingen der monarchischen Tradition nach und trugen ein Preußentum in sich, das Langbehn – in den 1920er Jahren ein Verfechter kommunistischer Ideen – lange Zeit fremd sein musste. Seine ersten Lebensjahre verbrachte er auf Sumatra, und einmal in Deutschland angekommen, blickte der Sohn eines Plantagenleiters zeitlebens auf eine unbeschwerte Kindheit im tropischen Indonesien zurück. Die Kultur des wilhelminischen Kaiserreiches musste sich der junge Langbehn nach seiner Ankunft in Deutschland erst aneignen. Dieser Aneignung folgte im Erwachsenenalter interessanterweise eine zweite, denn kaum hatte Carl eine eigene Familie gegründet, brach die Frage nach der Herkunft seines Vaters und damit diejenige nach seiner weiteren Familiengeschichte in ihm auf.

Der deutsche Widerstand ist kein Kapitel im Buch deutschen liberalen Denkens. Nicht alle, vielleicht sogar die wenigsten, die sich gegen das Regime stellten, waren von demokratischen Vorstellungen geleitet oder gar beseelt. Die Logik des Widerstandes sieht in der Tat nicht vor, dass nur Demokraten bereit sein konnten, dem Spuk ein Ende zu bereiten. Zu dieser Logik gehört allerdings ebenso, dass die kritische Distanz zur Demokratie, die ja vor allem den Erfahrungen von Weimar geschuldet war, differenziert betrachtet werden muss. Jemand, der das faktische Ende der Weimarer Republik mit Erleichterung zur Kenntnis nahm, hatte noch lange keinen Grund, seinen Glauben an den Rechtsstaat aufzugeben, von seinen moralischen Ansprüchen ganz zu schweigen. Man kommt in die Denkwelt des deutschen Widerstandes deshalb kaum hinein, wenn man die wohlfeile politische Rhetorik zum Leitfaden der Auseinandersetzung macht und die Zwischenformen im Spektrum politischer Einstellungen darin übergeht. Das gilt auch und vor allem für Langbehn, der einen durch Wahlen legitimierten, wenngleich unter Druck forcierten Übergang in eine Führerdiktatur erlebte und unkritische Forderungen nach einer Rückkehr zur Demokratie darum mit Skepsis betrachten konnte, ohne seinen Kampf für Recht und Gerechtigkeit als Selbstwiderspruch erleben zu müssen.

Dieses Buch handelt von einem Menschen im Widerstand und seinem Leben davor. Eine Biographie im anspruchsvollen Sinne des Wortes sollte man dennoch nicht erwarten. In Lebensbeschreibungen geht für gewöhnlich sehr viel mehr ein, als ich in den Abschnitten dieses Buches darstelle. Die Kindheit auf Sumatra zum Beispiel streife ich nur, ebenso die ersten Jahre in Deutschland vor und während des Ersten Weltkrieges. Zu diesen beiden Lebensabschnitten schweigen die Quellen nicht; aber sie lassen auch keine Geschichte erzählen, die biographischen Ansprüchen genügen würde. Der *politische* Mensch jedoch ist bis zu einem gewissen Grad zugänglich, so dass ich wage, von einer politischen Biographie zu sprechen, die auf eine Beschreibung des politischen Bewusstseins in der Spanne eines Lebens zielt.

In dieser Beschreibung bleibt über vieles hinauszugehen, was bisher über Langbehn geschrieben worden ist. In der Literatur seit den Jahren nach dem Zweiten Weltkrieg findet sich sein Name bis heute zwar unzählige Male erwähnt, seine Stellung und Funktion ebenso häufig behandelt, am häufigsten im Zusammenhang mit dem Treffen vom 26. August 1943. Der Mensch im Widerstand und sein Weg dorthin konnten hinter den historischen Ereignissen aber nur selten einmal hervortreten. In meiner Suche nach der politischen Form eines individuellen Lebens spüre ich deshalb einem Bewusstsein nach, das nicht weniger aus seiner Zeit verstanden als gegen sie behauptet werden muss. Der Aneignung einer Familiengeschichte kommt dabei ein besonderer Stellenwert zu. Sie tritt nicht für ein Leben selbst ein, das uns nur wenig hinterlassen hat. Gleichwohl ist sie die Selbsterweiterung eines Mannes, an der wir teilhaben müssen, um seiner Entwicklung in den heiklen Jahren um 1930 folgen zu können. In die Beschreibung des politischen Bewusstseins schiebt sich aus diesem Grunde eine historische Archäologie, mit der die Geschichte einer Familie in die Geschichte von Carl Langbehn hineingedacht werden muss. Biographisch ist die politische Biographie in vor allem diesem Sinne.

Der Rückzug in eine politische Biographie entlastet, weil man mit ihm aus der Verantwortung entlassen wird, der Fülle eines ganzen Lebens gerecht zu werden. Zugleich bringt er bestimmte Herausforderungen mit sich. Offen und neugierig, vor allem vorurteilsfrei zu bleiben, fällt nicht leicht bei jemandem, der den Umgang mit einem Unmenschen wie Himmler nicht scheute. Ich habe die Auseinandersetzung in der Hoffnung geführt, dass sich mit der Notwendigkeit, eingeschliffene Denkgewohnheiten aufzugeben, die Möglichkeit zu neuen Erfahrungen in der Auseinandersetzung mit dieser Zeit verbindet. Mir kann es deshalb nicht darum gehen, nur allzu eifrig über die Sache zu urteilen. Statt dessen möchte ich sie in ihrem historischen Kontext zur Sprache bringen.

Die Beschreibung des politischen Bewusstseins ist vor diesem Hintergrund zu verstehen. Sie ist sicher kein vorurteilsfreies und interesseloses Verfahren; und historische Sachverhalte bildet sie nur in den seltensten Fällen einfach ab. An dem Ideal der Beschreibung möchte ich dennoch festhalten. Ein solches Ideal zeigt keine Auffassung vom einzig richtigen historischen Verfahren in der Suche nach der politischen Form eines Lebens an. Es vermittelt vielmehr den Ansatz, dass sich in der Beschreibung eine *Haltung* zum Ausdruck bringt, die nicht zwingt, auf jede Frage eindeutige Antworten zu geben oder Umstände so darzustellen, dass sie keine weiteren Fragen aufwerfen. Beschreibungen lassen Widersprüche zu, die im Leben selbst existieren; und sie entlarven den Schein anderer, von denen dies nicht gilt. Beschreibung als Haltung verspricht darüber hinaus, das zusammengesetzte Leben in die Form einer *Geschichte* zu bringen, aus der ihr Protagonist in seiner Entwicklung für uns hervorgehen kann. Wollen wir etwas über einen Menschen erfahren, so ist seine Geschichte hier derjenige Sinnzusammenhang, den ich in seiner unvermeidlichen Konstruktion so beschreibend wie möglich vorführen möchte, um das Unwiederholbare im Medium historischer Erfahrung zumindest als eine nachvollziehbare, lebendig gewordene Geschichte einzuholen.

Zweifellos, in der Beschreibung des politischen Bewusstseins gehe ich an vielen Stellen zu weit, treffe also Feststellungen, die über das, was sich historisch zeigt, hinausgehen. An anderen Stellen übe ich vielleicht zu viel Zurückhaltung und bleibe hinter den Möglichkeiten zurück, die mit dem versammelten und geflochtenen Material gegeben sind – um auf diese Weise nicht weniger genau darüber zu urteilen. Auf dem Boden einer reinen Beschreibung zu bleiben, war also gar nicht möglich. Ich hoffe dennoch, dass die politische Biographie in kein Ergebnisbuch mündet, sondern den Prozess meiner Auseinandersetzung mit Carl Langbehn in die zeitliche Struktur seines politischen Bewusstseins übersetzt.

Dass ich in den letzten Jahren überhaupt an einem Buch gearbeitet habe, war mir freilich lange Zeit nicht bewusst. Vor einigen Jahren fielen mir zwei Briefe dieses anderen Langbehn in die Hände, als ich den Nachlass meines Großvaters, Hans Heinrich Langbehn, zu ordnen anfing. Die Neugierde, der ich folgte, habe ich seither nicht selten verflucht. An einen Menschen, den man niemals kennengelernt hat, kommt man schließlich nur heran, wenn man sich auf sein Leben einlässt und zu Zeiten bereit ist, sein eigenes zu vergessen. Es bleibt zu hoffen, dass ich nicht distanzlos in ihm aufgegangen bin und mir nicht jener Blick von außen fehlt, ohne den die gesuchte Form des Lebens kaum sichtbar werden würde.

Kapitel 1

Von Sumatra nach Weimar

Carl Langbehn wurde am 6. Dezember 1901 in Padang auf Sumatra geboren. Sein Vater Heinrich Langbehn wanderte in den frühen 1890er Jahren nach Indonesien aus, lebte zunächst auf Borneo, später auf Sumatra, wo er eine Tabakplantage leitete. Heinrichs Mutter Friedericke, Witwe eines holsteinischen Gutsverwalters, sah sich nicht in der Lage, den Studienwunsch ihres Sohnes zu erfüllen. Dieser trat deshalb in den Dienst einer Kolonialgesellschaft ein und fand hier ein reichlich gutes Auskommen. Im Jahre 1900 kehrte er für kurze Zeit nach Deutschland zurück, um dort mit einer Frau anzubandeln. Sein Freund Carl Maschmeyer, ebenfalls Plantagenleiter auf Sumatra, hatte einen Besuch bei seiner jüngsten Schwester Martha arrangiert, der Heinrich bei ihren Eltern in Köln nach einer dreimonatigen Schiffsreise schließlich die Aufwartung machte. Martha war die Tochter eines für den Kölner Zoo tätigen Gartenarchitekten und um einiges jünger als Heinrich. Noch im Juli – die Liebe kommt später – heiratete man. Schon bald nach ihrer Reise in die Fremde brachte Martha auf Sumatra das erste Kind zur Welt. Carl verbrachte hier seine ersten neun Lebensjahre. Irmgard, seine spätere Frau, schrieb nach dem Krieg, dass ihr Mann seine Kindheit in »großer Freiheit und Sorglosigkeit« verbrachte.[1] Die Plantage lag im nordöstlichen Teil Sumatras in der Nähe der Stadt Medan, die damals der Sitz des Sultans von Deli war.

In seiner Reisebeschreibung *Auf Java und Sumatra* (1902) hat der deutsche Botaniker Karl Giesenhagen dieses Gebiet anschaulich beschrieben. Auf der Fahrt vom Seehafen Belawan nach Medan, küstennah und fern der Gebirgslandschaft gelegen, sah er weites, flaches, nur von einzelnem Gestrüpp durchzogenes Grasland; hin und wieder fiel sein Blick auf die großen Feldscheunen der Tabakpflanzungen. Die Pflanzungen wurden von europäischen Verwaltern geführt und bestanden in der Regel aus vier bis sechs Abteilungen, die wiederum von (europäischen) Assistenten geleitet wurden. Jede dieser Abteilungen, so Griesenhagen, war größer als ein mecklenburgisches Rittergut. Wer einer ganzen Plantage vorstand, hatte deshalb ein immenses Gebiet und viele hundert Arbeiter unter sich. Vor Ort machte sich der Botaniker ein Bild auf der Pflanzung des in Deli bekannten Verwalters Maschmeyer, der ihn einen Tag lang über die Felder der Plantage führte.

Die ausführlichen Beschreibungen geben dabei natürlich auch die Lebens- und Arbeitsverhältnisse der Familie Langbehn wieder. Heinrich mag dabei

Carl im Kindesalter

eine der Abteilungen der Maschmeyer-Plantage geleitet haben oder aber selbst der Hauptverwalter einer Plantage gewesen sein. In kolonialen Verhältnissen ist Carl in jedem Fall groß geworden. Das Plantagenleben war von dieser Art: Spiel und Abenteuer im Schutze anderer Menschen, einheimischer Angestellte, die sich um sein Wohl und das seines später in Deutschland früh verstorbenen Bruders Hans kümmerten. Diese erste Lebenswirklichkeit fern der deutschen Heimat seines Vaters muss man hervorheben; nicht nur, weil sie prägend war, sondern auch hinter einer anderen Herkunftsgeschichte zu verschwinden droht. Denn trotz der kolonialen Lebensform auf Sumatra hielt es Irmgard Langbehn später für angemessen und richtig, die Herkunft ihres Mannes mit einem »alten holsteinischen Bauerngeschlecht« anzugeben.[2] Da war man im tropischen Indonesien geboren und sollte doch von einer Familie im norddeutschen Tiefland abstammen.

In reiferen Jahren, Anfang der 1930er Jahre, hat sich Carl für diese Herkunft interessiert. Zu diesem Zeitpunkt war er bereits Rechtsanwalt in Berlin. Den Kontakt zum Stammsitz der Familie im ostholsteinischen Klenzau nördlich von Lübeck suchte er zunächst brieflich. Sein Ansprechpartner dort war seit spätestens 1932 der damalige Hofbesitzer Hans Heinrich Langbehn. Der erste Brief hatte die Familiengeschichte zum Inhalt und behandelte unter anderem die Frage nach einem Familienwappen. »Ich habe vor«, kündigte der Briefschreiber seinem Vetter zweiten Grades darüber hinaus an, »gelegentlich einen Ferienurlaub zu benutzen, um in den Kirchenbüchern den Stammbaum meines Vaters und Großvaters weiter zu verfolgen. Ich werde zu diesem Zweck in die Gegend von Eutin reisen.«[3] Einige Jahre später ist Carl zwar wirklich in diese Gegend gereist, aber es blieb bei einem Besuch auf dem Hof der Familie. Von einer Ahnenforschung vor Ort ist jedenfalls kein Wort überliefert. Die frühe Umgebung seines Großvaters, Johann Friedrich Wilhelm, stand ihm auf dem Hof dafür sehr konkret vor Augen. Auch Wilhelm kannte er nur aus Erzäh-

Eine frühe Kindheit auf Sumatra: Carl, auf dem Pony sitzend, mit seinem jüngeren Bruder Hans

lungen. Und in den Jahren seiner Kindheit fehlte ihm noch der Familiensinn, um mit diesen Erzählungen die ganze historische Tragweite seiner Herkunft aus jenem »alten holsteinischen Bauerngeschlecht« zu ermessen. Aber es ist gut möglich, dass die mündliche Überlieferung der Familie ihn schon von früh an begleitete.

Irmgard hatte nicht Unrecht, als sie von einem *alten* Bauerngeschlecht sprach. Der Überlieferung zufolge ist die Familie Langbehn im Jahre 1152 von Holland in das damalige Wagrien eingewandert, heute Ostholstein, und dort in einer wohl ursprünglich slawischen Siedlung namens Klenzowe angesiedelt worden. Dieser Ort wird in einem Dokument aus dem Jahre 1288 erstmals urkundlich erwähnt. Im Zuge der deutschen Ostkolonisation sind holländische Siedler mehr als hundert Jahre zuvor in diesen Landstrich vorgedrungen. Der Schauenburger Graf Adolf II. hatte 1143 dazu aufgerufen, das den Slawen abgerungene Land zu besiedeln. Jene holländischen Siedler, die dem Aufruf folgten, ließen sich in Utin, dem heutigen Eutin, und rings um die Seen dieser Landschaft nieder, wo sie Holländerdörfer gründeten. Ob die Langbehns, in früheren Jahrhunderten auch Langbein und Langebeen genannt, ein Teil dieser deutschen Ostsiedlung waren, konnte Carl nicht wissen. Aber viele Jahre nach seiner Ankunft in

Carl Langbehn um 1910 mit seiner Mutter Martha, geb. Maschmeyer, in der Zeit nach seiner Ankunft in Bad Berka bei Weimar

Der Vater Heinrich Langbehn

Deutschland entwickelte er das Bedürfnis, herauszufinden, welchen historischen Sinn seine Herkunft aus einem alten holsteinischen Bauerngeschlecht haben mag. Carl schrieb an den Stammsitz, um diese Fragen zu klären. Nach mehr als zwanzig Jahren in Deutschland trieb ihn die Familiengeschichte merklich um. Bis dahin aber lebte er ohne tieferes Wissen um seine ostholsteinischen Ahnen und hatte zunächst noch den Sprung auf einen anderen Kontinent vor sich.

Einem kleinen Jungen konnte das Leben auf einer Plantage gefallen. Aber als Carl älter wurde, brauchte es nach den Vorstellungen der Eltern Institutionen, die es auf Sumatra nicht gab, allen voran eine weiterführende Schule, die den ältesten Sohn und seinen Bruder auf den rechten Weg bringen konnte. Um 1911 schickten die Eltern deshalb wahrscheinlich beide Söhne, mit Sicherheit aber Carl, nach Deutschland, genauer nach Bad Berka bei Weimar, wo der älteste Sohn das Waldpädagogium besuchte, eine reformpädagogische Einrichtung, die als Internatsschule nicht voraussetzte, dass die Eltern in der Nähe wohnten. Martha hielt die Trennung allerdings nicht lange aus und sorgte schließlich dafür, dass ihr Mann seine Stellung als Plantagenleiter aufgab und gemeinsam mit ihr die Reise in die alte Heimat antrat. In Bad Berka kaufte

Heinrich angeblich eine Kartonagefabrik. Das Leben im spätwilhelminischen Kaiserreich empfand er jedoch schnell als sehr eng. Ein oder zwei Jahre nach der Rückkehr fiel deshalb die Entscheidung, das Land abermals zu verlassen, dieses Mal in Richtung Afrika in die Kolonie Deutsch-Kamerun. Carl blieb in Deutschland, zog aber mit dem Weggang der Eltern nach Hannover um, wo er bei einer Schwester von Martha, Agnes, untergebracht wurde. Damit war entschieden, welchem der zwei elterlichen Familienzweige Carl zufiel. Er wuchs nicht im bäuerlichen Raum des östlichen Schleswig-Holsteins auf, wo die väterlichen Verwandten lebten und gerade der Vetter seines Vaters, Johann Heinrich Langbehn, den Klenzauer Hof führte. Wie die Kontaktnahme zu Beginn der 1930er Jahre zeigt, hatte Carl in all den Jahren anscheinend nur wenig oder überhaupt keine Berührung mit diesem Zweig. Stattdessen fiel er in den Kreis der Familie Maschmeyer, die ihn im Krieg und danach mit allen ihnen zur Verfügung stehenden Mitteln unterstützte.

Radikal, geradeaus und einfühlsam: Leben in der Weimarer Zeit

Carl Langbehn war zu jung, um in den Ersten Weltkrieg hineingezogen zu werden, aber er war im genau richtigen Alter, um an den folgenden, politisch extremen Entwicklungen der Weimarer Zeit engagiert teilzuhaben. Die junge Republik stand vor großen Herausforderungen und musste sich mit dem durch die Revolution nicht gleich überwundenen monarchischen Geist arrangieren. Die Sozialdemokraten fühlten sich hier in der Pflicht, sahen sich aber auch mit einer fortgesetzten Revolution von ganz links konfrontiert: mit politischen Kämpfern, die den wahren Sozialismus unter den Bedingungen der Weimarer Verfassung und der vielen Kompromisse, die Sozialdemokraten zu machen bereit waren, für unerreicht, wenn nicht unerreichbar hielten. Aber nicht nur die extreme Linke stand gegen die Republik auf. Der Vertrag von Versailles war am 10. Januar 1920 in Kraft getreten und wurde von den Deutschen, vor allem von den national eingestellten Vaterlandsverehrern, als Diktat der Siegermächte empfunden, angeblich voller Lügen über den Krieg und Demütigungen für das deutsche Volk.

Die Geschichte der Weimarer Republik und ihres Scheiterns ist ohne Versailles bekanntlich nicht zu verstehen. In diese Geschichte gehört auch der Kapp-Putsch, der in die Zeit der fortgesetzten Revolution von (ganz) links fällt, aber seiner politischen Natur nach reaktionär war und deshalb aus anderen Gründen gegen die sozialdemokratisch geführte Regierung vorging. Langbehn leistete zu dieser Zeit seinen Militärdienst im Hannoveraner Ulanenregiment 9 und war damit in den Kreis der Putschisten gestellt.[4] Gerade einmal achtzehn Jahre alt, nahm er an einem Aufstand teil, der sich gegen die Weimarer Republik, den Versailler Friedensvertrag und die damit verbundene Verkleinerung der Reichswehr richtete. Ob wir an seinem Militärdienst seine frühe politische Haltung ablesen können, ist dagegen eine ganz andere Frage. Man wird nicht gleich nationalistischen und antirepublikanischen Geist an ihn herantragen wollen, nur weil er in einem Regiment diente, das im Ganzen der Geschichte von solchem Geist gewesen war. Allerdings sei Carl nach dem Scheitern des Kapp-Putsches »immer weiter nach ›links‹ gerutscht«, wie sich Irmgard später erinnerte.[5] Und das scheint einen früheren ›rechten‹, namentlich konservativen Standpunkt vorauszusetzen.

Wenn Langbehn diese politische Bewegung vollzog, dann dachte er in seinen jungen Jahren zwischen den Extremen. Denn rutschte er in den 1920er Jahren immer weiter nach links, so war seine politische Haltung am Ende weniger sozialdemokratisch denn kommunistisch ausgerichtet. Heinz Kleine, seit 1922 mit Langbehn befreundet und später sein Sozius in der gemeinsamen Rechtsanwaltskanzlei, bezeichnete ihn als einen *sozialistischen Kommunisten* mit politischen Ambitionen im Leben.[6] Noch im Jahre 1929 waren die entsprechenden Überzeugungen äußerst präsent, denn mit der Verlobten Irmgard, die sich in der politischen Mitte sah, trug der am extremen linken Flügel orientierte Langbehn »heftige Kämpfe« aus.[7] Wenn Carl sich für eine Sache begeistern konnte, ließ er sich in ihren Bann ziehen. Dann immer in Gefahr, sich selbst zu vergessen, trat er pochenden Herzens für sie ein.

Die radikale politische Einstellung dieser Jahre war dabei nur der mögliche Ausdruck eines Charakters, der sich in anderen Lebensbereichen mit gleicher, nur anders gerichteter Wucht zu entladen vermochte. Die »unverbrauchte, vitale Bauernkraft«, die Irmgard an Carl wahrnahm, wurde dabei durch ein »starkes Einfühlungsvermögen und sehr viel psychologisches Gefühl« ergänzt.[8] In einer Schilderung durch seinen Studienfreund Kleine klingt diese Doppelnatur für die Zeit der 1920er Jahre etwas an:

> Ich lernte Carl Langbehn im Sommersemester 1923 in Göttingen kennen. Wir besuchten die gleichen juristischen Kollegs. Er fiel durch seine hohe Intelligenz auf und war schon damals leidenschaftlich Jurist. Zwar bedauerte er noch manchmal, daß er seine ersten Studienfächer Physik und Mathematik hatte aufgeben müssen – wohl aus pekuniären Gründen – die Juristerei bot ihm aber vollen Ersatz. […] Langbehn suchte meine Freundschaft. Ich war zunächst sehr ablehnend, weil er mir zu robust und radikal erschien. Seine Persönlichkeit erzwang sich die Zuneigung, die zu einer herzlichen Freundschaft wurde. Langbehn war überaus ehrgeizig. Für seine Kraftnatur war nichts unmöglich, was er wollte setzte er auch durch, ob es sich um die Aufnahme in eine erste Hockeymannschaft oder um die Einbeziehung in einen ihn interessierenden geistigen Kreis oder um die Gunst einer Frau handelte. Von sich aus scharten sich aber

auch nicht wenige junge Leute um ihn, weil sie in seiner starken Persönlichkeit irgendwie Schutz oder Halt fanden. Dazu kam, daß er im Grunde ein gütiger und jederzeit hilfsbereiter Mensch war. Aus diesem Grundzug seines Wesens stand schon in Göttingen für ihn fest, dass er Anwalt werden würde und wir beschlossen bereits damals eine gemeinsame Anwaltspraxis zu gründen.[9]

Überlässt man sich dieser Beschreibung, so erscheinen die weiteren Jahre bis zur Verhaftung wie die konsequente Umsetzung und Entfaltung einer Persönlichkeit unter den besonderen Bedingungen der Zeit. In seiner komplexen Natur konnte Langbehn das Spiel eines Daseins entfalten, das in Möglichkeiten gründete, ohne dass es in den Opportunismus führte. Langbehn war nicht immer schon entschieden, festgestellt im Trieb vielleicht noch, aber frei, ehrlich nicht weniger als strategisch zu handeln, kühn dabei im Wollen wie im Denken. Er beherrschte den Umgang mit anderen Menschen, selbst jenen, vor denen man sich fürchten musste. Dieser, wie man sagte, junge charmante Mann suchte überhaupt schon früh das Abenteuer und konnte sich dem engen Leben in Deutschland deshalb nur schwer einordnen.[10]

Orientierung und Herzenslust fand er jedoch im Studium der Rechtswissenschaften, das er nach seinem Ausflug in die Physik und Mathematik im Jahre 1921 aufnahm. In diesem Jahr starb auch sein inzwischen nach Deutschland zurückgekehrter Vater. Heinrich Langbehn, obwohl Zivilist, wurde im Ersten Weltkrieg von den Engländern in Deutsch-Kamerun festgenommen, nach England gebracht und dort in einem Internierungslager festgehalten. Dort hat er insgesamt vier Ausbruchversuche unternommen, die man damit bestrafte, dass man ihn erst 1919 in die Heimat entließ. Nach seinem Tod war Carl zu einem pragmatischen Standpunkt verpflichtet und darauf angewiesen, mit dem Studium zugleich realistische Perspektiven auf finanzielle Selbständigkeit entwerfen zu können. Die Rechtswissenschaften versprachen hier eine entsprechende Sicherheit. Infolge der Inflation fehlte ihm allerdings bald die finanzielle Grundlage zur Fortführung seines Studiums. Zwischen 1922 und 1923 musste er das Studium deshalb unterbrechen. Er trat einer sozialdemokratischen Gewerkschaft bei, um seine Chancen auf einen Arbeitsplatz zu erhöhen. Die Anstellung in einer Autoreifenfabrik konnte er indes schon nach wenigen Monaten wieder beenden, weil Carl Maschmeyer, sein Onkel mütterlicherseits und zugleich der Freund seines Vaters Heinrich, ihn nach München holte und die Fortsetzung des Jurastudiums finanzierte. Trotz dieses Ortswechsels blieb er an der Universität Göttingen eingeschrieben, an der er am 21. Juni 1924 die Erste juristische Staatsprüfung ablegte.

Noch in diesem Jahr reichte Langbehn eine Dissertation ein, die von dem Juristen Fritz Pringsheim betreut worden war. Zu Pringsheim stand er in einer engen, von Bewunderung getragenen Beziehung; das gute Verhältnis ließ auch private Besuche zu. Die Arbeit, die ihm die Doktorwürde einbrachte und, so ihr Titel, von *Zustimmung und Verfügung* handelt, ist für alle, die sich ihrem Autor biographisch nähern, von einer gewissen Tragik. Hier liegen über sechzig Seiten von einem zukünftigen Mann im Widerstand vor, der sonst kaum etwas hinterlassen hat, ein Zeugnis davon, worin sein großes Lebensthema bestand, und doch wandelt sich dieser Text kaum in eine Quelle zum biographischen Verständnis. Die Promotionsschrift zeigt nicht die überlieferte politische Gesinnung jener Jahre, sondern eine pragmatische, begriffsanalytisch durchargumentierte Auseinandersetzung mit einem Spezialproblem der Rechtswissenschaften.[11] Die Stimme, die hier spricht, ist deshalb schmerzvoll für den, der nach Worten sucht, die den politischen Menschen zeigen. So viel Text und doch kein Fund! Gleichwohl ist er ein frühes Dokument des Referenzrahmens, der für Langbehn auch in folgenden Jahren Priorität haben sollte. Im System der Rechte fand er eine verlässliche Grundlage zur Entscheidung öffentlicher Angelegenheiten. Daneben existierte die Politik, für die er sich begeistern konnte, ohne dass er seinen juristischen Standpunkt von politischen Überzeugungen korrumpieren ließ. Nur deshalb konnte der spätere Verteidiger einer der vehementesten juristischen Widersacher der Nationalsozialisten werden.

Nach seinem Studium trat Langbehn die vierjährige Referendarzeit in München an. Knapp drei Wochen nach seiner Ersten juristischen Staatsprüfung wurde er am 10. Juli 1924 für den Staatsdienst vereidigt. Die zweifellos arbeitsintensiven Jahre in München waren nicht nur erträglich, denn im Süden fühlte sich Langbehn anscheinend recht wohl. Die letzten sechs Monate der Referendarzeit absolvierte er in Berlin, wo er am 6. September 1928 die Große juristische Staatsprüfung ablegte.

Der Gang nach Berlin führte ihn auch wieder näher an seinen alten Studienfreund Kleine heran, mit dem er viel Zeit verbrachte. Theater- und Museenbesuche machten den intensiven Arbeitsalltag erträglich. »Vor allen Dingen«, erinnerte sich Kleine später, »glaube ich damals Langbehn in eine engere Beziehung zu Musik gebracht zu haben, denn er war im Grunde ein musikalischer Mensch ohne Sentimentalität. Nur waren diese Dinge damals noch jedenfalls sehr verdeckt, so dass er vielen sogar als amusisch erschien. Mir fällt dabei ein, dass ich diesen vitalen Menschen zum ersten Mal geradezu erschüttert gesehen habe, als er in einer Aufführung der H-moll Messe neben mir saß und diese selbst zum ersten Mal hörte.« Kleine deutete diese Erfahrung interessanterweise in eine Erzählung über einen Wesenszug seines Freundes aus, der die längste Zeit seines Lebens ohne »echtes Leid« zugebracht habe; in seinem »knabenhaften, fröhlichen Gesicht« sei »davon nichts geschrieben« gewesen – und erst die späte Liebe zu einer Frau, die nicht die seinige war, habe ihn tief in den Abgrund gerissen und bereits vor den Qualen im Gefängnis erfahren lassen, was Leid bedeute.[12]

Carl Langbehn,
um 1920

Langbehn ist in jungen Jahren sicherlich nicht ungeprüft und ohne Herausforderungen durch das Leben geschritten. Die Eingliederung in eine ihm fremde Kultur, die kritische Auseinandersetzung mit spätwilhelminischen Zwängen und die ökonomischen Härten in seiner Studienzeit waren prägende Erfahrungen, die zur Geschichte eines Menschen und seiner Aufgabe gehörten, eine Identität auszubilden. Seine Biographie ist eine Entwicklungsgeschichte mit großer Dynamik, die Identität in der Tat als Aufgabe begreifen lässt. Was ihm gegeben war und was er selbst erarbeiten musste, können wir heute nicht mehr feststellen, ebenso wenig die Anstrengungen und Verletzungen, die Langbehn auf seinem Weg unternommen und erlitten hat. Gleichwohl muss man die Wahrnehmung seiner Zeitgenossen ernst nehmen, die für sich entscheiden konnten, wer ihnen da begegnete. Wer den Menschen hingegen nicht mehr erleben kann, ist gut beraten, sich auf eine Beschreibung des politischen Bewusstseins jenseits möglicher Lesarten eines Gesichts zu reduzieren.

Carl brachte der Politik ein außerordentliches Interesse entgegen. Sofern er in den 1920er Jahren politisch eine intensive linke Phase durchlebte, wollte oder konnte er seine politische Heimat jedoch von keiner Partei, auch nicht der kommunistischen, abhängig machen. Die wirtschaftliche Not und die Notwendigkeit, das eigene Fortkommen zu garantieren, haben sicher dazu beigetragen, dass Langbehn lange Zeit keiner Partei beitrat und seine Kraft in das Studium investierte.

Aus welchen Gründen er parteilos kommunistische Überzeugungen radikal vertrat, ist schwer zu erklären. Es liegt nahe, sie mit den ureigensten Erfahrungen zu begründen, mit seiner finanziellen, gesamtwirtschaftlich verursachten Not, die man als den Nährboden für ein kritisches Bewusstsein gegenüber einer kapitalistisch organisierten Gesellschaft verstehen könnte. Als ein Familienerbe ist die extrem linke Gesinnung jedenfalls nur schwer vorstellbar. Ob er in dieser Gesinnung in die Internationale einstimmte und die marxistische Orthodoxie über nationalstaatliche Angelegenheiten stellte, ist im Übrigen überhaupt nicht klar. Die Probleme der Weimarer Republik und die in diesen Jahren nicht allein auf nationalkonservativer Seite empfundene Kränkung des deutschen Volkes durch Versailles konnten auch von einem enthusiastisch linken Geist wahrgenommen werden. Ein gewisses Maß an Vaterlandsbewusstsein war in den 1920er Jahren nicht gleich an Parteien gebunden, sondern ein vorpolitischer Raum, in dem gänzlich unterschiedliche parteipolitische Auffassungen nebeneinander stehen konnten.

Ein linker Jungsporn musste also nicht notwendig ohne Sinn für Volk und Vaterland sein. Und sollte Langbehn vor allem durch persönliche Umstände in seinen politischen Horizont dieser Jahre eingetreten sein, so war es nicht unwahrscheinlich, dass eine Verbesserung seiner Verhältnisse auch zu einer Veränderung seiner politischen Überzeugungen führte. Den Beginn einer solchen Veränderung können wir auf die Zeit um 1928/29 datieren.

Nachdem Langbehn im Herbst 1928 seine Große juristische Staatsprüfung in Berlin abgelegt hatte, stellte sich ihm die Frage nach seiner weiteren beruflichen Laufbahn. Anscheinend dachte er darüber nach, in den Staatsdienst einzutreten, um dort die berufliche Ausbildung fortzuführen. Die prekären Verhältnisse aber zwangen ihn, schnell eine Stelle anzunehmen, die Geld ins Haus brachte und Verantwortung für seine Mutter wahrnehmen ließ.

Wenige Wochen nach der Prüfung wurde er Mitarbeiter in der bekannten jüdischen Anwaltskanzlei Dr. Asch, in der er sich wahrscheinlich auf Film- und Urheberrecht spezialisierte. Seit dem 30. April 1929 war er beim Landgericht Berlin als Rechtsanwalt eingetragen. In der Anwaltskanzlei wurden ihm zunächst nur weniger wichtige Fälle übertragen. Entsprechend gering war der Lohn. Doch diese Situation sollte sich bald ändern. Der junge Anwalt ergriff die Chance, als sein Chef durch urlaubs- und krankheitsbedingte Abwesenheit gezwungen war, ihm auch anspruchsvollere Fälle zu überlassen. Langbehn meisterte diese Fälle mit Bravour und konnte sich auf diese Weise innerhalb kurzer Zeit bewähren. Asch bot ihm anschließend eine engere, auf Dauer angelegte Zusammenarbeit an. Sein Mitarbeiter nutzte die Gunst der Stunde, forderte eine Verdoppelung des Gehalts und schlug ein, als Asch das akzeptierte.[13] Damit machte er einen ersten wichtigen Schritt und trat aus den in finanzieller Hinsicht bescheidenen Lebensverhältnissen heraus, in die er nie mehr zurückfallen sollte. Ein Anfang war gemacht: in der Kanzlei Dr. Asch, Kurfürstendamm 185, wo er bis 1932 beschäftigt war und beruflich und menschlich wichtige Erfahrungen machte.

Dieser Zeitpunkt um 1929 war auch in anderer Hinsicht ein Wendepunkt. Mit der beruflichen Konsolidierung stellten sich erwartbare Veränderungen im privaten Bereich ein. Im April 1929 heiratete er Irmgard, Tochter von Anastasius Nordenholz aus Buenos Aires und seiner Frau Martha, einer geborenen Lübke aus Berlin. Ein Jahr später kam mit der Tochter Elke das erste Kind zur Welt, dem in den nächsten sieben Jahren vier weitere Kinder folgen sollten: die Zwillinge Karl und Wolfgang, Harald Malte und Dagmar. 1928 in Berlin eingetroffen, war Langbehn schon bald darauf fester Mitarbeiter in einer Anwaltskanzlei und inmitten dieser Entwicklungen schnell auch Familienvater. Um 1930 war er damit in einer bestimmten Form bürgerlichen Lebens angekommen; als ein Bourgeois, der er zuvor nie sein wollte, hatte Langbehn es zu etwas gebracht.

Musste er sich diesen Aufstieg selbst verzeihen? Sein Herz schlug immer noch politisch, doch nun nicht mehr radikal links und schon gar nicht im Takt eines pulsierenden Klassenkampfes. Langbehns politische Haltung der vorherigen Jahre war nicht standes- oder herkunfts-, sondern erfahrungsgebunden. Hatte sich ihm einmal eine neue Welt eröffnet, und mit ihr neue Erfahrungshorizonte, konnte die radikale Linksorientierung anderen Möglichkeiten politischer Orientierung weichen.

Zu solchen Möglichkeiten gehörte auch eine frühe Auseinandersetzung mit der neuen Rechten. Es war dabei interessanterweise gerade die linke Orientierung, die ein anfängliches Interesse an der Nationalsozialistischen Deutschen Arbeiterpartei beförderte. An der NSDAP interessierte ihn nicht die völkisch ausgerichtete Weltanschauung, die er nicht ernst nehmen konnte, sondern das soziale, mithin sozialistische Anliegen dieser sogenannten Arbeiterpartei. Sobald Langbehn jedoch einsehen musste, dass der politische Nationalismus die sozialistische Idee in den Schatten stellte, erlosch das Interesse an der neuen Partei.[14]

Als sich um 1930 die linksorientierte politische Grundhaltung in ihrer extremen Gestalt lockerte, kamen schließlich konservative und nationalliberale Ansichten zum Vorschein. Heinrich Brüning, Reichskanzler zwischen 1930 und 1932, schätzte Langbehn sehr. Darüber hinaus sympathisierte er wohl auch mit der konservativen und parlamentarismuskritischen Deutschen Volkspartei (DVP).[15] In der biographischen Spanne der 1920er und frühen 1930er Jahre spiegelt Carl Langbehn deshalb einen Ausschnitt der politischen Vielfalt dieser ersten demokratischen, parteipolitisch komplexen, von Widersprüchen und Spannungen gezeichneten Epoche in seiner eigenen Entwicklung wider.

Im Herrenklub

Das Jahr 1932 ist biographisch in besonderer Weise greifbar. Um diesen Zeitpunkt herum verließ Langbehn die Kanzlei Dr. Asch, um gemeinsam mit seinem Studienfreund Kleine in der Neuen Wilhelmstraße 12–14 eine eigene Anwaltskanzlei zu eröffnen.[16] Diese Kanzlei war schnell etabliert. Als Pringsheim seinen Lehrstuhl Ende 1935 in Freiburg aufgrund seiner jüdischen Herkunft räumen musste (offiziell entlassen wurde er am 1. April 1936) und nach Berlin zog, besuchte er seinen einstigen Schützling unter anderem in der Neuen Wilhelmstraße. Das Büro hatte allen Komfort, den man bei einem erfolgreichen Rechtsanwalt erwartete.[17] Die eigene Kanzlei war der Ort, an dem sich ein Statusbewusstsein für alle sichtbar entfaltete. Langbehn hatte vor allem durch seinen Beruf als Rechtsanwalt gute Aussichten, im höheren gesellschaftlichen Leben Berlins anzukommen. Die Kanzlei war ihm so auch das Sprungbrett in Kreise, die nichts mehr mit den einstigen kommunistischen Überzeugungen zu tun haben konnten.

Wie stark sich der Sinn für Noblesse, Kapital und Exzellenz in dieser Zeit ausbildete, zeigt die Hinwendung zu einer der elitärsten Vereinigungen dieser Zeit. Denn Langbehn suchte den Anschluss an die »kapitalistischen Kreise« im Herrenklub.[18]

Die Mitgliederliste von 1932/33 führt seinen Namen denn auch auf.[19] Der Herrenklub, 1924 gegründet, war zu diesem Zeitpunkt noch nicht einmal zehn Jahre alt, wenngleich er als eine Nachfolgeeinrichtung des im selben Jahr aufgelösten Juni-Klubs betrachtet werden muss, den man einmal als die »bedeutendste antidemokratische Ideenzentrale« der frühen Weimarer Republik bezeichnet hat.[20] Unter den vielen zu dieser Zeit entstandenen Vereinen, Klubs und Interessenvertretungen fiel er der breiteren Öffentlichkeit zunächst kaum auf. Seine Mitglieder entstammten Adel, Industrie und Wirtschaft, Militär, Politik und Geistesleben; die Liste umfasste hochgestellte Persönlichkeiten des gesellschaftlichen Lebens.

Die Ziele des Herrenklubs bestanden natürlich nicht allein darin, Vortragsabende für politisch interessierte Menschen zu organisieren. Ihm war vielmehr daran gelegen, eine neue »Führerschicht« (Franz von Papen) aus bereits einflussreichen Persönlichkeiten zu rekrutieren und im Herrenklub zusammenzuführen.[21] Die politische Ausrichtung war konservativ und demokratieskeptisch, ein vornehmliches Ziel bestand darin, die entsprechende Grundhaltung seiner Mitglieder in die politische Praxis hineinzutragen und dort geltend zu machen. Die weltanschaulichen Grundlagen bezog man dabei aus Werken von Autoren wie Arthur Moeller van den Bruck, einem Jungkonservativen der 1920er Jahre, der mit seinem Buch *Das dritte Reich* (1923) die antiliberale und demokratiefeindliche Haltung unter nationalkonservativen Zeitgenossen weltanschaulich fundierte. Der Herrenklub verstand sich als ein politisches Hintergrundorgan Deutschlands, mit dem die Interessen der Nation (und die ständischen Interessen ihrer Mitglieder) gegen den Versailler Vertrag, seine Folgen und die parteipolitischen Verhältnisse der Weimarer Republik gewahrt oder durchgesetzt werden sollten. In welchem Maße das gelang, ist schwer festzustellen.

Einen der Vortragsabende besuchte Langbehn am 16. September 1932.[22] An diesem Abend sprach der Osnabrücker Regierungspräsident Adolf Sonnenschein über Themen der Verwaltungsreform. Unter den knapp vierzig Gästen, die den Elitismus dieses Vereins eindringlich dokumentieren, nimmt sich sein Name nachgerade merkwürdig aus, sofern man daran erinnert, dass dieses Mitglied noch wenige Jahre zuvor kommunistische Weltanschauungen verfocht. Jetzt saß er in edler Runde in einem feinen Salon, umgeben von Dienern, die der Frackgemeinde Zigarren und Cognac reichten.

War der deutschen Öffentlichkeit bis zu diesem Zeitpunkt kaum bekannt, dass es einen solchen Herrenklub überhaupt gab, schaute sie in der zweiten Hälfte des Jahres 1932 mit kritischer Neugierde, Ablehnung und mancherorts sogar mit blankem Hass nach Berlin. In Zeiten der Demokratie, riefen die einen, sei für »Halbgötter mit dunklen Zielen kein Raum mehr«.[23] Andere wurden schärfer und diffamierten den Verein in Pamphleten als eine Art jüdisch-katholischen Geheimbund, gegen den sich das deutsche Volk zu verteidigen habe.[24]

Den politischen Anlass für solche Invektiven und Aggressionen gaben die politischen Entwicklungen in der Mitte des Jahres 1932 selbst. Im Mai trat die Regierung Brüning zurück. Die politischen Verwicklungen in jenen Monaten sind zwar sehr komplex, aber anscheinend auch sehr menschlich, denn der per Verfassung mächtige Reichspräsident Paul von Hindenburg machte seinen Kanzler wohl für den Umstand verantwortlich, dass seine Wiederwahl im April 1932 mit Hilfe der deutschen Sozialdemokratie zustande gekommen war. Ein Reichspräsident, der in seiner verfassungsmäßigen Stellung geradezu wie ein Ersatzkaiser angesehen werden konnte – und sich auch so gerierte, wenngleich man ihm die Anerkennung der Republik und ihrer Verfassung andererseits nicht absprechen darf –, musste es als Schmach empfinden, dass er den Feinden der Monarchie, ausgerechnet den Linken, ein solches Amt verdankte. Nicht sie hatte er bei seiner ersten Wahl im Jahre 1925 um die Erlaubnis für die Kandidatur gefragt, sondern den ehemaligen Kaiser, Wilhelm II., der in seinem holländischen Exil für Hindenburg nicht aus der Welt sein konnte. Bei der zweiten Wahl musste er nun den deutschen Arbeiter fragen. Die politischen Anstrengungen eines Kurt von Schleicher, dem die Reichswehr unterstand, kamen da nur zur rechten Zeit, um das Ende der Regierung Brüning einzuläuten.

In den Jahren 1930 bis 1932 regierte Brüning vielfach am Parlament vorbei – mit Hindenburg und seinem Zugriff auf Artikel 48, einem Instrument der Weimarer Verfassung, das den Präsidenten über Notstandsverordnungen unter Missachtung des Reichstags walten ließ. Nicht anders verhielt es sich mit dem Nachfolger Franz von Papen, mit dem eine offene Präsidialregierung einsetzte.

Den Vorwurf an Brüning, er habe die rechten Parteien zu wenig berücksichtigt, konnte man von Papen in den Monaten nach seiner Ernennung durch den Reichspräsidenten nicht machen. Schließlich trat er kurz vor seinem drohenden Parteiausschluss aus dem Zentrum aus und regierte unabhängig vom Reichstag auf der Grundlage des Notverordnungsrechts. Darüber hinaus ging er einen wesentlichen Schritt auf Hitler und dessen Partei zu, von der er sich eine Tolerierung versprach. In den Sommermonaten des Jahres 1932 erlebte die Republik auf der Regierungsebene deshalb einen politischen Rechtsruck, der in den Reichstagswahlen vom 31. Juli durch den Sieg der Nationalsozialisten bevölkerungsweit gewissermaßen bestätigt wurde: Hatte die NSDAP bei den Wahlen im Mai 1928 ganze 2,6 Prozent der Wählerstimmen erlangt, so waren es im September 1930 bereits 18,3 Prozent und im Juli 1932 schließlich noch einmal mehr als doppelt so viele, nämlich 37,4 Prozent.

Ein besonderes Interesse zog die Figur von Papen auf sich, als sein politischer Durchgang in den Monaten Juni und Juli von Mitgliedern des Herrenklubs offenbar als das Ergebnis ihres eigenen Einflusses verbucht wurde. Franz von Papen war Mitglied des Herrenklubs. Geradezu schlagartig richtete sich deshalb das Interesse nicht nur auf ihn, sondern auch auf den politischen Verein, dem er angehörte. Diese Mitgliedschaft mag im öffentlichen Bewusstsein umso präsenter gewesen sein, als der Austritt aus der Zentrumspartei erlaubte, den Herrenklub als die eigentliche politische Heimat von Papens zu entdecken. Teile der Öffentlichkeit nahmen ihn durch diese Entwicklung als ein geheimes Machtzentrum wahr, in dem einflussreiche Größen der Gesellschaft für die Installierung einer neuen Regierung gesorgt haben. Entsprechend schrieb man ihm eine »Patenschaft für das neue Regime«[25] zu oder stilisierte ihn, wie gesehen, zu einer mächtigen jüdisch-katholischen Hintergrundorganisation.

Als der Rechtsanwalt Langbehn im September 1932 dem Vortrag von Sonnenschein folgte, muss er dies im Bewusstsein der öffentlichen Stimmung und Aufregung um den Herrenklub getan haben. Man möchte nur allzu gern wissen, wie er die vorherigen Monate erlebt hatte, welches Bild vom Herrenklub er sich jetzt machte und mit welchen Zielen dieses Vereins er sich identifizierte. Man möchte wissen, was man über Langbehns politische Haltung lernen kann, wenn man sie inmitten der im Herrenklub vertretenen antrifft und befragt.

Hier saß, um darauf zu antworten, kein Rechtsanwalt, der sich nur zukünftigen Klienten empfehlen wollte und deshalb das ganze politische Tamtam, die langen Vortragsabende und das Gerede über Volk und Vaterland irgendwie ertrug. Langbehn hatte vielmehr entdeckt, dass er sich in diesem Kreis nicht unwohl fühlen musste. Dafür brauchte er nicht mit allem und jedem einverstanden sein. Es reichte das Gefühl, vielleicht auch die Einsicht, dass sich in seinem Leben etwas verändert hatte und sein Weltbild, gerade das politische, erweitert war. Und als Person brachte er alle Voraussetzungen mit, um in dieser Runde zu bestehen. Der Enthusiasmus in seinem Interesse für politische Angelegenheiten war derselbe wie in früheren Jahren, nur hatte sich jetzt der Blickwinkel geändert, sofern er beruflich etabliert war und die Gesellschaft mit anderen Augen sah.

Die Nationalsozialisten konnten ihm zu diesem Zeitpunkt keine politische Heimat bieten, auch wenn er den Elan dieser Partei und das Versprechen eines Aufbruchs nicht einfach ignorierte. Die Männer des Herrenklubs müsste man natürlich einen nach dem anderen beschreiben, um sie ins Verhältnis zum Nationalsozialismus zu stellen. Aber alle zusammen bildeten sie keine Salon-Dependance der neuen Bewegung, sondern eine elitär-konservative Alternative im zeitgenössischen Besorgtsein um Deutschland. Langbehn konnte in diesem Kreis deshalb eine patriotische Einstellung entwickeln, die mit dem primitiven Rassendenken der Nazis nicht verwechselt werden musste.

Flucht in die Epoche

Ohne seine Zeit wäre Langbehn, der kaum eine Quelle zum Verständnis seines Lebens bis zum Anfang der 1930er Jahre hinterlassen hat, biographisch nicht zugänglich. Es sind die Überlieferungen aus seinem privaten Umfeld und die Daten, die man in späteren Akten findet, die allererst einen Blick auf ihn freigeben. Die Zeit, in der er heranwuchs, ist freilich selbst eine Quelle, sofern wir Äußerliches in eine Flucht in die Epoche steigern. Und diese Epoche ist die Weimarer Zeit. Sie ist historisch nur schwer präsent, weil sie kulturell so reich und politisch so verfahren ist. An ihren Extremen gewinnt sie wiederum einen prägnanten Ausdruck.

Die Weimarer Verfassung forderte auf zum politischen Experiment. Dieses Experiment scheiterte, weil die neuen Möglichkeiten diese in einem bekannten Wort viel geschmähte ›Demokratie ohne Demokraten‹ überforderte. Ohne eine demokratische politische Kultur, zu der man sich schwerlich verabreden und noch weniger überreden kann, weil sie in Tradition, historischer Erfahrung und in Institutionen wie Routinen und gesellschaftlichen Einrichtungen gründet, probierte man sich politisch in alle Richtungen aus. Das galt ja auch für die kulturellen und intellektuellen Sphären, in denen man sich einer experimentellen Lust hingab, Neuland betrat, das Verbotene dachte und tat, damit provozierte und den Geist der alten Zeit herausforderte.

Treten wir die Flucht in diese Epoche an, um mehr über Langbehn in Erfahrung zu bringen, kommen wir allerdings an Grenzen. Die Signatur einer Zeit ist zu häufig nur der Ausschlag einer Gesellschaft, die für Spätere vor allem in ihren dokumentierten Spitzen sichtbar wird. Eine Beschreibung dieser Spitzen trifft zweifellos bestimmte Bereiche der damaligen Lebenswirklichkeit, aber in welchem Maße sie die Lebenswelt von Langbehn trifft, ist nur schwer zu sagen. Die Hochkultur der Weimarer Zeit, die Entwicklungen in Literatur, Kunst und Wissenschaft, die Welt des Geistes und der Philosophie, boten ihm Möglichkeiten, denen er nicht fremd oder tumb gegenüberstand. Aber wenn wir Carl der Weimarer Zeit zuschlagen, dann kann sie für uns nur der lebensweltliche Horizont eines politischen Kopfes sein. Denn anders ist uns dieser Kopf kaum zugänglich. Die Flucht in die Epoche, schon an sich nicht unproblematisch, wäre allerdings zu simpel, wenn wir die bisher behandelte biographische Spanne unter dem Eindruck eines Epochenverständnisses nur wiederholen und nicht auch steigern würden. Steigern aber möchte ich im folgenden zunächst in politischer Hinsicht, um anschließend den Versuch zu unternehmen, drei wohl zeittypische Dimensionen der Sicht an unserem Epochenbewohner freizulegen.

An den Wahlen zur Nationalversammlung im Januar 1919 und an der Reichstagswahl im Juni 1920 durfte Carl, zu jung dafür, noch nicht teilnehmen. Seine Stimme gab er dennoch ab, im März 1920, als er im Verlaufe des Kapp-Putsches den soldatischen Dienst am Vaterland mit einer politischen Haltung gegenüber der jungen Republik verknüpfte. Dafür war er alt genug. Im Reigen der Ereignisse einer fortgesetzten Revolution auf Seiten der extremen Linken erscheint er wie ein rechter Konterrevolutionär, unzufrieden mit dem Wandel in seinem Land und erzürnt über das »Diktat« von Versailles. Die politische Disposition für einen reaktionären Weg war familiär gegeben; da wechselte niemand die Seiten und wurde erst in militärischer Begeisterung zum Verteidiger des Landes. Der Republik blieb er damit distanziert – und sollte es auch bleiben bis zu ihrem Untergang. Carl Langbehn begann, wenn man möchte, rechts, und führte ihn sein Weg in den folgenden Jahren immer weiter nach links, so war es nicht die demokratische Sozialdemokratie, sondern die kommunistische Linke, die ihn auf der anderen Seite des politischen Spektrums von der Mitte der Weimarer Republik entfernte.

Die Sozialdemokraten hatten sich nach der Abdankung des Kaisers als Volksbeauftragte verstanden und staatspolitische Verantwortung übernommen. Gegen den linken Flügel setzte man ein demokratisch legitimiertes Mandat für die politische, vor allem verfassungsmäßige Gestaltung der neuen Republik durch; anderes behielt man bei, zum Beispiel den alten Beamtenstand und viel Klassengesellschaftliches. Für den einen zeigt sich darin das Schicksal der deutschen Sozialdemokratie überhaupt – das politisch Notwendige tun zu müssen, vielfach gegen die eigenen Überzeugungen, um nicht nur dafür von den eigenen Leuten kritisiert zu werden. Für die Luxemburg und Liebknecht jener Jahre konnte es aber nur heißen, sich von der bürgerlichen Bande, der der *Mut zum Sozialismus* (Golo Mann) fehlte, zu trennen und eine neue Partei, die Kommunistische Partei Deutschlands, zu gründen.

Carl trat ihr nicht bei, wohl deshalb nicht, weil ihn kein Klassenbewusstsein trieb, sondern nur das Versprechen, dem Elend der Zeit, das dem eigenen Leben ungute Grenzen setzte, durch eine neue, gerechte Gesellschaft zu entfliehen. Die Frage nach dem Kommunismus in seiner Parteiengestalt hätte er im übrigen gut mit dem *Manifest der kommunistischen Partei* für sich beantworten können. »Die Kommunisten«, schrieb Karl Marx (unter Mitwirkung Friedrich Engels), »sind keine besondere Partei gegenüber den andern Arbeiterparteien.« Sie würden nur die Interessen des internationalen, »gesamten Proletariats« sowie das »Interesse der Gesamtbewegung vertreten« und dabei der »Masse des Proletariats« nur dies voraushaben: die »Einsicht in die Bedingungen, den Gang und die allgemeinen Resultate der proletarischen Bewegung«.[26] Wer sich auf das Gründungsdokument dieser Bewegung zurückbesinnte, konnte jenseits von Parteienkämpfen und Mitgliedschaft also durchaus eine kommunistische Identität entwickeln. In den 1920er Jahren war das von besonderer Bedeutung für jene, die Marx und seine Lehre gegen die realpolische Instrumentalisierung in Schutz nehmen wollten, mit der diese Lehre zu einem Mittel der Rechtfertigung von neuer Herrschaft und politischer Ideologie geworden war. Marx gegen die Marxisten, den Denker gegen seine Verkünder zu verteidigen, machte man sich in jenen Jahren unter anderem in Deutschland auf. Langbehn fühlte sich als Kommunist in einer Zeit, da man in der Tat an den Philosophen und geschichtlich denkenden Gesellschaftstheoretiker Marx jenseits seiner gerade entfachten politischen Wirkungsgeschichte erinnerte. Man denke nur an Georg Lukács' Buch *Geschichte und Klassenbewußtsein* (1923), das neben den tagespolitischen Parolen und revolutionären Gedanken der KPD eine anspruchsvolle Alternative in der philosophischen, politischen und gesellschaftlichen Selbstverständigung eines jeden Lesers sein konnte.

Nach dem Tod von Friedrich Ebert wählte das Volk 1925 einen erzkonservativen Generalfeldmarschall, von Hindenburg, in das höchste Amt der Republik, einen Mann, der zwar die Verfassung respektierte und die Parteien ertrug und zugleich doch der Repräsentant nicht nur des deutschen Volkes, sondern auch der politischen Kultur des Kaiserreiches war, von der immer noch viele bestimmt waren. Carl war zu diesem Zeitpunkt noch zu sehr ein Opfer der Verhältnisse, um das kommunistische Heilsversprechen einfach aufzugeben. Der Nationalsozialismus, auf der rechten Seite scheinbar links von Hindenburg, war eben nicht attraktiv genug, um den sozialistischen Auftrag an die neue Bewegung zu vergeben.

Die politische Mitte aber blieb ihm fremd. Das bedeutet nicht, dass er die Weimarer Republik von Grund auf verteufelte und zu denen gehörte, die sich nicht mit der bürgerlichen Demokratie arrangierten wollten. Im Zusammenhang dieser Jahre wird gleichwohl deutlich, dass sich die politische Suche auch für ihn nicht im Zentrum des demokratischen Selbstverständnisses der Weimarer Republik abspielte, sondern dort, wo die Skepsis gegenüber dem Parlamentarismus überwog. Das zeigt nicht nur sein Flirt mit der Deutschen Volkspartei, sondern auch und gerade seine Verehrung des Zentrumpolitikers und Reichskanzlers Brüning (1930–32).

Wie wenig Substanz sein Glaube an die Diktatur des Proletariats hatte, offenbarte sich, als nach den sogenannten ›guten Jahren‹ der Weimarer Republik zwischen 1924 und 1929, die nicht nur für Carl keine guten waren, die eigenen guten Jahre begannen (und die Weimarer Lebensverhältnisse sich wieder verschlechterten).

Das Zentrum war zwischen 1928 und 1930 noch gemeinsam mit der SPD, in diesem Jahr noch einmal die stärkste Partei, in einer Koalition unter Beteiligung anderer Parteien und damit an einem demokratischen, pluralistisch organisierten Miteinander beteiligt. Der Bruch dieser Koalition, ihr vorzeitiges Ende, das man gerne den Sozialdemokraten anlastet, bedeutete dann aber das faktische Ende der demokratischen Verhältnisse von Weimar. Jetzt setzte ein Präsidialsystem oder auch Präsidialregime ein, erst noch verschleiert, später dann recht offen.

Auch und gerade die konkreten politischen Entwicklungen bis zum 30. Januar 1933 können ohne den Reichspräsidenten nicht gedacht werden. Brüning hatte eine eigene politische Agenda, aber sie stimmte vielfach mit derjenigen Hindenburgs überein, der seinerseits von seinem Recht Gebrauch machte, über den Artikel 48 entscheidenden Einfluss auf die Regierungsarbeit und entsprechenden Druck auf das Parlament auszuüben. Man mag Brüning zugute halten, dass er sich nach der Wahl im September 1930 nicht von den Nationalsozialisten, die einen gehörigen Aufschwung erlebten, sondern von den Sozialdemokraten tolerieren ließ, aber im Ganzen markiert seine Regierungszeit die *Auflösungsphase der ersten deutschen Demokratie* (August Heinrich Winkler) oder auch, wenn man schärfer urteilen möchte, den *Amoklauf* eines monarchisch orientierten Nationalisten (Hans-Ulrich Wehler).

Was Langbehn an Brüning verehrte, scheint deshalb aus heutiger Sicht gegen die Demokratie gewendet gewesen zu sein. Natürlich wäre es vorstellbar, dass es nicht die antiparlamentarische Stoßrichtung war, die ihn beeindruckte, sondern der eiserne Wille zur Haushaltskonsolidierung, durch den Brüning sich ja nicht weniger auszeichnete. Allein, um 1930 brachte Carl schon alle politischen Voraussetzungen mit, um die jetzt mit starker Hand unternommene Regierungsarbeit mit Erleichterung über das Ende der unergiebigen Parlamentsdebatten wahrzunehmen. Zugleich spiegelt diese Haltung den Abstand, den er zum Nationalsozialismus einnehmen konnte. Wenn er sich im Laufe der 1920er Jahre von rechts nach links bewegte und am Ende wieder rechts ankam, dann fiel er immerhin nicht der neuen Rechten zum Opfer, sondern freundete sich mit einer bestimmten Form von Konservatismus als einer Alternative zum rechten Denken der Nationalsozialisten an. Ein Kind der Weimarer Republik war Carl Langbehn also ganz gewiss, nur besteht der Sinn einer solchen Auskunft lediglich darin, dass er die demokratische Herausforderung der Nachkriegszeit im tumultuarischen Durcheinander von Weimar treffsicher verfehlte.

Denkt man Langbehn derart steigernd in seine Zeit hinein, so gewinnt seine politische Entwicklung weiterhin an Kontur, indem man die bis zu diesem Punkt unternommene Steigerung auf in bestimmter Hinsicht kulturpolitisch zu nennende Bereiche der Weimarer Zeit ausdehnt. Es wird mir hier um drei verschiedene Formen der Sicht gehen – um *Blickkultur*, *Weltanschauung* und schließlich um die *Sicht durch das politische Auge*. Das Politische einer Existenz geht, so gesehen, in den kulturspezifischen Ausprägungen epochalen Sehverhaltens auf.

Mit der Frage nach der *Blickkultur* berühren wir das Problem der *Identität*. Die über ganze Kontinente vollzogene Bewegung hat den Blick zurück zu einer Disposition der biographischen Orientierung im Leben von Carl gemacht. Mit der Erinnerung an die ersten Kindheitsjahre stand ein Lebensabschnitt vor Augen, der in seiner zeitlichen Distanz zugleich räumliche Entfernung anzeigte. In den 1920er Jahren konnte diese Disposition zum Blick nach hinten gefährlich werden. Seine Zeitgenossen nämlich schauten zurück – auf den Krieg, nicht wenige wehmütig, und jene, die selbst dabei waren, gingen vielfach dazu über, ihn mit nostalgischem Blick zu idealisieren. Die Frontnostalgie gehörte in den 1920er Jahren zu einem probaten Mittel der Rechten, die erlebte Identitätskrise einer demokratischen Unentschiedenheit zuzuschreiben, gegen die nur die Kampfmentalität helfe, mit der man an der Front sich seiner selbst gewahr gewesen sei und immer schon gewusst habe, wer man ist. Das Leben an der Front, so diese Ideologie, stellte die Existenz nicht vor Fragen; die Front hatte sie immer schon beantwortet und den Menschen wissen lassen, was er ist und was er will.[27] Identität als Problem kommt in dieser Perspektive gar nicht erst auf. Langbehn war frei von solcher Rückschau und hielt das demokratische Experiment seiner Zeit nicht durch Verklärung der Vergangenheit, sondern durch Teilhabe an der Gegenwart aus. In seiner Linksorientierung blieb die eigene Blickkultur so aber auch stumpf, jedenfalls diejenige, die ohne Rückwendung nicht auskommt. Nach vorne nämlich ging der Blick durchaus. Studium, Referendarzeit und die ersten Berufsjahre erforderten Visionen darüber, was möglich ist, und setzten voraus, dass Carl sich selbst und sein zukünftiges Leben vor Augen hatte. Erst als er dort angekommen war, wo er sich einst selbst sah, konnte sich der Blick nach hinten richten. Dafür disponiert, entwickelte sich zu Beginn der 1930er Jahre eine Blickkultur, die konservative Züge trug, dabei aber nicht den Weltkrieg, sondern die Idee seiner Herkunft überhaupt zum Gegenstand hatte. Dafür stimuliert, wie wir noch sehen werden, durch die Geburt seiner Kinder, nahm seine Zeit diesen Stimulus an bestimmter Stelle auf und bettete seinen Blick nach hinten in die nationalkonservative Kultur der Vergangenheitsorientierung ein. Familie und Volk, Familiengeschichte und Nation, rückten auf diese Weise eng zusammen und verbanden das Bewusstsein für das eine mit einem Interesse für das andere. Dem völkischen Denken in seiner faschistoiden Färbung fiel er jedoch nicht anheim; mit einer Auslandsdeutschen verheiratet, die selbst nur Hohn und Spott für Deutschtümelei übrig hatte, war schon im eigenen Familienkreis kein Platz für dumpfen Germanenkult. Keinesfalls einverstanden mit dem Versailler Vertrag und durchaus mit einem Bewusstsein für legitime Ansprüche seines Vaterlandes ausgestattet, war Langbehn seit den frühen 1930er Jahren also von einer nationalen Gesinnung, mit der die extreme Ausprägung der einstigen linken Haltung nun nicht auf rechter Seite wiederholt wurde.

In der Sphäre der *Weltanschauungen* begegnen wir in diesem Fall der Frage nach der *Gerechtigkeit*. Eine Weltanschauung ist eine Sicht von ganz eigener Art. Im Normalfall wird sie übernommen. Weltanschauungen schließt man sich an. In der Weimarer Zeit hatten sie Hochkonjunktur. Diese Epoche ist in einem Maße weltanschaulich umtriebig, dass Philosophen um ihre Identifizierbarkeit besorgt sein mussten und dafür Sorge trugen, dass ihr Denken nicht mit Weltanschauung verwechselt wurde. Der große Denker seiner Zeit, auch heute noch nicht aus der Mode, Martin Heidegger, wies seine Studierenden im Marburger Sommersemester 1927 in einer seiner Vorlesungen auf die wesentlichen Unterschiede zwischen Philosophie und Weltanschauung hin.[28] Weltanschauungen, dozierte er, vermögen dem Bedürfnis nach einem geschlossenen, einheitlichen und deshalb Orientierung bietenden Weltbild auf ihre Weise zu entsprechen, ein Sinnangebot zu unterbreiten und sogar handlungsnormierende Kraft zu entwickeln; sie können sich sogar auf die Wissenschaften beziehen und ein kohärentes Weltbild entwerfen. Was sie aber, so Heidegger, in diesem Fall zum Weltverständnis beitragen, ist auf dem Boden anderer Weltverständnisse, denen der Einzelwissenschaften nämlich, erwachsen, und wo sie nicht in Wissenschaften gründen, sind es Aberglaube und Vorurteil, die ihnen zugrunde liegen. Weltanschauungen seien deshalb bestenfalls Sinnlieferanten für das wissenschaftlich orientierte Bewusstsein ohne eigenen Zugang zur Welt. – Carl musste nicht bei Heidegger sitzen, um dem Weimarer Kampfplatz der Weltanschauungen an den meisten, wenn auch nicht an allen Stellen fern zu bleiben. Im Umkehrschluss bedeutet das allerdings nicht, dass er sich für die Philosophie hätte entscheiden müssen. Sein Intellekt fing jenseits dieser Alternative bei Physik und Mathematik Feuer und breitete sich von dort in die Rechtswissenschaft aus. Das geistige Potential entwickelte sich deshalb in akademisch geordneten, konventionellen Bahnen. Langbehn richtete den Blick konzentriert auf einen Gegenstand, der einer Klärung in überschaubaren Grenzen zugänglich war. Seine Promotionsschrift ist der Ausdruck dieser sachlichen Orientierung. In ihr drückt sich keine positivistische Lebenshaltung, sondern das pragmatische Temperament einer geistigen aus. Langbehn war kein Intellektueller im engen Sinne des Wortes; aber er war ein intelligenter und kluger Kopf, humanistisch gebildet und von beachtlicher sprachlicher Vielseitigkeit. Die Grundlagen dafür hatte die frühe Kindheit gelegt: Carl sprach bis zu seiner Abreise nach Deutschland mindestens genauso gut Malaiisch wie Deutsch und hatte über seinen Vater darüber hinaus das Plattdeutsche im Ohr. Die klassischen Sprachen, Altgriechisch und Latein, und moderne Sprachen wie Französisch und Englisch kamen durch den Besuch des Kaiser-Wilhelm-Gymnasiums in Hannover dazu. Die Alten der europäischen Tradition und die modernen Klassiker der deutschen Geistesgeschichte begleiteten ihn ein Leben lang, insbesondere Goethe. Bildung im Humboldtschen Sinne des Wortes prägte sein Selbstverständnis. Sie war der geistige Boden, auf dem er seine Auseinandersetzung mit den eher technischen Fragen der Juristerei unternahm. In der Mitte seiner politischen Existenz war er gleichwohl progressiv eingestellt. Die kommunistische Phase war dabei eine Phase der politischen Weltanschauung, die ihn einige Jahre fest im Griff hatte. Waren die Rechtswissenschaften der Ort, an dem Langbehn das *Recht* studierte, eröffnete ihm diese Weltanschauung den Horizont der *Gerechtigkeit*. Die politische Emphase, mit der er die entsprechende Haltung einnahm, ergänzte die nüchterne und sachliche Orientierung in der Juristerei um ein lebendiges Moment in der Auseinandersetzung mit der Frage nach der Ordnung. Mit seiner extremen linken Einstellung setzte Langbehn so an die Seite der Rechtseine entschiedene Gerechtigkeitsorientierung, in der er Freiheit im Denken für sich gewann. Seine politische Weltanschauung erscheint in biographischer Perspektive dabei wie die Einsetzung einer Urhaltung, die Menschen später in seinem Umfeld veranlasste, ihn als einen *Fanatiker der Gerechtigkeit* zu bezeichnen. Zu dieser Zeit hatte die Gerechtigkeitsorientierung ihre ursprünglichen weltanschaulichen Grundlagen schon verloren; in dem Maße, in dem eine spezifisch nationalkonservative Vorstellungswelt in Langbehn aufstieg, musste die Pflege der Gerechtigkeit von anderer Stelle übernommen werden. Sie ging schließlich in die berufliche Praxis über und wurde damit die *moralische* Instanz des Juristen Langbehn, der nunmehr für Recht *und* Gerechtigkeit stritt. Die Gerechtigkeitsorientierung ging, weltanschaulich verwaist, also nicht unter, sondern wurde in den professionellen beruflichen Stand integriert. Sie bildete nicht mehr die weltanschauliche Freiheitssphäre inmitten seiner lebensweltlichen Nöte und Zwänge der 1920er Jahre, sondern das moralische Selbstverständnis des Anwalts. Von ihr radikalen politischen Ursprung erbte dieses Selbstverständnis allerdings seine *politisierbare* Substanz. Es machte aus Langbehn in totalitären Zeiten einen Anwalt des Rechts, das unter den Bedingungen eben seiner Gerechtigkeitsorientierung verhandelt wurde. Ohne sie wäre die Kraft und Hingabe, mit der er sich für die Verfolgten des Regimes einsetzte, nicht zu erklären.

Das Ganze in der Sicht durch das politische Auge bietet im Falle Langbehns einen dritten Komplex, der nicht weniger eine Sichtdimension hat und für das biographische Verständnis entfaltet werden kann. Wie man die Dinge in den 1920er Jahren wahrnahm, hing vielfach auch davon ab, ob man den Ersten Weltkrieg in seiner ganzen medialen Dimension miterlebt hatte. Die mediale Inszenierung des Krieges erlaubte es in historisch bisher nicht gekannter Weise, ein ganzes Volk zu Beobachtern des Schlachtfeldes zu machen – zu heimischen, fachsimpelnden Strategen, die genau wussten, wie man's besser hätte machen sollen. Die Kriegspresse schuf das nationale Auge, mit dem der Einzelne die Lage übersehen konnte und sich bereit für Entscheidungen fühlte. Die »geborgte Staatsmannoptik« machte auch den letzten, fast schon abseits stehenden Zeugen noch zum weltpolitischen Strategen.[29] Dieses Sehverhalten war nicht an politische Überzeugungen oder Parteizugehörigkeiten gebunden, sondern betraf über die Grenzen hinweg all jene, die sich hinreichend in jene Optik eingeübt hatten und sich darin gefielen. Die Weimarer Zeit war so die Zeit nicht nur der großen Weltanschauungen, sondern auch des staatsmännisch kultivierten Weit- und Überblicks. Die kommunistischen Akteure waren auf ihre Weise darin festgestellt und dachten das Ganze in seinen Zusammenhängen auf der Basis des Anspruchs, die Prinzipien des geschichtlichen Fortschritts in gebührender Distanz wahrnehmen, mithin erkennen zu können. Wer so sieht und sehen kann, beteiligt sich: an der Klärung nicht nur der großen, sondern auch der politischen Fragen. Das politische Auge lud ein zum Engagement, zum Handeln im Dienste der Sache. Wer die Dinge wahrnimmt, kann sich entsprechend bewegen: sicher im Raume und selbstsicher im

Leben, gerade dort, wo man die politische Bühne betritt. Für den Zeitraum der 1930er und frühen 1940er Jahre gewinnt man den Eindruck, dass Langbehns lageorientierter politischer Blick im politischen Sichtverhalten und Einschätzungsfuror der Kriegs- und Nachkriegszeit gegründet war. Das Planspiel und die taktische Variante gehörten zum politischen Naturell dieses Mannes und einem Temperament, das gestimmt war von der, ach ja, weltpolitischen Aufgabe, in großen Dimensionen zu denken. Bevor sein politisches Auge ihn in den Widerstand gegen das Nazi-Regime führte, war es eine Weile von kommunistischen Ideen erfüllt und für radikale Weltsicht vielleicht auch deshalb offen, weil man noch nicht handeln konnte oder wollte und die Grenzen des Machbaren damit nicht erfahren musste. Aber schon in seiner radikalen Haltung kann man sich einen Menschen vorstellen, der den Ehrgeiz in seinen politischen Überzeugungen einer zeitgenössischen Vorliebe für den forcierten Blick auf das Ganze schuldete.

Die Familie auf der Estancia: Irmgard

Mit dem Zeppelin nach Amerika – das war für jene, die es sich leisten konnten, ein kleines Abenteuer. Carl und Irmgard nutzten diese neue Form des Reisens in der ersten Hälfte der 1930er Jahre. Nach einigen Tagen erreichte der Zeppelin die brasilianische Küste und schließlich Rio de Janeiro. Die Reise war hier allerdings noch lange nicht zu Ende. Mit dem Flugzeug ging es weiter Richtung Süden nach Argentinien, und war man einmal gelandet, lagen noch viele hundert Kilometer mit dem Auto vor einem. Für Carl war es eine Reise in die Fremde, für Irmgard dagegen der Weg in eine wohlvertraute zweite Heimat. Sie war zwar in Jena geboren worden, aber ihr Vater, Anastasius Nordenholz, verbrachte die ersten Jahre seines Lebens in Argentinien und blieb durch ein großes Landerbe ein Leben lang an den südamerikanischen Kontinent gebunden. Aus diesem Grunde verbrachte auch Irmgard viel Zeit in Argentinien.

Die Reise war nicht ohne Brisanz. Die Mutter war einige Jahre zuvor gestorben und deshalb 1929 nicht bei der Hochzeit ihrer Tochter in Berlin anwesend. Anastasius fehlte ebenfalls. Menschenscheu war er, aber wenn er in Argentinien blieb, so vermutlich deshalb, weil Irmgards Verbindung mit Carl seit Mitte der 1920er Jahre eine familiäre Krise ausgelöst hatte. Die Mutter weigerte sich damals strikt, den jungen Mann als zukünftigen Gatten ihrer Tochter zu akzeptieren. Allerlei Gründe wurden vorgebracht, darunter der politische, dass hier doch ein Kommunist am Werke sei, der, läutete er am Tor eines deutschen Großgrundbesitzers in Argentinien, gleichwohl nur das viele Geld der Familie im Sinne haben könne. Die hohe Stirn und das weichende Haupthaar deutete man darüber hinaus als einen klaren Hinweis auf Syphilis.

Irmgard Langbehn

Die Mutter ließ nichts unversucht. Sie hatte Carl zum ersten Mal im Jahre 1925 auf der Hochzeit ihrer zweiten Tochter Ursula in München wahrgenommen. Carl Maschmeyer brachte den jungen Mann, der weder die Familie der Braut noch des Bräutigams kannte, unversehens zu der Feier mit, um den rhetorisch talentierten Doktor der Rechtswissenschaften jene Festrede halten zu lassen, die er selbst scheute.

Irmgard war vom ersten Augenblick an von Carl eingenommen. Beiden blieb jedoch kaum Zeit, die ablehnende Haltung der Mutter zu überwinden. Die Tochter wurde dem Gesichtskreis des Werbenden entzogen und nach Argentinien gebracht. Doch weil auch in diesem Fall die Liebe stärker war als jede Familienräson, setzte Irmgard ihre Rückkehr nach München durch, wo sie mit finanzieller Unterstützung des Vaters eine Buchbinderlehre machte. Die Mutter dagegen brach jeden Kontakt ab und starb, bevor Irmgard und Carl im April 1929 heirateten. Nur Martha, die Mutter von Carl, wohnte der Hochzeit von elterlicher Seite bei. Als Carl und Irmgard einige Jahre später mit dem Zeppelin nach Südamerika reisten, war für beide also sehr viel damit verbunden. Irmgard kehrte in das Land zurück, in dem sie ihre Mutter im Streit verlassen hatte, und Carl traf hier zum ersten Mal auf einen Schwiegervater, den er kaum kannte und erst noch für sich gewinnen musste.

Der Großvater von Irmgard, Friedrich Wilhelm Nordenholz, noch in Blumenthal bei Bremen geboren, wanderte 1845 nach Argentinien aus, begann als Volontär im Wollhandel und war am Ende seines Lebens ein vermögender Mann. In der Provinz Santa Fe, nordwestlich von Buenos Aires gelegen, lag seine Estancia – ein 16 000 Hektar umfassender Großgrundbesitz mit einem der fruchtbarsten Böden Argentiniens.

Mit diesem Besitz gingen unterschiedliche politische und gesellschaftliche Funktionen einher. So war der alte Nordenholz ein ranghoher deutscher Diplomat, namentlich Preußischer Vizekonsul und später, ab 1868, schließlich der Konsul des Norddeutschen Bundes, darüber hinaus etwa auch der Gründungspräsident des deutschen Hospitals in Buenos Aires. Im Jahre 1861 heiratete er die aus Konstantinopel stammende Anastasia Nicolaïdes, mit der er vier Kinder hatte. Eine der Töchter, Anita, war Malerin und Bildhauerin und dabei die Schülerin des in Schleswig-Holstein geborenen Bildhauers Adolf Brütt. Sie war auch die zweite Frau des Mediziners Alfred Ploetz, mit dem wir heute den Begriff der Rassenhygiene verbinden.

Der Sohn Anastasius wurde Ende der 1880er Jahre für einen deutschen Schulabschluss und das Studium der Rechtswissenschaften, Volkswirtschaftslehre und Philosophie nach Berlin geschickt. 1892 heiratete er die Berliner Kaufmannstochter Martha Lübke; aus dieser Ehe gingen vier Kinder hervor, darunter Irmgard. Anastasius konnte sich frei nach Neigung und Interesse im Leben bewegen. Schon zu Lebzeiten des Vaters mit allen finanziellen Möglichkeiten ausgestattet, sollte er nach dessen Tod im Jahre 1912 ein bedeutendes Erbe antreten.

Aus diesem Grunde konnte sich der Privatgelehrte intensiv der Philosophie widmen. Selbst in seiner 1902 veröffentlichten, nationalökonomisch ausgerichteten Dissertation *Allgemeine Theorie der gesellschaftlichen Produktion*, in der Nordenholz die subjektiven und objektiven Ursachen der Produktion untersucht, ist der Einfluss der deutschen Philosophie, vor allem Schopenhauers, deutlich spürbar. Später hat sich der Privatier in philosophischen Gedanken selbst versucht und mit den zwei Schriften *Welt als Individuation* (Leipzig 1927) und *Scientologie* (*System des Wissens und der Wissenschaft*, München 1937) zwei eigenwillige Texte veröffentlicht, die in gesuchter Nähe zu Kant (und Schopenhauer) das Verhältnis von Welt und Bewusstsein thematisieren.[30]

Solchen und anderen Themen konnte Nordenholz als Reisender zwischen den Welten nachforschen. Auf dem argentinischen Landgut in Santa Fe war er in späteren Jahren genauso zuhause wie auf der Sommerresidenz im Südwesten des Landes. Dort besaß man eine Landzunge, auf der seit den frühen 1920er Jahren ein großes Holzhaus stand. Auch in Deutschland erwarb die Familie im Süden des Landes verschiedene Anwesen und Besitztümer, darunter den Hof Zwergern am bayerischen Walchensee, den Anastasius noch vor dem Ersten Weltkrieg kaufte und auf dem er in dieser Zeit mit seiner Familie die Sommer verbrachte. Weil die Nationalsozialisten ihn später zwangen, ein Anwesen am Ammersee zu verkaufen, ohne dass er das Geld außer Landes schaffen konnte, überließ er es den Töchtern Ursula und Irmgard, die damit Mitte 1930 zwei große Häuser in dem Ort Walchensee auf der anderen Seite des Hofes Zwergern am Walchensee kauften.

Carl verstand sich mit dem freigeistigen Schwiegervater ausgezeichnet, der seinerseits sehen konnte, dass sich der einst linke Heißsporn in einen gutbürgerlichen Rechtsanwalt und treusorgenden Familienvater gewandelt hatte. Der Zeitpunkt, an dem sich ihm der familiäre Hintergrund seiner Frau anschaulich darstellte, ist dabei bemerkenswert. Hatte Carl sich zu Beginn der 1930er Jahre an den eigenen ostholsteinischen Stammsitz der Familie gewandt und auf diese Weise die Geschichte einer alten Landfamilie genauer in Erfahrung gebracht, erschloss sich ihm im selben Zeitraum der ganze Horizont der zwischen den Kontinenten wandelnden Familie Nordenholz.

Von besonderer Bedeutung wurde das Haus in Walchensee, das relativ bald nach Kriegsbeginn nicht mehr nur das Wochenend- und Ferienhaus der Familie war, sondern zumindest für Irmgard und die fünf Kinder der ständige Wohnsitz werden sollte. Hier lebte man mit einer großen Wiese vor der Tür inmitten der Natur mit eigenen Shetland Ponys, tunesischen Bergziegen und allerlei Federvieh. Für die Kinder war dies ein paradiesischer Ort. Sie erhielten Unterricht von einer Privatlehrerin und waren in der Freizeit sich selbst und ihrer Neugierde überlassen. Mutter Irmgard war ihren Kindern liebevoll zugeneigt, warmherzig und in jeder Hinsicht großzügig; sie hatte Geschmack, Sinn für Maß und die glückliche Gabe, mit dem Temperament ihres Mannes umgehen zu können.

An den Wochenenden kam, wenn möglich, der Vater, mit dem es für die Kinder schon mal schwierig werden konnte, wenn er feststellte, dass die schulischen Fortschritte nicht entsprechend ausfielen. Perikles' Reden verordnete er ihnen, um sie Rhetorik und Argumentation zu lehren. Die Söhne, kaum elf, zwölf Jahre alt, wurden darüber hinaus in das Spiel von Rede und Gegenrede eingeführt; sie hatten dabei vorgegebene Positionen von bestimmten Standpunkten aus zu verteidigen.

Das Haus in Walchensee müssen wir uns aber auch als einen gesellschaftlichen Ort vorstellen, an dem man Besuch empfing, darunter viele Menschen des politischen und wirtschaftlichen Lebens im Deutschland jener Jahre, nicht zuletzt auch Nachbarn wie Elisabeth und Werner Heisenberg, die seit Ende der 1930er Jahre ein Haus in Walchensee besaßen.

Nach der Rückkehr aus Argentinien vergingen einige Jahre, bis Irmgard ihren Vater bei sich in Berlin begrüßen konnte. Im Jahr der Geburt ihres jüngsten Kindes Dagmar, 1937, reiste Anastasius nach Deutschland. In Berlin-Dahlem lebte seine Tochter in großbürgerlichen Verhältnissen. Dem Landsitz in Walchensee entsprach das Anwesen In der Halde 5, wo die Familie vor dem Krieg einige Jahre zusammenlebte. Um die schmucke Vorstadtvilla und ihre Bewohner kümmerte sich ein ganzer Stab: Diener, Zimmermädchen, Küchenpersonal, Gärtner und Chauffeur. Zwei Töchter von Carls ostholsteinischem Vetter Hans Heinrich, Charlotte und Ingeborg Langbehn, kamen hier in diesen Jahren zu Besuch. Die jungen Frauen vom Dorf tauchten in eine andere Welt ein, waren tief beeindruckt von der Entourage – sie kannten Hausangestellte und Hofarbeiter, aber keinen Diener und auch keinen Chauffeur, der sie zur Schule fuhr –, und konnten daheim davon berichten, dass sie dem deutschen Unternehmertum in Gestalt von Leuten wie Messerschmitt im Hause begegnet waren.

Carl war zu diesem Zeitpunkt einer der bestverdienenden Rechtsanwälte seiner Zeit, aber Irmgard musste sich von seinem Geld vor dem Hintergrund der

Irmgard und Carl auf der »Bremen« während einer Schiffsreise nach New York im Jahre 1937

Möglichkeiten, die sie kraft ihrer eigenen Herkunft hatte, kaum beeindrucken lassen. Umgekehrt hatte Carl keinen Grund, sich als der Mann an der Seite einer reichen Frau zu sehen, der er seinen Lebensstandard zu verdanken hatte. Das teure Leben, das er sich leistete, sein Faible für alles Neue, vor allem Autos, war nicht geborgter Pomp, sondern Ausdruck seines eigenen Erfolgs. Im Haus selbst regelte allerdings vornehmlich Irmgard die Dinge, gerade dort, wo Carl das sichere Urteil in Geschmacksfragen anscheinend fehlte.

Irmgard liebte ihren Mann und beschrieb ihn später als einen reichen, warmen, selbstlosen und gutmütigen Charakter, als eine »sehr runde, geschlossene Persönlichkeit«, der man sich kaum entziehen konnte.[31] Sie erlebte ihn als einen gläubigen und frommen Menschen, der gleichwohl voller Lebenslust, Humor und Phantasie war. Um die eigene Mutter und die fünf Kinder kümmerte er sich rührend.

Mit seiner entwickelten Art polarisierte Carl jedoch auch. Ein genuiner Typus erzwingt Aufmerksamkeit, und eine Stimme, die sich gesammelt ausspricht, tut das nicht weniger. In seiner Person war Carl präsent und aus diesem Grunde jemand, über den man sprechen konnte. »Mein Mann«, wusste Irmgard, »wurde geliebt oder gehaßt. Laue Gefühle wurden ihm kaum entgegengebracht. Kleine Geister haßten ihn häufig, da er sie mit einer gewissen

Arroganz behandelte.«[32] Als Rechtsanwalt machte Langbehn allerdings keine Unterschiede. Hier stritt er für Recht und Gerechtigkeit und verteidigte jeden, der Hilfe nötig hatte.

Irmgards Blick war indes nicht allein der Blick der Ehefrau, die einen Mann über viele Jahre aus der Nähe erleben und beobachten konnte. Sie nahm zugleich eine gewisse Distanz für sich in Anspruch, begründet mit dem länder- und kulturübergreifenden Erfahrungshorizont, der ihr durch die eigene familiäre Herkunft gegeben war. In solcher Distanz schaute Irmgard nicht nur auf Deutschland, sondern auch auf ihren Mann, und der war für sie ein »besonders glücklicher Vertreter des guten Deutschen«.[33] Was ein ›guter Deutscher‹ ist, ließ sie dabei offen. Sie hatte Carl nicht an den Widerstand verloren, in dem sie ihn ausdrücklich unterstützte. Sie hatte ihren Mann verloren, weil der in den Widerstand eintrat. Vielleicht stand dieser Gedanke im Hintergrund, als sie ihn einen »guten Deutschen« nannte. Im Land der Mörder ihres Mannes konnte sie nach dem Krieg jedenfalls nicht bleiben. Ein Jahr nach Kriegsende siedelte sie mit ihren Kindern nach Argentinien über. Carls Mutter Martha wohnte derweil im Haus am Walchensee. Irmgard war nach den grauenvollen Entwicklungen am Boden und innerlich zerstört. Die Kinder jedoch forderten ihr Recht auf ein Leben ein, machten einen Schnitt und schwiegen über die Vergangenheit. Über den Vater und sein Schicksal wurde kaum noch gesprochen. Man überließ sich der Gegenwart und schaute in die Zukunft. Irmgard stellte sich dem nicht entgegen, blieb in ihrem Sinne pflichtbewusst und begleitete die Kinder in ein neues Leben. Erst viele Jahre später führte sie der Weg zurück nach Deutschland, wo sie fortan die sommerlichen Monate in München verbrachte, dem kalten deutschen Winter aber regelmäßig den Sommer Argentiniens vorzog.

Kapitel 2

Historische Archäologie

In den Erinnerungen von Christabel Bielenberg ist uns ein Bild von Carl Langbehn überliefert, das für ein Verständnis seines Charakters und seiner Stellung im Widerstand häufig herangezogen wird. Bielenberg war Engländerin und lebte durch ihren Mann Peter, den sie in Hamburg kennenlernte, für einige Jahre in Deutschland. In dieser Zeit herrschte das Nazi-Regime. Nach dem Krieg hat sie ihre Erfahrungen und Erlebnisse in dem Buch *Als ich Deutsche war* niedergeschrieben. Die Berliner Nachbarn Carl und Irmgard lernten die Bielenbergs um Kriegsbeginn kennen. Peter war wie Carl ein Rechtsanwalt, entstammte aber keiner Bauern-, sondern einer Rechtsanwaltsfamilie aus dem hanseatischen Bürgertum. Entschlossen, das eigene Land wegen seiner nationalsozialistischen Vereinnahmung zu verlassen und gemeinsam mit seiner Frau nach England oder Irland zu gehen, führte ihn das Leben am Ende aber dennoch nach Berlin. Adam von Trott zu Solz, den er Mitte der 1930er Jahre kennengelernt hatte, überzeugte die Bielenbergs, dem Regime nicht zu weichen, sondern es mit diplomatischen Mitteln von innen zu bekämpfen. Noch vor dem Krieg, im Sommer 1939, gab es einen entsprechenden, wenngleich erfolglosen Versuch in London. Man wollte Hitler über Umwege die Einsicht vermitteln, dass England seinem Expansionsstreben nicht tatenlos zusehen werde und bereit sei, mit militärischen Mitteln gegen deutsche Gebietserweiterungen vorzugehen.

In die Zeit danach fiel das erste Treffen mit den Langbehns, das Christabel Bielenberg in ihrem Buch ausführlich beschreibt. Man näherte sich vorsichtig an und versuchte, herauszufinden, auf welcher Seite man stand. Die zwei Männer waren dabei schnell auf die Frage nach der eigenen Herkunft gekommen und konnten feststellen, dass sie ihre familiären Wurzeln beide im »Land nördlich der Elbe« hatten.[34] Den maßgeblichen Auftakt zu der freundschaftlichen Beziehung, die zwischen den Paaren entstehen sollte, wird man darin nicht sehen wollen, aber es zeugt von einer Gesprächskultur, der Herkunftsfragen nicht fremd waren, schon gar nicht Carl, der sich einige Jahre früher auf den Weg gemacht hatte, mehr über seine ostholsteinischen Ahnen zu erfahren. Den historischen Horizont der Familie kannte er deshalb, auch wenn er selbst wohl niemals in Kirchenbüchern nach den Namen dieser Vorfahren suchte, wie er es in einem Brief an seinen Klenzauer Vetter 1932 ja einmal angekündigt hatte.

Dieser Zeitpunkt – die frühen 1930er Jahre – wirkt heute mehr als unglücklich dafür. Alte Familien, und gerade die auf dem Land, waren umworben, von den Nationalsozialisten umworben, und wer sich für sie interessierte, tat das zweifelsohne in schlechter Gesellschaft. »Tante Martha wird Dir wohl erzählt haben«, erläuterte Carl die Gründe für sein Interesse an der Familiengeschichte, »dass ich eine Tochter von 2 Jahren und 2 Zwillingssöhne von 11 Monaten habe. Wenn man selbst Kinder hat, fängt man an, sich für die eigenen Vorfahren mehr zu interessieren.«[35] Carl beschrieb damit kein Naturgesetz, sondern eine Phase in seinem eigenen Leben, die von einem Bedürfnis nach ausgreifender Identität zeugt. Leider können wir dieses Bedürfnis aber nicht aus seiner Zeit herauslösen. Fragen nach der eigenen Identität konnten in den frühen 1930er Jahren bekanntlich in Kategorien gedacht werden, die uns heute in dieser Form fremd sind oder, wo nicht, fremd sein sollten. Rasse und Volk waren damals der ›große Mensch‹, von dem her man sich denken konnte, vermittelt über die Familie, die an ihm teilhat. Der Brief in die Holsteinische Schweiz, so persönlich er gehalten ist, erscheint deshalb wie ein Symptom der Zeit. Und abwenden können wir diesen Zusammenhang auch dann nicht, wenn man sich eine weitere Passage aus ihm vor Augen führt:

> Dass wir kein Wappen haben, bedauere ich sehr. Es wird Dir bekannt sein, dass eine grosse Reihe Holsteiner Bauern, die im Gegensatz zu den Bauern im Osten freie Bauern waren [›waren‹ handschriftlich, dafür durchgestrichen: ›sind‹], ihr eigenes Wappen führen. Diese Bauernwappen sind teilweise bedeutend älter als die Wappen der adligen Ritter. Da unsere Familie seit mehreren hundert Jahren auf eigenem Grund in Holstein sitzt, nahm ich an, es sei ein Wappen vorhanden, das leider in Vergessenheit geraten wäre.[36]

Hier identifizierte sich ganz offensichtlich ein Abkömmling der Familie mit deren Stammsitz und seiner Geschichte. Schließlich ist da die Rede von »wir« und »unsere Familie«, was deutlich macht, wie sehr und selbstverständlich Carl sich in die Linie der Vorfahren seines Vaters stellte. Sein Vater war zwar der Neffe eines Klenzauers, aber Carl hat weder ihn noch seinen eigenen Großvater je kennengelernt. Irmgard hat die Herkunft ihres Mannes dennoch auf dieses alte holsteinische Bauerngeschlecht zurückgeführt. Sie tat das ganz im Sinne von Carl, der spätestens seit den frühen 1930er Jahren im Bewusstsein dieser Herkunft lebte.

Die mögliche Substanz dieses Bewusstseins möchte ich über eine historische Archäologie in Erfahrung bringen, denn ohne sie bliebe das politische Bewusstsein unzugänglich. Von Carl selbst ist keine Chronik seiner Familie überliefert. Sein Vetter und die Geschwister seines Vaters im »Land nördlich der Elbe« brachten ihm seine eigene Geschichte nahe. Darüber hinaus machte bald ein Porträt der Familie Langbehn die Runde, das im September 1934 im *Anzeiger für das Fürstentum Lübeck* erschien: »Die Langbehn in Klenzau. Eine der ältesten Bauernfamilien unserer Landschaft.« Bis in das Mittelalter ging man darin zurück, um die Geschichte dieser Familie darzustellen. Von einer Geschichte möchte man allerdings nicht sprechen. Nicht, dass man die Familie erfunden hätte. Aber die Art, wie man ihre Geschichte erzählte, und die kleinen Erfindungen zwischendrin, machen diesen Text zu einem überaus fragwürdigen Machwerk eines nationalsozialistisch entflammten Autors.

Die historische Archäologie reagiert vor allem darauf, denn wo man nach der möglichen Substanz des familiengeschichtlichen Bewusstseins von Carl fragt, wäre es verantwortungslos, sie der zeitgenössischen Propaganda zu überlassen. Der in den nationalsozialistischen Ungeist getunkten Erzählung muss man deshalb eine historische Sicht entgegenstellen – keine ganze Geschichte, aber hinreichend viel, um verstehen zu können, in welchen Dimensionen Carl sich und den Familienkosmos der Langbehns jenseits der nationalsozialistischen Vereinnahmung denken konnte. Wir müssen den Hinweis, er entstamme einem alten holsteinischen Bauerngeschlecht, also mit Leben, mit Geschichte füllen und die Phänomenologie des politischen Bewusstseins zunächst als historische Archäologie weitertreiben.

Bild und Wort, Anschauung und Begriff, gehen dabei in bestimmter Hinsicht zusammen. Der Weg zurück in die Vergangenheit bis zum möglichen ostholsteinischen Anfang der Familie im 12. Jahrhundert gehe ich über eine Flurkarte aus dem Jahre 1758, die der Ur-Ur-Urgroßvater von Carl, Asmus Langbehn (1715–76), selbst gesehen haben dürfte. Von dieser Karte sind wir interessanterweise, einer Brücke in die Vergangenheit gleich, auf die deutsche Ostsiedlung im Mittelalter verwiesen. Einmal dort über die historischen Voraussetzungen der mündlichen Überlieferung orientiert, steht der Weg zurück in die Gegenwart offen – die für uns ein Familientag im September 1934 sein wird, der auf dem ostholsteinischen Stammsitz stattfand und ein passender Anlass ist, die Geschichte der Familie zu einem Ende zu bringen.

Geschichte in Wort und Bild: die Herkunft aus einem alten ostholsteinischen Bauerngeschlecht

Im Jahre 1758 gehörte Asmus Langbehn zu jenen in Klenzau, die Georg Greggenhoffer auf eigenem Hof und Land arbeiten sehen konnten. Greggenhoffer war einer der bedeutendsten Architekten im Schleswig-Holstein des 18. Jahrhunderts. Als Baumeister, Gartenarchitekt und Vermessungsingenieur war er seit 1751 an der Residenz des Fürstbischofs am Eutiner Hof tätig, wo er 1760 zum Hofbaumeister ernannt wurde. Die Eutiner Bautradition, die in den 1720er

Jahren begann und Baumeister wie Rudolph M. Dallin und Johann Christian Lewon kennt, erreichte ihren Höhepunkt mit ihm.

Das Vermessungswesen im Fürstbistum Lübeck beschränkte sich in der ersten Hälfte des 18. Jahrhunderts im Wesentlichen auf Flurvermessungen herrschaftlicher Ländereien. Seit den 1750er Jahren aber wurden ganze Dörfer samt Gemarkungen vermessen. Wenn im Ostholsteinischen Flurkarte nach Flurkarte entstand, dann vor allem deshalb, weil man so die Grundlagen für die Besteuerung, aber auch für die im 18. und 19. Jahrhundert vorgenommenen Flurbereinigungen schaffte. Urheber fast aller dieser Werke war Greggenhoffer; seine Karten vermitteln selbst in ihrem funktionalen Sinn noch einen gewissen ästhetischen Anspruch. Das gilt auch für die erhaltene Klenzauer Karte.[37] Zu dieser Flurkarte hat Greggenhoffer ein »Vermeß-Register« angelegt, in dem die Klenzauer Grundstücke und Ländereien nach Art und Größe erfasst sind. Beides zusammen, Flurkarte und Register, bilden die dörfliche und landwirtschaftliche Struktur der Gemarkung treu ab.

Wir dürfen den in diesem Sinne repräsentativen Wert der Flurkarte allerdings nicht allein auf das 18. Jahrhundert beschränken. Denn die im 18. Jahrhundert entstandenen Vermessungswerke zeigen zuweilen landwirtschaftliche Flächen, die sich über Jahrhunderte hielten und noch einen Aufschluss über die Rodungsstruktur der deutschen Ostsiedlung im 12. Jahrhundert erlauben.[38] Die Greggenhoffer-Karte öffnet deshalb ein Fenster in die Vergangenheit und damit einen Blick auf den bäuerlichen Horizont der Familie Langbehn in den Jahrhunderten vor der Vermessung des Dorfes Klenzau. Dass sie sogar ein bildliches Zeugnis der Verhältnisse im 12. Jahrhundert darstellt, dafür sprechen zwei Merkmale: ein Feld und ein kleines, unscheinbares Rund in der Nähe des Dorfes.

Das große Feld im Westen der Siedlung mit dem Namen Wegen Kamp lässt das 12. Jahrhundert aus unterschiedlichen Gründen anklingen. Zum einen erhielten viele der damals mit der Axt gerodeten Felder die Endung ›Kamp‹, zum anderen entspricht die Größe des Feldes in etwa jenen fünfzehn Hektar Land, die im 12. Jahrhundert an die Neuankömmlinge vergeben wurden.[39] Es ist deshalb nicht unwahrscheinlich, dass Greggenhoffer im Jahre 1758 mit dem Wegen Kamp ein Feld vermaß, das die ersten deutschen Siedler sechshundert Jahre zuvor für den Landbau erschlossen hatten. Doch das ist nicht alles. Denn wenige hundert Meter südlich des Wegen Kamps betrat der Vermessungsingenieur ein Feld mit dem Namen Stanghof und stieß hier auf ein kleines bewachsenes Rund, in dem wir ein Zeugnis mittelalterlichen Rittertums sehen sollen. Die jüngere siedlungsgeschichtliche Forschung zumindest erkennt in der geologischen Formation die Umrisse einer mittelalterlichen Wehranlage, auf der sich in früheren Zeiten ein für Verteidigungszwecke eingerichteter Turmhügel befand. Der Durchmesser dieser Anlage betrug zwanzig bis dreißig

Meter; umgeben war sie von einem etwa vier Meter breiten Schutzwall. Man schließt sogar nicht aus, dass der Name ›Stanghof‹ auf eine kleine Burg selbst hindeutet.[40] Als Greggenhoffer sie nach sechshundert Jahren vorfand, war sie grün bewachsen und nur noch eine kleine Naturinsel inmitten landwirtschaftlich genutzter Flächen. Zu Zeiten der deutschen Ostsiedlung dagegen soll hier der holsteinische Ritter einen Posten zum Schutze von Klenzowe errichtet haben.

Sofern man solche historischen Dimensionen mit der Klenzauer Flurkarte wirklich verbinden darf, ist sie ein Spiegelbild der ersten Verhältnisse in einer kleinen Siedlung inmitten eines ursprünglich von Slawen besiedelten Landes. Sie macht zugleich ein Familiennarrativ um einiges glaubwürdiger, da sie anschaulich vor Augen führt, dass die in der mündlichen Überlieferung gemachten Voraussetzungen für eine Ansiedlung der Familie Langbehn im 12. Jahrhundert historisch diskutiert werden können. Dass es sich um keinen Mythos vom Ursprung, sondern um eine tradierte Idee vom Anfang der Familie in einem fremden Land handelt, ließe sich durch einen tieferen Einblick in die historische Forschung über die deutsche Ostsiedlung unterstützen. Wer die Geschichte der Kolonisation Ostholsteins vergegenwärtigt, könnte in der Tat ein Bild nicht nur der Ostsiedlung, sondern auch der historischen Bedingungen malen, unter denen die mündliche Überlieferung eine wahre ist.[41]

Über die historischen Bedingungen, die das 12. Jahrhundert selbst betreffen, gibt Helmold von Bosau Auskunft, der zu dieser Zeit nicht unweit von Klenzau lebte. Mit seiner *Chronica slavorum* (entstanden wahrscheinlich 1163 bis 1172) ist dieser Helmold wohl der wichtigste zeitgenössische Chronist der ostdeutschen Siedlung im Nordosten des Reiches. Den Aufruf Adolf II., das slawische Land einzunehmen, schildert er folgendermaßen:

> Da das Land verlassen war, schickte er Boten in alle Lande, nämlich nach Flandern und Holland, Utrecht, Westfalen und Friesland, daß jeder, der zu wenig Land hätte, mit seiner Familie kommen sollte, um den schönsten, geräumigsten, fruchtbarsten, an Fisch und Fleisch überreichen Acker nebst günstigen Weidegründen zu erhalten. Den Holsten und Stormarn ließ er sagen: »Habt ihr euch nicht das Land der Slawen unterworfen und es mit dem Blute eurer Brüder und Väter bezahlt? Warum wollt ihr als Letzte kommen, es in Besitz zu nehmen? Seid die ersten, wandert in das liebliche Land ein, bewohnt es und genießt seine Gaben, denn euch gebührt das beste davon, die ihr es der Feindeshand entrissen habt.« Darauf brach eine zahllose Menge aus verschiedenen Stämmen auf, nahm Familien und Habe mit und kam zu Graf Adolf nach Wagrien, um das versprochene Land in Besitz zu nehmen. (Chr. Slavorum, I, 57)

Von einem mittelalterlichen, geistlichen Chronisten bleibt zu erwarten, dass er die Ereignisse seiner Zeit in biblischer Perspektive wiedergibt. Das »liebliche

Land«, das »versprochene Land« und andere Ausdrücke sind deutliche Anklänge an die Bibel, vor allem an Passagen aus dem Alten Testament.[42] Das befreite, vielfach heidnische Wagrien rückt in den Horizont des Christentums und wird nachgerade biblisch angepriesen, ja, zu einem Paradies verklärt, in dem die Natur ihre reichen Gaben darbietet.

Bereits Jahrzehnte zuvor waren Holländer gen Osten aufgebrochen, um dort vor allem ihre ausgereiften Fähigkeiten in Wasserbau und Entwässerungstechnik einzusetzen. Belegt sind solche Ansiedlungen für die Jahre nach 1125 im Bistum Naumburg und im westlichen Thüringen. Aber auch im heutigen Schleswig-Holstein siedelten sie sich vor 1143 an. Wilster, heute eine Stadt nördlich der Elbe im Kreis Steinburg, war ursprünglich eine holländische Kolonie, die wohl 1106 gegründet wurde, und die Haseldorfer Marsch, ebenfalls nördlich der Elbe und dabei etwa vierzig Kilometer südöstlich von Wilster gelegen, soll ab etwa 1120 durch holländische Siedler bevölkert worden sein.[43] Gerade in dieser Elbmarschgegend konnten sie auf ihre Kenntnisse im Wasser- und Deichbau zurückgreifen. Der Name Langbehn ist in diesem Gebiet zwischen Wilster und Haseldorf heute häufiger anzutreffen.

Vor diesem Hintergrund ist es nicht ausgeschlossen, dass die Langbehns bereits in der frühen ersten Hälfte des 12. Jahrhunderts in den nordelbischen Raum eingedrungen und dann von hier aus dem Aufruf von 1143 gefolgt sind. Schließlich erschallte der Ruf auch in Holstein, zu dem damals Wilster und wohl auch die Haseldorfer Marsch gehörten. Sollten sie direkt aus Holland gekommen sein, hatten sie gute Gründe, die Heimat zu verlassen. Seit Ende der 1130er Jahre herrschte dort eine Kälteperiode, die eine fatale Hungersnot nach sich zog. Außerdem war der Westen ohnehin überbevölkert. Von einem fernen Land zu hören, in dem ein Graf fruchtbaren Boden zu vergeben hatte, veranlasste so manchen, die vertraute Umgebung für eine bessere Zukunft aufzugeben.

Man schätzt, dass einige hundert holländische Siedler nach Wagrien gekommen sind. Sie bildeten Trecks, um im Schutze einer großen Gruppe zu reisen. Mit Planwagen, auf denen das gesamte Hab und Gut, darunter auch landwirtschaftliches Gerät und Saatgut, verstaut war, ging es über viele hundert Kilometer durch teils unwegsames Gelände. So manches Vieh dürfte den Treck begleitet haben. Bei Ertheneburg (Artlenburg) überquerten sie die Elbe, um dann nach vielen Wochen die neue Heimat zu erreichen.

Wenn die Langbehns zu jenen gehörten, die dem Aufruf des Grafen gefolgt sind, dann ist sicher, in welchem Teil Wagriens sie sich ansiedelten. Denn während sich die Holsten und Westfalen südwestlich des Plöner Sees und die Friesen in der Gegend bis an die Lübecker Bucht niederließen, organisierte die Grafschaft die Ansiedlung der Holländer im Gebiet der Eutiner Seen. Hier waren Kenntnisse in der Wasser- und Fischwirtschaft vonnöten, die holländische Siedler gewiss mitbrachten. In den Holländerdörfern herrschte eine holländische Rechtskultur, insofern den Siedlern erlaubt war, nach ihrem alten ›hollischem Recht‹ zu leben. Sie brachten damit ihre eigene Gerichtsbarkeit mit, die ihnen der Graf zuerkannte. Diese Form von Autonomie hielt sich teilweise bis in das 15. Jahrhundert. Außerdem erhielten sie das Erbrecht, um das Land, das sie als freie Bauern in Besitz genommen hatten, an die jeweils kommende Generation weiterzugeben. An den Grafen zahlten sie nur eine besondere Steuer, den Holländergrevenschatt. Allerdings wurden die Siedler keine Eigentümer ihrer Hufe. Das Land wurde ihnen nur zur Nutzung überlassen, denn das Eroberungsrecht sah vor, dass alles Land in Wagrien dem Landesherrn gehörte. De facto jedoch bewirtschafteten sie selbständig ihr Land, für dessen Nutzung sie nur bestimmte Abgaben zu leisten hatten.[44] Leider sind hier keine Ansiedlungsverträge überliefert. Man vermutet jedoch, dass Graf Adolf II. sich an der schon genannten Besiedlung der Wilstermarsch durch den Erzbischof von Bremen im Jahre 1106 orientiert und so auf Erfahrungen mit der Ansiedlung von holländischen Siedlern zurückgegriffen hat.

Klenzowe, etwa sechs Kilometer südlich von Utin gelegen, ist keines der heute verbürgten Holländerdörfer. Es ist wahrscheinlich, dass es sich bei diesem Ort in der Mitte des 12. Jahrhunderts um eine nur sehr kleine Siedlung auf der Anhöhe eines Sees handelte. Sollten die Vorfahren von Carl hier wirklich zu dieser Zeit angekommen sein, so können die Gründe dafür nicht mehr rekonstruiert werden. Eine lehnsherrliche Verlegenheitslösung ist genauso denkbar wie eine gezielte Ansiedlung von einzelnen Familien an der Peripherie des holländischen Siedlungsraumes.

Da die Schauenburger ihren Stammsitz nicht im Nordelbischen, sondern im Gebiet der mittleren Weser hatten, standen ihnen bei der Einführung der Kolonisten nur wenige heimische Gefolgsleute zur Verfügung. Aus diesem Grunde war Adolf II. auf die Unterstützung vor allem holsteinischer Männer angewiesen – die sogenannten *virtus holzatorum*, hochstehende Männer, die zwar vor 1143 keinen eigentlichen Adelsstand bildeten, aber aufgrund ihrer besonderen Aufgaben zur Sicherung und Verteidigung des Landes gegen die Slawen eine gehobene Stellung in der zu diesem Zeitpunkt noch nicht nach Ständen unterschiedenen Gesellschaft genossen. Diese Männer mögen Ritter gewesen sein, aber als solche waren sie keine Großgrundbesitzer, sondern Lokatoren, die für ihre Dienste kaum mehr als doppelt soviel Land erhielten wie die Bauern, für deren Schutz sie verantwortlich waren.

Die Burgen dieser Ritter waren schlichte Höfe, die mit dem weitverbreiteten Bild von mittelalterlichen Burgen nichts gemein hatten. Weil die Ritter meist nur für den Schutz eines Dorfes oder weniger Dörfer verantwortlich waren, legten sie ihre Höfe in der unmittelbaren Nähe der ihnen zugesprochenen Ortschaften an. Die hier angesiedelten Bauern mussten dann als Gegenleistung die Ländereien ihres ritterlichen Schutzes mitbewirtschaften. Weil die mittelalterliche Burg auch in dieser Region keinen Angriffs-, sondern Verteidigungszwecken diente, lag sie häufig nicht nur an Seen oder auf Halbinseln, sondern auch in sumpfigen Gebieten – eines davon eben dasjenige auf dem Klenzauer Stanghof, wo Ritter, deren Namen heute nicht mehr bekannt sind, vielleicht auch die Vorfahren der späteren Klenzauer Langbehns gegen feindliche Übergriffe verteidigten.

Wenn die mündliche Überlieferung dieser Familie mehr als nur ein Mythos vom Anfang ist, dann müssen wir mit ihr historische Begebenheiten verbinden, von denen ein paar wesentliche nunmehr genannt sind. Seit dem 12. Jahrhundert hätte die Familie dann die grundlegenden Entwicklungsphasen des Landes in Klenzau mitgemacht, namentlich den Landesaufbau im 13. Jahrhundert, die Wüstungsperiode des 14. und 15. Jahrhunderts, die Herausbildung eines gutswirtschaftlichen Systems im 16., 17. und 18. Jahrhundert und die Agrarreformen des 18. und 19. Jahrhunderts. Fast siebenhundert Jahre hätten die Vorfahren des Großvaters von Carl an einem Ort gelebt, der mit der Geschichte dieser Familie jedoch auch ohne eine etwaige Präsenz seit dem 12. Jahrhundert sehr eng verbunden ist. Historisch greifbar wird die Klenzauer Existenz der Familie allerdings erst im 15. und 16. Jahrhundert. Weil das Dorf im Jahre 1447 von den Vikaren der Lübecker Marienkirche an Nicolaus Sachau überging, waren die ortsansässigen Bauern seit dieser Zeit verpflichtet, dem Bischof Hand- und Spanndienste zu leisten. Unter ihnen sind wahrscheinlich auch die Langbehns. Denn der Hof Langbehn ist urkundlich zum ersten Mal im 16. Jahrhundert, 1549, erwähnt und zu diesem Zeitpunkt, wie man vermuten darf, nicht erst gerade begründet worden.

Ihren Aufschwung nahmen die Klenzauer Langbehns im 19. Jahrhundert, als die deutsche Landwirtschaft ihre ›goldenen fünfzig Jahre‹ (etwa 1825–75) erlebte. Mit dem 19. Jahrhundert kommen wir im übrigen in eine Zeit, mit der auch die Geschichte eines kleinen Ortes lesbar wird. Topographien geben ein ziemlich genaues Bild vom Dorf, nennen Anzahl von Höfen, Einwohnern und Schulkindern.[45] Im Jahre 1856 etwa gab es bei 159 Einwohnern 40 Schulkinder, die in der eigenen Dorfschule unterrichtet wurden. Knappe dreißig Jahre später waren es nur noch 143 Einwohner und 30 Schulkinder, im Jahre 1908 nur noch 110 Einwohner – die Leute zog es in die Stadt. Fünf Höfe bestimmten das Dorfbild. Wer in Klenzau lebte, gehörte in der Regel zu einer Bauern- oder zu einer Arbeiterfamilie. Einige Handwerker rundeten das Bild ab. Eine Schenke oder andere öffentliche Einrichtungen gab es nicht. Dafür lag der Ort inmitten einer wunderschönen Naturlandschaft, eine Landschaft, die sich, wie Thomas Mann in seiner Rede über »Lübeck als geistige Lebensform« schwärmte, »an Schönheit mit den allermeisten, wenn es nach mir geht, mit all und jedem messen kann, was Deutschland und nicht nur dieses zu bieten hat«.[46] Im ersten Drittel des 19. Jahrhunderts treffen wir auf drei Brüder, die hier aufwuchsen und schließlich familiengeschichtliche Linien begründeten, die Carls Vetter Hans Heinrich am 23. September 1934 auf einem Familientag zusammenzog.

Auf dem Stammsitz

»Die Familie *Langbehn*, bestehend aus vierzig Mitgliedern, beging am Sonntag auf dem 700jährigen Stammsitz ihren Familientag. Nach gemeinsamem Kirchgang und einer Kranzniederlegung am Familiengrab verlebten sie frohe Stunden im Familienkreise.« So stand es zu lesen, im *Anzeiger für das Fürstentum Lübeck* vom 29. September 1934.

Im April hatte Carl noch den festen Vorsatz, der Einladung zum Familientag nachzukommen. »Lieber Vetter«, schrieb er am 3. April, »wir danken Dir herzlich für Deine Einladung zum Familientag der Familie Langbehn. Wir werden vermutlich an dem betreffenden Sonnabend vor der Feier per Bahn oder mit dem Auto dort eintreffen. Den genauen Zeitpunkt teilen wir Dir einen Tag vorher telefonisch oder telegrafisch mit.«[47] Vielleicht dachte er auch daran, bei dieser Gelegenheit seinen Vorfahren genauer nachzuforschen. Zu den geladenen Gästen zählten auch seine Tanten Frieda und Martha sowie sein Onkel Gustav. »Werde mich freuen«, schickte der in Hamburg lebende Gustav seinem Dank für die Einladung hinterher, »mal alle Langbehn zu sehen. Habe noch nicht alle kennengelernt.«[48] »Mit deutschem Gruß« schloss, wie in dieser Zeit üblich, nicht nur dieser Brief. Seinen Neffen Carl traf Gustav allerdings nicht an. »Bin leider unabkömmlich – sende alle herzliche Grüße«, telegraphierte er aus London.[49] Seine Tante Frieda nutzte ihr Gratulationsschreiben zum Geburtstag von Hans Heinrich am 9. Oktober unter anderem dafür, das Bedauern ihres Neffen über diese beruflich bedingte Abwesenheit mitzuteilen.[50] Die »Stammstelle«, von der in ihrem Brief die Rede ist, hat Carl dafür später gemeinsam mit Irmgard besucht, wohl im Herbst 1938. Irmgard schwärmte noch viele Jahre danach von dem bäuerlichen Anwesen und der Landschaft, in der sie die Familie antraf. Die Berliner schickten später zuweilen den Chauffeur in die Holsteinische Schweiz, um frisches Fleisch und Eier in die Hauptstadt einzufahren.

Hätte Carl den Familientag besucht, wäre er auf die unterschiedlichen Zweige der Familie getroffen. Hans Heinrich brachte die verschiedenen Linien, die aus dem 19. Jahrhundert kamen, nicht ohne Stolz auf seinem für das Fest hergerichteten Hof zusammen. Die Ernte war schon lange eingefahren, die neue Saat war ausgebracht; die Bauern der Familie konnten sich für einen Moment zurücklehnen und mit denen, die keine Höfe bewirtschafteten, der gemeinsamen Geschichte auf die Spur kommen.

Nicht alle kannten sich. So ging man auch mit Neugierde aufeinander zu. Im Vorfeld bot man seine Hilfe an – die eigene Schürze bringe man mit – und verband den Dank für die Einladung mit der Erleichterung darüber, dass die drei Söhne wieder gesund aus Nürnberg zurückgekehrt seien.[51] (Dort fand zwischen dem 5. und 10. September der Reichsparteitag statt.) In der großen Gartenanlage vor dem Wohnhaus bildeten sich kleine Runden. Man stand beieinander, kam ins Gespräch, war in bester Laune und ließ sich gerne ablichten. Später wurden die Photographien in einem kleinen, extra angelegten Album zum Familientag abgelegt.

Heute erscheint dieses Album wie ein bildlicher Kommentar zum Stammbaum, den Hans Heinrich in der Zeit davor zur Schriftreife gebracht hatte. Sauber sortiert und aufgelistet konnte sich die Familie darauf bis zu Hans Langbehn in das frühe 16. Jahrhundert zurückverfolgen und diesem Anfang noch den überlieferten aus dem Mittelalter oben anstellen. Irgendwo auf dieser Landkarte der Geschichte fand jeder der Anwesenden seine Heimat; im Album dagegen lief diese Geschichte bildlich in die Gegenwart aus. Die Gäste führten sich dabei auf drei Brüder aus der Mitte des 19. Jahrhunderts zurück, Hans Hinrich, Hinrich Friedrich und Johann Friedrich Wilhelm, der Großvater von Carl. Der aus Minden angereiste Peter Friedrich zum Beispiel kam von Hinrich Friedrich her, der den Hof irgendwann verlassen musste, wollte er nicht ewig für den älteren Bruder und Hoferben Hans Hinrich arbeiten. 1852 erhielt er immerhin 3000,- Mark, um sein Glück andernorts zu suchen. Seine zweite Frau, Katharina Wiebke, eine Bauerntochter aus Dithmarschen, war sogar noch rüstig genug, um dem Familientag im hohen Alter beizuwohnen.

Im Gastgeber setzte sich dagegen die Klenzauer Linie fort. Der Vater von Hans Heinrich, Johann Heinrich, war einige Jahre zuvor gestorben. Hans Hinrich, einer der drei genannten Brüder, war sein Großvater. Im Familiengeschehen des 19. und frühen 20. Jahrhunderts spielte er eine besondere Rolle. Peter Friedrich aus Minden bezeichnete sich einmal als seinen »letzte(n) Schüler«.[52] Von Hans Hinrich ist viel überliefert, Hofpapiere genauso wie persönliche Schreiben und Briefe. Auch eine Kopie der Flurkarte von Greggenhoffer glitt durch seine Hände.[53] Besonderes Interesse verdient jedoch das seit 1847 geführte Tagebuch, in dem deutlich wird, dass ein Bauer im oft gemeinten Sinne des Wortes Hans Hinrich gerade nicht war. Die Notationen zeigen einen politisch interessierten und zugleich tief religiösen Mann, der offenbar ein besonderes Geschick in der Auslegung der Bibel besaß. Seine Nachkommen waren davon nicht unbeeinflusst: Sie waren im Kirchenvorstand engagiert und auch auf diese Weise gesellschaftlich dabei.

Die leitende Lebensform war dennoch die bäuerliche. Männliche Nachkommen, die an zweiter oder dritter Stelle geboren waren, konnten durch Mitgiftzahlungen eigene Betriebe in der Umgebung kaufen oder zumindest

Hans Heinrich Langbehn, der Vetter zweiten Grades, über den Carl Anfang der 1930er Jahre mit dem Stammsitz der Familie in Kontakt getreten ist

im landwirtschaftlichen Bereich tätig bleiben. In Klenzau selbst übernahm Johann Heinrich Langbehn den Hof im Jahre 1883, um ihn dann später, 1919, an seinen eigenen Sohn Hans Heinrich weiterzugeben. In seinem Brief vom 23. August 1932 nahm Carl also mit dem Enkel des Bruders seines Großvaters Kontakt auf. Zu diesem Zeitpunkt ging es dem Hof sehr gut. Zwischen den Kriegen waren einige Menschen auf ihm beschäftigt, neben der Familie sieben Angestellte: Meisterknecht, Melker, zwei Arbeiter, ein Gehilfe und zwei Hausgehilfinnen. Sieben Pferde waren das höfische Kraftzentrum, mit dem man ca. siebzig Hektar Land zu bewirtschaften hatte. Schweine und Kühe gehörten dazu. Inmitten dieses bäuerlichen Lebens wandte sich Hans Heinrich der eigenen Familiengeschichte zu. »Da der Hof als Erbhof eingetragen ist«, schrieb er in einem Lebenslauf, »bleibt die Familie hoffentlich lange erhalten.«[54]

Der Bruder seines Großvaters, Johann Friedrich Wilhelm, konnte wie sein älterer Bruder nicht auf diesem Hof bleiben. Auch Carls Großvater wurde – per »Stellübertragungscontract« vom 21. Oktober 1852 – eine Abfindung in Höhe von 3000,– Mark zugesprochen. Zu diesem Zeitpunkt war er schon mehr als drei Jahre aus Klenzau fort. »Unser Wilhelm«, hatte sein Bruder Hans Hinrich am 5. Januar 1849 in seinem Tagebuch vermerkt, »tritt heute in Dienst als Schreiber beim Herrn Pächter Drews auf Neu-Glasau, und verläßt das elterliche Haus zum ersten Male.« Bis zu diesem Tage war Wilhelm auf dem Klenzauer Hof tätig gewesen. Bevor er seinen Schreiberdienst antrat, war er zunächst als »Depotsoldat« (Reservesoldat) vorgesehen, dann aber (am 30. Dezember 1848) mit einem »Freischein« versehen worden. Von Neu-Glasau aus führte ihn der Weg nach Rothenstein nördlich von Kiel, wo er Gutsverwalter auf dem gleichnamigen Meierhof wurde. Rothenstein gehörte zunächst zum Gut Lindau, das im 16. und 17. Jahrhundert entstanden und nach einer über 400-jährigen Geschichte in den 1920er Jahren vom letzten Besitzer Rudolf von Ahlefeldt an die Höfebank in Kiel verkauft worden ist.

Die Großeltern von Carl väterlicherseits: Johann Friedrich Wilhelm und Friedericke Langbehn

Letzter Pächter dieses Gutes war Franz Langbehn, der aber nicht zum Klenzauer Stamm der Familie gehörte.

Wilhelm kam um 1860 nach Rothenstein. Friedericke Ströcker, seine spätere Frau, lernte er wohl dort kennen. Alle sieben Kinder – Heinrich, der Vater von Carl, Gustav, Wilhelm, Fritz, Frieda, Dora und Martha – kamen hier zur Welt. Später siedelte er mit seiner Familie von Rothenstein nach Blomnath südlich des Plöner Sees über, wo er ebenfalls als Gutsverwalter tätig war. Gestorben ist er wenige Jahre später, kaum sechzig Jahre alt. Seine Frau sollte ihn um dreißig Jahre überleben und anders als ihr Mann noch miterleben, wie die Kinder in die Welt hinauszogen.

Gustav und Frieda verbrachten ihr späteres Leben in Hamburg, Dora und Martha teilten ebenfalls die Region und lebten im ländlichen Umfeld von Plön. Von den drei übrigen Söhnen lesen wir im *Anzeiger für das Fürstentum Lübeck*, der die Familie Langbehn in Klenzau als eine der ältesten der Region porträtiert: »Söhne dieser Familie Langbehn in Klenzau sind dann weit in der Welt herumgekommen, überall haben diese wohl ihren Mann gestanden, ob in den Urwäldern Brasiliens ihre Söhne Kulturdünger wurden oder auf den Plantagen Sumatras Musteranlagen geschaffen haben oder als Kaufleute in fremden Ländern geschätzt wurden.«

Wilhelm und Fritz wurden von einer am Ende des 19. Jahrhunderts aufkommenden Auswanderungswelle erfasst und gingen in der Tat gemeinsam nach Brasilien. Ist im Text von »Musteranlagen« die Rede, so steht hier der älteste Sohn von Wilhelm und Friedericke, Heinrich, im Hintergrund, der wie seine jüngeren Brüder in den kolonialen Sog geriet, dabei aber nicht nach Südamerika, sondern nach Indonesien emigrierte.

Das Leben von Carl begann hier, im fernen Sumatra, wo er die ersten Jahre seines Lebens fern der bäuerlichen Herkunft seiner Ahnen zubrachte. Seine Geschichte aber begriff er später als eine, die viel mit dieser Herkunft zu tun hat. In welchen Dimensionen er seine Herkunft aus einem alten holsteinischen Bauerngeschlecht denken musste, war ihm bewusst, auch wenn er den Familientag nicht wahrnehmen konnte. Der Stammsitz der Langbehns war kein Gut, wie Carls Adressierung des Briefes an seinen Klenzauer Vetter – »Gut Klenzau b/ Eutin-Holstein« – es nahelegt, aber doch immerhin die jahrhunderteaalte Heimat einer Landfamilie, die auch Carl ein Familiennarrativ bot. Weil sein Großvater den Stammsitz verlassen musste und sein Vater die Distanz global erhöhte, musste er sich die Hintergründe der Geschichte und damit diesen Zweig seiner Familie allerdings in besonderer Weise aneignen.

Der Klenzauer Vetter, der ihm dabei half, war wie schon sein Großvater kein typischer Bauer, sondern humanistisch gebildet, sprachlich vielseitig und lange Zeit als Synodale in der Evangelisch-Lutherischen Landeskirche Eutin tätig. Obwohl zum Studium gedrängt, entschied er sich dafür, das Hoferbe anzutreten. Anders als Carl ging er in den Ersten Weltkrieg, aus dem er anders als sein Bruder Wilhelm wieder heimkehrte, dekoriert mit verschiedenen Auszeichnungen und Orden. Im Kaiserreich war er groß geworden und dann kaisertreu auf die Schlachtfelder im Westen gezogen. Den monarchischen Geist dieser Zeiten hat er nie mehr wirklich ablegen können, ebensowenig seine Begeisterung für alles Militärische. Damit waren gute Voraussetzungen gegeben, um im »Führer« den neuen ›Monarchen‹ des Deutschen Reiches zu sehen. Aber wie Carl, so war auch Hans Heinrich von den unmenschlichen Ansichten der Nationalsozialisten abgestoßen. In die Partei trat er nicht ein, was ihn nach dem Krieg für eine Entnazifizierungskommission empfahl.

Sein Interesse für die Ahnenforschung hielt sich auch in Nachkriegszeiten, wenngleich man ihren Höhepunkt um 1930 sehen muss. Die Gespräche, die er auf dem Familientag mit seinem Berliner Verwandten hätte führen können, wären mindestens durch ihn von den Themen beherrscht gewesen, die beide zusammengebracht hatten. Der Geschichtsverwalter konnte ziemlich viele Fragen beantworten und wäre im persönlichen Gespräch so etwas wie eine familiengeschichtliche Goldgrube für seinen Besucher gewesen.

An einer Stelle jedoch hätte Carl Gründe haben können, irritiert zu sein. Denn hatte er nicht in einem Aufsatz einer Kieler Ahnenforscherin, der ihm seit April 1934 vorlag, davon gelesen, dass sich die Langbehns wahrscheinlich im 12. Jahrhundert in dem kleinen ostholsteinischen Dorf ansiedelten? Sein Vetter dagegen war ganz anderer Auffassung. »Meine Familie«, schrieb er zu dieser Zeit in einem Lebenslauf, »ist nachweislich seit 1549 auf diesem Besitz, nach mündlicher Familienüberlieferung ist die Familie seit 1253 auf diesem Besitz, und zwar immer von Vater auf Sohn vererbt.«[55] Das passte nicht mit der zeitgenössischen Ahnenforschung zusammen, ebensowenig mit der mündlichen Überlieferung, die man dem Stammbaum der Familie später schriftlich beifügte: Schon 1152 sollen danach die Langbehns in Wagrien angekommen sein – im selben Jahr, wohlgemerkt, als Friedrich Barbarossa, diese Sehnsucht der Deutschen seit dem 19. Jahrhundert, zum deutschen König gekrönt wurde. Wie Hans Heinrich diese Irritation wohl aufgelöst hätte? Im Zweifel fehlten ganze hundert Jahre, die Carl aus anderen Gründen nicht unwichtig sein konnten. Denn im fernen Berlin beschäftigte ihn nicht der Widerspruch, sondern die Frage nach Symbolen einer jahrhundertealten Tradition.

Enttäuschte Erwartungen

»Dass wir kein Wappen haben«, schrieb Carl am 23. August 1932 an Hans Heinrich, »bedauere ich sehr.« Und er erinnerte daran, wie wir gesehen haben, dass die Bauernwappen manchmal älter als die ritterlichen Wappen waren. »Da unsere Familie«, hieß es weiter, »seit mehreren hundert Jahren auf eigenem Grund in Holstein sitzt, nahm ich an, es sei ein Wappen vorhanden, das leider in Vergessenheit geraten wäre.« Die Zeilen verraten nicht nur familiengeschichtliches Interesse, sondern auch Enttäuschung. Was »leider« hätte vergessen sein können, war ein Familienwappen, und was er sehr bedauerte, war nicht zuletzt der Umstand, dass mit dem fehlenden Wappen das Geschichtszeichen einer Familie fehlte, mit dem ihr Rang im Wettbewerb der Ältesten nach außen für alle sichtbar gewesen wäre. Waren die eigenen Vorfahren anders als die Bauern im Osten stets »freie Bauern«, so blieb doch zu erwarten, dass sie mindestens ein Wappen führten und damit die Insignien des Rittertums – ihm schon im Alter des Geschlechts mindestens ebenbürtig – trugen. Doch diese Erwartung wurde enttäuscht. Die Familie war kein heimlicher Adel, den man über ein Wappen mit einem entsprechenden Standesbewusstsein ausstatten konnte. Sie waren Freie und dabei in der Tat älter als so manches Adelsgeschlecht. Aber auch ein mittelalterlicher Ursprung und höfische Gegenwart über viele Jahrhunderte heben den Landmann nicht unversehens in den Adelsstand.

Carl schrieb den Brief nicht ohne Signale in der Sprache selbst; zumindest verwendete er Ausdrücke, die man heute als Signale lesen kann: ›frei‹, ›Bauer‹, ›Adel‹ und ›Wappen‹ sind scheinbar kaum hintergrundlos zu verstehen, wenn

Carl Langbehn, um 1930

man sie in einem Brief der frühen 1930er Jahre liest. Sie stellen unweigerlich unter Ideologieverdacht, in diesem Fall Carl Langbehn, der sein Interesse für die Familiengeschichte dem Vetter gegenüber mit den eigenen Kindern begründete und jeden kritischen Leser damit doch nur auffordert, darin eine Verkennung der wahren Gründe seiner Rückwendung zu sehen. Was Substanz in seinem familiengeschichtlichen Bewusstsein gewesen sein mochte, ist mit der historischen Archäologie umrissen. Nunmehr in der Gegenwart bei ihm selbst angekommen, steht die Frage im Raum, in welchem Maße sie politisiert war oder selbst zur Politisierung beitrug. Man kann auch fragen: Wurden hier nicht Erwartungen enttäuscht, die seine eigenen waren und doch ohne seine Zeit nicht verstanden werden können?

Im ersten Drittel des 20. Jahrhunderts trifft man in Deutschland auf eine Vielfalt unterschiedlicher Diskurse über einen *neuen Adel*.[56] Das Fin de siècle ließ im Deutschland der 1890er Jahre einen Kulturpessimismus entstehen, mit dem die Frage nach einem neuen und besseren Leben aufkam. In den verschiedenen Reformbewegungen entwickelte man Utopien, in denen der neue Mensch, die neue Gesellschaft herbeigesehnt wurden. In diesen Zusammenhang gehören auch die Debatten über den neuen Adel. An ihnen war der Adel freilich selbst nicht unbeteiligt, sofern das bürgerliche Zeitalter seine Selbstbehauptung notwendig machte.

Diese Selbstbehauptung hat sehr interessante und aufschlussreiche Seiten, etwa diejenige, dass man sich in Zeiten des Nationalismus mancherorts eher als ein *Adel der Nation* denn als Blutsadel zu verstehen bereit war. Aus diesem Grunde konnte man auch dazu ansetzen, die Geschichte der Nation über einen historischen Zugang zum Adel zu begreifen.[57] Doch eine solche Entfremdung von der Blutsadelsidee mochte nicht jedermann gefallen. »Unter ›Adel‹ ist nicht der papierne Hof-Adel zu verstehen«, sinnierte etwa ein völkischer Ideologe namens Bernhard Koerner, »sondern der echte Blutsadel, wie er sich nicht nur im Landjunker, sondern auch im selbstbewußten Patrizier der Stadt, im unbeugsamen Bauern, dem Handwerker, der seinen Überlieferungen treu blieb, usw. erhalten hat.«[58]

In der Frage nach dem Bauern fällt unter den Völkischen vor allem dieser Koerner auf, der den alten norddeutschen Bauernstand auf die Stufe des Adels stellte und der völkischen Bewegung damit einen häufig aufgegriffenen Gedanken an die Hand gab. Dabei hatte er anscheinend vor allem das friesländische Bauerntum im Sinn, wo sich die Freien nicht in einen vom Fürsten abhängigen Ritterstand verwandelt, sondern ihr Edeltum weiterhin über Geburt und Abstammung definiert hatten. Auf diese Weise konnte Koerner die Rasse über den Stand stellen und die alten Bauerngeschlechter als Edelinge, in bestimmter Hinsicht freie Adelige verstehen. Das Bauerntum verklärte Körner damit zu einem vorfeudalen Edeltum, das durch die Erfindung des Rittertums als Stand verdrängt worden sei.

Die Konsequenzen auf der sprachlichen Ebene sind in dieser Weltanschauung beachtlich, denn der Ausdruck ›frei‹ gewinnt seine Prägnanz hier in einer ganz spezifischen Konkurrenz zum Ausdruck ›abhängig‹, den Körner für den aus dem vom Fürsten abhängigen Rittertum hervorgegangenen Adel geltend machte. ›Frei‹ konnte aus diesem Grunde zur Auszeichnung für den ursprünglichen norddeutschen ›Adel‹ werden – für eine Gemeinschaft von Edelingen, hinter der die alten, landbesitzenden Bauerngeschlechter stehen.[59]

Diese Nobilitierung des Bauern mit Tradition steht bei Koerner, kaum überraschend, in einem engen Zusammenhang mit der Sippenforschung, wie man die seit der Jahrhundertwende aufblühende Familien- und Ahnenforschung bald nannte. Koerner war eine der zentralen Figuren in der Entwicklung dieses Instruments der völkischen Selbstvergewisserung. Über die Sippe sollte der Einzelne mit dem Volk verbunden sein, und um diese Volkszugehörigkeit zu erfahren, brauchte es die neue Wissenschaft der Genealogie, die ihrerseits zum Erhalt des Ganzen beizutragen hatte. In diesem Weltbild hielt man es schon für ein Gütekriterium des Menschen selbst, wenn dieser sich mit seinen

Ahnen beschäftigte; und dafür brauchte er gar nicht dem verbrieften Adel zu entstammen, sofern das historische Familienbewusstsein in die Identität als Rassenadel führen konnte und der entsprechende Stammbaum die völkische Alternative zum bekannten adligen Herkunftsdokument sein sollte.[60]

In der Geschichte völkischen Denkens ist solch abstruses Gedankengut mit einigen Parteien der Weimarer Republik unmittelbar verbunden, etwa mit der rechtsextremen, antisemitischen, nationalistischen und radikal völkisch ausgerichteten Deutschvölkischen Freiheitspartei (DVFP), bei der Koerner im Jahre 1926 einen Vortrag hielt. Nicht als Partei wolle er diese Organisation primär verstehen, sondern als Volksbewegung, »etwa zu vergleichen mit der Reformation«.[61] Das sind deutliche Worte. Die völkische Bewegung als eine deutsche Bewegung sollte nicht parteipolitisch je individuell eingenommene Bürger eines Staates, sondern ein ganzes Volk reformatorisch in die Selbstbesinnung führen. Hier sollte jeder unmittelbar zum Volke sein und seine nationale Grundhaltung nicht von einem fragmentierten politischen System abhängig machen. Die Volksbewegung, wie sie Koerner sich mit der DVFP erträumte, ist mit dieser Partei jedoch niemals entstanden. Wie die völkischen Organisationen überhaupt, so verlor auch sie im parteipolitischen Trubel der Weimarer Republik zunehmend Mitglieder, viele oder die meisten davon an die Partei der Nationalsozialisten. Bestimmende Elemente der völkischen Weltanschauung lebten in dieser anderen Partei freilich weiter, so erfolgreich, dass sie schließlich die von vielen erhoffte Volksbewegung sein konnte.

Eines dieser weltanschaulichen Elemente war die ideologische Vereinnahmung des deutschen Bauerntums. In dem Zeitungsartikel über die Familie Langbehn aus dem Jahre 1934 macht dieser Ungeist gleich zu Beginn auf sich aufmerksam: »Da durch unsern Führer Adolf Hitler wieder das Interesse für Familienforschung und alte Geschlechter erweckt ist, wollen auch wir wie in anderen Landschaften einmal eine Betrachtung darüber anstellen, welche Bauernfamilien seit altersher auf ihren Besitzungen ansässig sind [...].« Eine dieser Familien war diejenige, die Carl Langbehn als die seinige betrachtete. Ihm, in seine Zeit verstrickt, müssen wir deshalb zumuten dürfen, seine Enttäuschung über das fehlende Familienwappen aus dem Geiste dieser Zeit und ihrer Sprache zu verstehen. Frei waren sie, die Langbehns, und man möchte gar nicht weiter fragen, in welchen völkischen Dimensionen er dieses Attribut verwendet hat. Nachdenklich stimmt dabei vor allem eine weitere Briefpassage. »Der Bericht über die väterlichen Vorfahren des Julius Langbehn«, schrieb er am 3. April 1934 nach Klenzau, »hat uns sehr interessiert. Ihr werdet sicher die Schrift von Momme Nissen über Julius Langbehn kennen. Zu dieser Schrift bildet der Bericht eine gute Ergänzung.«[62]

Julius Langbehn (1851–1907) war den meisten Deutschen seiner Zeit einfach nur als der Rembrandtdeutsche bekannt. Sein ungemein erfolgreiches, anonym erschienenes Buch *Rembrandt als Erzieher* (1890) – ein Bestseller im wilhelminischen Kaiserreich bis hinein in die Weimarer Republik, der die Kunst- und Reformbewegungen maßgeblich beeinflusste –, ist eine Streitschrift gegen die technische Zivilisation und wissenschaftliche Moderne. Seiner kulturpessimistischen Weltanschauung stellte Langbehn eine Kunstideologie an die Seite, die ihm das Mittel war, die Wiedergeburt des deutschen Volkes aus dem Geiste der Kunst zu propagieren.

In solches Denken war Langbehn durch seine begeisterte Auseinandersetzung mit Nietzsche eingeführt worden. Über den enormen kulturellen Stellenwert des Philosophen im Denken und Nicht-Denken jener Jahre macht man sich heute wohl keine Vorstellung mehr. Interessant ist aber, dass es Julius Langbehn ist,

Julius Langbehn, den man den »Rembrandtdeutschen« nannte. Sein Buch *Rembrandt als Erzieher* (1890) zählt zu den einflussreichen kulturkritischen Schriften der Jahrhundertwende.

dem man heute eine »weitaus größere Wirkung« auf die völkische Bewegung zuschreibt als etwa Nietzsche selbst.⁶³ Während man Paul de Lagarde vielfach als Begründer dieser Bewegung ansieht, versteht man Langbehn häufig als ihren Propheten.⁶⁴ Das Bauerntum bot sich diesem Propheten an, es metaphysisch und mythologisch zu überhöhen; es wird selbst noch an Philosophen wie Kant, Herder und Schopenhauer freigelegt – Langbehn interpretierte sie als »schlagfertige Bauernnaturen im großen«.⁶⁵ Von zentraler Bedeutung ist jedoch der bei Langbehn zum Bauern werdende Künstler Rembrandt, der ihm das zentrale Vorbild für alle Versuche war, die am Boden liegende deutsche Kultur wieder aufzurichten: »Er ist *bäuerlich, aber nicht bäuerisch*; diese Begriffe darf man nicht verwechseln; so wenig wie kindlich und kindisch. Rembrandt ist ein erdbefreundeter Künstler; und eben diese Eigenschaft befähigt ihn, auf geistigem Gebiet als Kolonisator zu wirken: weil er Bauer ist, kann er Erbauer sein. Hierin ist sein Beruf zum Erzieher des deutschen Volkes am volkstümlichsten begründet.«⁶⁶

Die Nationalsozialisten konnten diesen Autor für sich und ihre Ideen natürlich reklamieren. In der *Nationalsozialistischen Landpost* wurde er insbesondere vor dem Hintergrund seiner »*Hinneigung zum bodenständigen*

Bauerntum« ein »Vorkämpfer jüngster deutscher Erneuerung« genannt.[67] Diese Sichtweise hat sich bis heute gehalten, nur unter umgekehrten, namentlich kritischen Vorzeichen, sofern man Julius Langbehn zur Vorgeschichte des völkischen Denkens im Nationalsozialismus zählen möchte.[68]

Carl Langbehn hat seinen Namensvetter offensichtlich in besonderer Weise wahrgenommen, denn sonst wäre sein im Brief gegebener Hinweis auf den Langbehn-Biographen Momme Nissen kaum zu erklären.[69] Bei dem »Bericht über die väterlichen Vorfahren des Julius Langbehn«, für den er sich bei seinem Klenzauer Vetter bedankte, handelt es sich um einen Artikel, der im *Archiv für Sippenforschung* unter dem Titel »Die väterlichen Vorfahren Julius Langbehns« erschienen ist.[70] Hans Heinrich Langbehn hatte zu Beginn der 1930er Jahre Kontakt zur Kieler Autorin Carla Weidemann und ihr – wahrscheinlich auf Anfrage der Sippenforscherin – schriftlich den Stammbaum seiner Familie vorgelegt. Carla Weidemann antwortete relativ ausführlich am 28. Januar 1934 und legte auch eine Kopie des genannten Beitrages bei.

In ihrem Brief bezeichnete sie Klenzau als das »eigentliche alte Zentrum der Familie« seit dem 12. Jahrhundert, auch wenn der Name Langbehn urkundlich zum ersten Mal nicht in Klenzau selbst verbürgt sei.[71] In ihrem Artikel bringt die Autorin diese Vermutung mit der Frage nach der Herkunft von Julius Langbehn zusammen. Zwei Langbehn, Claus und Carsten, wahrscheinlich Brüder, hätten in der ersten Hälfte des 17. Jahrhunderts ihre zentralostholsteinische Heimat (in Folge von Kriegshandlungen) verlassen, um in das nördlich gelegene Amt Cismar überzusiedeln. In der Frage nach der Abstammung dieser zwei Langbehn kommt die Autorin schließlich auf die »Hufnerfamilie Langbehn, die sicher seit 1549, vermutlich schon bedeutend länger, bis auf den heutigen Tag dort ansässig ist. Da das Land südlich von Eutin im 12. Jahrhundert von Holländern besiedelt wurde (die bis 1433 eigenes Recht und eigene Abgaben hatten), so ist eine holländische Abkunft der Vorfahren des Rembrandtdeutschen nicht unwahrscheinlich, eine Vermutung, die ihn bei seiner großen Zuneigung zu Holland bis in seine letzten Lebensjahre zweifellos sehr interessiert hätte!«

Damit war eine mögliche Sichtweise in die Welt gesetzt: die Annahme einer historischen Linie nämlich vom Urahnen der Familie im mittelalterlichen Klenzowe zum Rembrandtdeutschen. Hans Heinrich machte sich gleich wenige Tage nach der Post aus Kiel daran, dieser Spur zu folgen, um den seidenen Faden zwischen sich und Julius Langbehn zu einem belastbaren Familienband zu machen. Im Februar 1934 schrieb er an einen Vetter nahe Cismar an der Ostsee, um die von der Sippenforscherin aufgebrachte Idee eines mittelalterlichen Klenzauer Ursprungs des Rembrandtdeutschen zu erhärten. Zu diesem Zweck musste er die Herkunft der im 17. Jahrhundert im Amt Cismar angekommenen zwei Langbehn in Erfahrung bringen. Der Vetter konnte allerdings nur die

Vermutung der Sippenforscherin bestätigen, sollen doch früher einmal Brüder aus der Eutiner Gegend in seiner eigenen Ecke sesshaft geworden sein.[72]

Vielleicht reichte ein solcher Hinweis aus, um in Klenzau zumindest ein Gefühl der Nähe entstehen zu lassen. Das Buch *Rembrandt als Erzieher* gehörte jedenfalls zum eigenen Hausstand dazu, und wenn sich in der Zeitung Artikel über seinen Autor fanden, wurden sie gewissenhaft ausgeschnitten und aufbewahrt. Einer dieser Artikel war das Machwerk, das kurz nach dem Familientag im *Anzeiger für das Fürstentum Lübeck* erschien.

Darin war die Vermutung der Kieler Sippenforscherin schon auf beachtliche Weise gesteigert: »Von Klenzau soll auch der Vorfahr Julius Langbehns, des Rembranddeutschen (sic!) stammen. Julius Langbehn hat bekanntlich in seinen Werken versucht, den Geist, den jetzt unser Führer Adolf Hitler ans Licht geführt und in die Tat umgesetzt hat, zu wecken. Hat der Rembrand (sic!) Langbehn doch so manches Wort geschrieben, das für das neue Deutschland den Grundstein mit gelegt hat.« Wir müssen davon ausgehen, dass der Familientag den Anlass für den Beitrag gab. Und auf diesem Familientag konnte man sich sicherlich leicht darauf einigen, dass auch der Vorfahr von Julius Langbehn aus Klenzau kommen »soll«. Sprach nicht vieles dafür? Carl war zwar nicht dabei, aber mit den Unterlagen, die ihm sein Vetter ein paar Monate zuvor geschickt hatte, konnte er auf den Gedanken kommen, dass auch dieser andere Langbehn, weit familiengeschichtlich gesehen, von Klenzauer Herkunft war. Eine, wie er ja schrieb, »gute Ergänzung« zu der Langbehn-Biographie von Nissen wäre der Bericht der Kieler Sippenforscherin dann allemal gewesen: Nissen spricht schließlich von zwei Brüdern aus *Norwegen*, die sich an der Ostsee niedergelassen hätten und die Ahnen des Rembrandtdeutschen gewesen wären.[73] Mit den neuen Vermutungen aus Kiel dagegen war die Familiengeschichte nicht nur als eine Geschichte freier, altehrwürdiger Bauern vorstellbar, die auch ohne Wappen eine besondere Tradition verkörperten – Enttäuschung hin oder her. Ja, jetzt konnte sogar der Autor eines berühmten Buches an den Stammsitz der Familie herangerückt werden. Zumindest die Leser des Zeitungsartikels mussten diesen Eindruck gewinnen. Was Carl selbst aus diesem zweifellos komplexen Geflecht familiengeschichtlicher Zusammenhänge machte, darf man darin allerdings nicht gleich mitbeantwortet sehen.

Wer ihm Böses möchte, hat es einfach. Eine noch nicht einmal zweijährige Spanne zwischen den beiden überlieferten Briefen mag bei manchen die Ansicht hervorrufen, dass Langbehn sich in just jenem Zeitraum, in dem er eine in bestimmter Hinsicht nationalkonservative Haltung entwickelte – nach außen gut ablesbar an seiner Mitgliedschaft im Herrenklub –, um ein Ahnenbewusstsein bemühte und mit der Geschichte seiner Familie die Geschichte eines alten Bauerngeschlechts verband, die es ihm erlaubte, eine besondere Form der deutschen Identität zu entwickeln – eine Identität, die seinen bürgerlichen

Habitus auf fast schon romantische Weise bereicherte und sich um so mehr in ihm ablegte, als er die Auffassung vertreten konnte, dass einer der Inspiratoren der völkischen Bewegung, Julius Langbehn, vom eigenen Blute war. Das hat ihn beflügelt, so diese mögliche Interpretation, und seine Überlegungen zu Beginn der 1930er Jahre, wie man mit der neuen nationalsozialistischen Partei umzugehen habe, affirmativ eingebettet. In dieser Sichtweise war Langbehn durch den Zeitgeist stimuliert, die Ahnen seines Vaters in Erfahrung zu bringen, und durch den Kontakt mit dem Stammsitz, der diesem Interesse folgte, wiederum in der Lage, seine anfängliche Nähe zu den neuen politischen Entwicklungen in eine familiengeschichtliche Identität zu integrieren. Doch das alles bleibt, zumindest in diesen Dimensionen, reine Spekulation.

Man darf nicht ausschließen, dass wir auch in einer solchen Perspektive etwas über diesen Mann lernen können, aber wir müssen dafür sorgen, nicht so manchem glatten Vorverständnis zum Opfer zu fallen. Die Ökonomie des Verstehens lebt im Falle des Nationalsozialismus und seiner weltanschaulichen Begleiterscheinungen nicht zuletzt von eindeutigen Bildern, in die wir einzelne Personen und Ereignisse hineinstellen. Gerade deshalb, paradox anmutend, muss man Carl Langbehn einmal konsequent in den Raum der Geschichte gestellt haben, um einen trennscharfen Blick auf ihn entwickeln zu können.

Was sich dann zeigt, ist ein Mensch, der komplex schon deshalb war, weil er die bürgerliche Lebensform in Berlin gleichsam ländlich erweiterte. Diese Erweiterung erscheint heute wie ein Symptom der Zeit, und die familiären Umstände, wie wir sie gerade bei Langbehn antreffen, geben tatsächlich Anlass, die Entwicklung seiner politischen Einstellung zu Beginn der 1930er Jahre in den Horizont einer politisierbaren familiengeschichtlichen Identität zu stellen. Seine enttäuschten Erwartungen über das fehlende Familienwappen mögen hier herangezogen werden. Aber im Raum der Geschichte, dort, wo Langbehn ihn einnimmt, dürfen ein Nach- und Nebeneinander nicht mit Kausalitäten verwechselt werden. Wir werden heute nicht mehr feststellen können, in welchem kausalen Verhältnis die politische Wandlung und das familiengeschichtliche Interesse zueinander stehen; ob das eine das andere nach sich zog oder umgekehrt. Wir wissen nur, dass Langbehn sich dort, wo uns thematisch relevante Dokumente überliefert sind, einmal enttäuscht über ein fehlendes Wappen, einmal dankbar für eine Ergänzung zu einer Biographie zeigt – beides nüchtern, unaufgeregt und ohne Pathos, ohne jede deutschnationale Verzückung. So gesehen sollte man sich auf die Annahme beschränken, dass die bei Langbehn aufsteigende politische Vorstellungswelt biographisch mit seinem Interesse an der Geschichte einer Familie korreliert, an der er in konkreter Anschauung darüber nachdenken konnte, welchen Sinn man mit den Ausdrücken der zeitgenössischen politischen Sprache wie Volk, Nation, Staat und Reich verbinden kann.

Als Jurist glaubte Langbehn an die Gesetze, aber als politischer Mensch formte sich auch bei ihm ein von jeder antisemitischen Haltung freier Vaterlandsbezug aus, in dem diese politische Sprache besondere Implikationen gewann. Deutschland wurde ihm in diesen Jahren eine Nation, mit der er sich identifizierte. Aber wir können sicher nicht behaupten, dass sich hier ein politischer Geist verirrte und seine wie auch immer gearteten nationalkonservativen Einstellungen mit solch entrückten Ideen wie Rassenadel oder bäuerlichem Edeltum in deutschnationaler Pose zierte. In dieser Zeit – und das gehört zum trennscharfen Blick auf Langbehn dazu – war es mithin möglich, sich für die eigene Geschichte zu interessieren, ohne dabei in genuin völkisches oder nationalsozialistisches Denken abzufallen.

Selbstverständlich war dieser Mensch in seine Zeit verstrickt. In dieser Verstrickung gewinnt seine enttäuschte Erwartung ihre besondere Färbung. Es bleibt ein fader Beigeschmack, eine Skepsis und in entgegengesetzter Richtung vor allem die ewige Gefahr, sich mit Kategorien auf die Geschichte zu werfen, gegen die sich der Einzelne nicht mehr wehren kann.

Ihn vor Missverständnissen zu schützen, muss jedoch nicht bedeuten, sein Handeln sympathiefähig zu machen. Er mag ja in einer für uns heiklen, irritierenden Weise von einem Herkunftsbewusstsein geleitet worden sein und dabei zeitweise, man weiß es nicht, Auffassungen von Mensch, Dasein und Welt vertreten haben, die unseren kritischen Einwand fordern oder Unbehagen hervorrufen würden. Aber im Falle von Carl Langbehn blieb das eine private Angelegenheit, die sich nur dort ausbreitete, wo sie den politischen Streiter in seinen eigenen biographischen, familiären Kontext einbettete. Wurde aus dem einst extremen Linken ein recht bürgerlicher Rechtsanwalt mit Familiensinn – auch eine mögliche Perspektive –, dann ist seine politische Haltung über diesen Familiensinn nicht in ein anderes Extrem geschossen, sondern gemeinsam mit ihm nur sein eigener nationalkonservativer Anfang. Für ein Wappen der Familie hatte Langbehn sich einmal interessiert, aber wichtiger wurde ihm schließlich die eigene Nation, die er geschichtlich und unter der Idee ihrer eigenen Ansprüche denken lernte.

Das politische Temperament, das später in den Widerstand führte, war von diesem Geist. In einer politischen Biographie über Carl Langbehn darf seine Herkunft aus einem alten ostholsteinischen Bauerngeschlecht deshalb nur bis zu einem bestimmten Punkt im Mittelpunkt der Betrachtung stehen. Anders als Hans Heinrich konnte und wollte Carl das Interesse an seiner Familiengeschichte in den folgenden Jahren nicht auf hohem Niveau halten. Nach einer von Elan getragenen Aneignung zu Beginn der 1930er Jahre spielte er seine Herkunft nur noch gelegentlich in den Vordergrund, etwa, wie gesehen, im Gespräch mit Peter Bielenberg. Man versteht Carl sicherlich nicht, wenn man seine politische Geschichte jenseits seiner Familiengeschichte betrachtet, aber man würde der Familiengeschichte zuviel Bedeutung beimessen, wenn man diese politische Geschichte nicht an einem Punkt in seinem Leben ohne sie zu denken anfinge. Dieser Punkt, an dem wir den Stammsitz endgültig verlassen müssen, ist nun erreicht. Denn biographisch dürfen wir die 1930er Jahre natürlich nicht in die Holsteinische Schweiz vergeben; für den Familienvater, Juristen und politischen Beobachter spielte sich das konkrete Leben in Berlin ab.

Kapitel 3

Gewagtes Spiel

In den 1930er Jahren stieg Carl Langbehn zu einem erfolgreichen Rechtsanwalt auf. Er reüssierte in einer Zeit, die mit dem Aufstieg des Nationalsozialismus und der Wandlung Deutschlands in eine totalitäre Diktatur zusammenfällt. Diese zeitliche Koinzidenz impliziert auch einige der Gründe für seinen Erfolg. Denn Langbehn suchte und fand sein rechtsanwaltliches Tätigkeitsfeld in der Verteidigung von Menschen, die unter den neuen politischen Verhältnissen ausgegrenzt, angeklagt und verfolgt wurden. Als der Krieg im Jahre 1939 begann, konnte Langbehn auf eine Vielzahl von Prozessen zurückblicken, in denen er seinen Mandanten in oftmals aussichtslosen Situationen zu helfen vermochte. Dieses Engagement betrieb er mit ungeheurer Leidenschaft und der Bereitschaft zum persönlichen Risiko.

Marie-Louise Sarre, die für Carl in späteren Jahren in sehr menschlicher Hinsicht die große Herausforderung wurde, nannte ihn einmal einen *Fanatiker der Gerechtigkeit*.[74] Er machte, wie sie schrieb, als Rechtsanwalt »Unmögliches möglich«.[75] Zugleich zeichnete er sich durch ein geradezu ›spielerisches‹ Selbstverständnis aus, sofern das Verteidigen ein identitätsstiftendes Spiel war. Langbehn liebte die Herausforderung, die Mut erforderte und Genugtuung versprach. Er war ein Macher, der sich aufopferungsvoll für andere einsetzte und selbst dabei nicht zu kurz kam. Der Gerichtssaal wurde auf diese Weise ein Schauplatz, auf dem er sich und anderen vorführte, wie man politischer und juristischer Willkür mit ganz eigenem Elan entgegentreten kann. Die Nationalsozialisten gewährten ihm diese Bühne die längste Zeit seines Lebens und konnten, wie etwa Joseph Goebbels am 6. Oktober 1944, durchaus anerkennend notieren, dass am Ende dieses Lebens ein »außerordentlich geschickter Rechtsanwalt« im Gefängnis saß und auf seine Hinrichtung wartete.[76]

Die Verteidigung politisch Verfolgter hat Langbehn anscheinend ohne finanzielle Interessen übernommen. Honorare soll er abgelehnt haben, weil er darin eine Art ›Sündengeld‹ sah.[77] In seiner Anfangszeit engagierte sich Langbehn vor allem für eine politisch linke und kommunistische Klientel. Kleine zufolge wurde er ein Vertrauensanwalt der in den 1920er Jahren gegründeten »Roten Hilfe Deutschlands« (RHD).[78] Diese kommunistische Organisation verstand sich als Hilfsorganisation für politisch verfolgte Menschen; sie wurde im Jahr der Machtübernahme durch die Nationalsozialisten verboten. Aus diesem Grunde muss man davon ausgehen, dass Langbehn höchstens bis 1933 für die RHD tätig war. Andererseits müssen wir berücksichtigen, dass er nach dem Machtwechsel am 30. Januar 1933 keinesfalls vor der Verteidigung von Kommunisten zurückschreckte. »Dass er sich vom Jahre 1933 in unserer Praxis für politisch und rassisch Verfolgte einsetzte, oft in einem Maße, das fast bis zur Selbstaufopferung ging«, lesen wir in den Angaben seines Sozius, »brauche ich nicht weiter hervorzuheben. Für Langbehn waren diese Vertretungen nicht nur ein interessantes und gewagtes Spiel, das durch den Sieg Erfolg und Ruhm brachte, sondern eine echte Leidenschaft.«[79] Eines dieser gewagten Spiele brach er ab, bevor es recht eigentlich begonnen hatte.

Als der Reichstag in der Nacht vom 27. zum 28. Februar 1933 in Flammen aufging und den Kommunisten die Schuld dafür gegeben wurde, erwog Langbehn anfänglich, die Verteidigung des Kommunisten Ernst Torgler zu übernehmen. Torgler war zu diesem Zeitpunkt der Fraktionsvorsitzende der KPD im Reichstag. Zwei seiner Parteigenossen wandten sich an Langbehn, nachdem Torgler schon am 28. Februar in Haft gegangen war. Es folgten angeblich mehrere Gespräche zwischen diesen beiden Männern und Langbehn. An einem bestimmten Punkt muss dann aber etwas Entscheidendes passiert sein, denn der Anwalt zog zurück, wohl deshalb, weil er einen von den Kommunisten angebotenen, im sicheren Holland einzulösenden Scheck als Verkennung der Gründe seines Angebotes interpretiert und dieses Angebot deshalb zurückgezogen haben soll. »Langbehn«, lesen wir bei Pringsheim, »war durch dieses Angebot und die Annahme, dass er Torgler für Geld und nicht allein um der Gerechtigkeit halber verteidigen würde, sehr gekränkt; die Unterstellung, er sei nicht couragiert genug, um die Risiken zu tragen, schockierte ihn so sehr, dass er die Auseinandersetzung beendete und es ablehnte, die Verteidigung weiterhin vorzubereiten. Diese Geschichte charakterisiert den Menschen.«[80]

Dass der junge Anwalt sich zurückzog, weil ihm zwischendurch die enorme Tragweite des Falles klar wurde, ist eine andere Perspektive auf den Sachverhalt. Er macht aber in jedem Fall deutlich, auf welchem Niveau der gut dreißigjährige Langbehn seine juristischen Möglichkeiten grundsätzlich ansiedelte. Und er zeigt, dass wir trennen müssen zwischen seiner politischen Haltung und seinem beruflichen Engagement.

Nach den bisherigen Ausführungen wissen wir um den Stand, den Langbehn zu Beginn der 1930er Jahre politisch erreicht hatte. Er war seit Ende der 1920er Jahre im Übergang begriffen und jetzt nicht mehr radikal links. Das hinderte ihn aber nicht an einer Unterstützung von Menschen, für die das zutraf. Recht und Gerechtigkeit, darum ging es ihm. Und deshalb schaute er nicht links oder rechts, sondern geradeaus, dorthin, wo sich die Gerechtigkeit im Recht realisieren ließ. Sein »geradezu unheimliches Talent«, die Verfolgten des Regimes zu verteidigen, machten ihm dabei bald zum deutschlandweit bekannten und entsprechend nachgefragten »Retter in der Not«.[81] Daraus resultierte eine Lebensform. »Meine Frau«, sagte er später sinngemäß zu den Bielenbergs, »hat mich [...] im Verdacht, dass es mir im Grunde Spaß macht. Sie hat vielleicht in gewisser Weise recht. Vielleicht ist es zu einer Art Herausforderung für mich geworden. Wieder ein Unschuldiger durchs Netz geschlüpft, wieder ein kleiner Sieg für die Rechte des einzelnen.«[82] Irmgard beschrieb diese Lebensform so:

> Er strömte sehr viel Wärme auf seine Mitmenschen aus. Viele, die in Nöten zu ihm als Anwalt kamen, fühlten sich nicht nur beraten, sondern auch menschlich gestärkt. Wo er Unrecht sah, empörte es ihn aufs Tiefste. Ich weiß nicht, ob er mehr unter Mangel an Freiheit im 3. Reich litt, oder an der völligen Rechtlosigkeit. Ich glaube, das letztere bekümmerte ihn noch mehr. [...] Wenn C.L. eine Aufgabe vor sich sah, stürzte er sich mit Feuereifer und völliger Selbstaufgabe hinein. Er sah dann über sich selbst hinweg. Seine Kerze brannte er an beiden Enden an. Bei allem Temperament war seine Selbstbeherrschung mindestens ebenso groß. Seine Pläne führte er kühn und zugleich besonnen durch. [...] Seine Pläne trug er mit solchem Elan vor, daß er andere mitriß.[83]

Mit diesem Charakter und Temperament ausgestattet, konnte Langbehn im März 1933 zunächst leicht die Möglichkeit in Betracht ziehen, den Kommunisten Torgler zu verteidigen. Er musste gar nicht lange warten, bis ihm das neue Regime einen großen, landesweit beachteten Fall bescherte, den er schließlich auch übernehmen sollte.

Am 28. März 1933 wurde mit Günther Gereke ein Minister im ersten, noch jungen Kabinett von Hitler unter Vorwurf der Untreue festgenommen. Gereke repräsentierte das im Vergleich mit Torgler politisch Andere: In den 1920er Jahren war er Mitglied der monarchisch-konservativen, nationalistischen und antisemitisch eingestellten Deutschnationalen Volkspartei (DNVP), die er im Jahre 1929 verließ, um sich an der Gründung der Christlich-Nationalen Bauern- und Landvolkpartei (CNBL) zu beteiligen. Der am Ende des 19. Jahrhunderts auf einem landwirtschaftlichen Gut geborene Gereke verkörperte einen Typus von Politiker, für den die Weimarer Republik und ihre Konzessionen an die Siegermächte einen Schlag ins Gesicht der deutschen Nation, ihrer Kultur und Tradition bedeuten mussten. Eine solche Haltung wiederum musste Langbehn zu dieser Zeit überhaupt nicht fremd sein. Was er in jedem Fall mit Gereke teilte, war seine Mitgliedschaft im Herrenklub, dem auch der Angeklagte angehörte. Es ist deshalb nicht auszuschließen, dass sich beide schon vor März/April 1933 persönlich kannten und Langbehn aufgrund seiner über den Herrenklub gemachten Bekanntschaften direkt oder indirekt an Gereke verwiesen war. Gereke berichtete später, dass Langbehn ihn gemeinsam mit Kleine regelmäßig im Gefängnis besuchte, heimlich Briefe übermittelte und zunächst recht optimistisch gewesen ist, ihn am Ende jedoch

Der Verteidiger, rechts sitzend, im Prozess gegen Günther Gereke, hinter ihm stehend

auf eine unter den politischen Bedingungen unausweichliche Verurteilung vorbereiten musste.[84] Er wurde schließlich zu einer zweieinhalbjährigen Gefängnisstrafe und Geldbuße verurteilt.[85] Die Beziehung zu Gereke war mit dem Richterspruch allerdings nicht beendet, denn auch nach der Entlassung Gerekes blieb man in Kontakt.

Die Verteidigung von Gereke verlief unter öffentlicher Anteilnahme und war aufgrund der politisch motivierten Anklage von vornherein mit nur geringen Erfolgsaussichten beschieden. Letzteres würde man auch bei einem späteren Fall vermuten. Im November 1938, kurz nach den Pogromen, wurde Pringsheim im Konzentrationslager Sachsenhausen inhaftiert. Zu diesem Zeitpunkt war er mit seinem einstigen Studenten und Doktoranden in regelmäßigem Kontakt, denn weil der Jude Pringsheim seinen Freiburger Lehrstuhl ja 1935/36 verloren hatte, zog er mit seiner Familie nach Berlin; dort war er in den Jahren 1937 und 1938 häufiger mit den Langbehns zusammen.

Pringsheim entstammte einer bekannten jüdischen Familie und wuchs auf einem Rittergut nahe Breslau auf. Als Rechtswissenschaftler in Göttingen und später in Freiburg lag seine Expertise auf dem Gebiet des griechischen und römischen Rechts. Der in seiner Religion protestantische Jude Pringsheim war angeblich nicht allen Juden gegenüber günstig eingestellt, etwa den osteuropäischen. Seinen Stolz, nicht nur jüdisch, sondern auch deutsch zu sein, merkte man ihm selbst noch nach dem Krieg an. Im englischen Exil empfand man ihn als konservativ und patriotisch.[86] Diese Einstellung war im Herbst 1938 allerdings ohne Belang; er wurde ohne Anklage inhaftiert. Sein ehemaliger Student nahm sich seiner an. Der ›Fall‹, den Langbehn daraus machte, wurde aber ein besonderer, denn der Rechtsanwalt argumentierte in diesem Fall nicht vor Gericht, sondern an höchster polizeilicher Stelle selbst. Die Ereignisse jener Tage hat Pringsheim nach dem Krieg in Oxford festgehalten:

> Im Oktober 1938 konnte ich nicht mehr ausschließen, persönlich verfolgt zu werden; ich informierte Mrs. Pringsheim darüber, dass sie sich im Notfall mit der Bitte um Hilfe an ihn [Langbehn] wenden solle. Als ich im November ins Konzentrationslager gebracht wurde, war Langbehn nicht in Berlin. Nach seiner Rückkehr suchte Mrs. Pringsheim ihn auf. Er machte sofort deutlich, dass er alles versuchen würde, um mich frei zu bekommen, bat aber auch um größte Diskretion. Er versprach, dass er umgehend einen einflussreichen Mann aufsuchen werde und dass ich in ein paar Tagen frei wäre. Anderthalb Tage später wurde ich entlassen. Später erzählte er uns, dass er noch am selben Nachmittag zu Himmler gefahren ist und ihm erklärt hat, dass die ganze Aktion kriminell sei. Himmler sei über diese Bemerkung in Zorn geraten, aber er [Langbehn] erklärte, dass er seine Auffassung auch dann nicht änderte, wenn man ihn in ein Lager einweisen würde. Es sei in jedem Fall unzulässig, unschuldige Menschen zu inhaftieren, insbesondere einen Menschen wie seinen Lehrer Pringsheim, für den er jede Garantie übernehmen könne. Auf die Frage, ob er versprechen könne, dass ich Deutschland innerhalb von zehn Tagen verlassen würde, antwortete er, dass dafür zehn Wochen notwendig wären. Nach dieser Erzählung bat er uns, seinen Namen nicht weiterzugeben. Er könne so etwas nur einmal in seinem Leben tun.[87]

Was Pringsheim hier schildert, eröffnet in ganz besonderer Weise die Perspektive auf einen Rechtsanwalt, an dessen Mut und Kompromisslosigkeit man sich gewöhnen muss, will man ihn näher kennenlernen. Da fährt jemand wenige Tage nach den Pogromen zu einem der mächtigsten Nationalsozialisten im Reich und fordert unter Hinweis auf die Unrechtsnatur der Geschehnisse die Freilassung eines Juden. Es fällt schwer, sich überhaupt nur die Bedingungen vorzustellen, unter denen allein der Gedanke an die Fahrt zu diesem »einflussreichen Mann« möglich sein konnte. Und wie konnte ein Berliner Rechtsanwalt zu diesem Zeitpunkt guten Gewissens die Frau eines inhaftierten Juden mit den Worten beruhigen, dass ihr Mann in wenigen Tagen wieder frei sei? Der Holocaust hatte in seiner eigentlichen Form noch nicht begonnen, aber die

Judenfeindlichkeit hatte im November 1938 Ausmaße angenommen, die von einer politischen Steuerung durch höchste Stellen zeugten.

Eben dieser Auffassung war anscheinend auch Langbehn, aber wenn er gleich ganz oben anfing und zu Himmler fuhr, dann nicht in dem Glauben, dass man am besten gleich auch dort zu intervenieren beginnt. Suchte Langbehn Himmler auf, dann deshalb, weil er ihn im November 1938 bereits persönlich kannte. Sein Gespräch mit dem Reichsführer-SS war in diesem Monat dabei noch nicht einmal das einzige. Wahrscheinlich einige Tage vor dem Gespräch bei Himmler war dieser nämlich zu Besuch bei den Langbehns in Dahlem, und schon in diesem Gespräch brachte der Rechtsanwalt seine Empörung über die Pogrome zur Sprache, hier allerdings, wie wir noch sehen werden, ohne Bezug auf Pringsheim, sondern mit Verweis auf die schändlichen Vorgänge als solche. Der Verteidiger war deshalb am Ende des Jahres 1938 in einer extrem ›privilegierten‹ Position, sofern er der in Deutschland wohl einzige Rechtsanwalt war, der die Taten des Regimes vor dem Reichsführer-SS persönlich anklagen und einen ihm wichtigen, das Regime in Zweifel ziehenden Fall Himmler selbst vortragen konnte. Im Reich wurden Menschen drangsaliert und verhaftet, wenn sie nur in Verdacht standen, defätistisch im Sinne der Nazis zu sein. Carl Langbehn aber fuhr zu Himmler, um die Freilassung eines im KZ sitzenden jüdischen Freundes zu fordern. Und war der einmal frei, blieb er der Schutzpatron, der sich um die Rechte seines Mandanten kümmerte. Auch hier dürfen wir Pringsheim im Wortlaut folgen, um die unerschrockene Natur Langbehns durch jene in Erfahrung zu bringen, die sie selbst erlebt haben:

> Ab diesem Zeitpunkt stand er [Langbehn] in ständigem Kontakt mit mir; er half mir, als die SS meinen Pass einzog. In meiner Gegenwart rief er die Leute bei der SS an, erzählte ihnen, dass ich, sein Freund, auf der anderen Seite seines Schreibtisches in seinem Büro sitzen würde, dass sie ja wüssten, wie viel Anteil er an mir nähme, und fragte nach den Gründen, warum sie mir den Pass genommen hätten. Nach vielfacher Entschuldigung erklärten sie sich und halfen mir schließlich, meinen Pass zurückzubekommen. All dies passierte zu einer Zeit, in der es für jedermann höchst gefährlich geworden war, mit einem Menschen jüdischer Abstammung bekannt zu sein oder Anteil an ihm zu nehmen.[88]

Langbehn konnte sein gewagtes Spiel anscheinend nicht nur mit Himmler, sondern auch mit den ganz normalen Leuten von der SS spielen. Selbst vom Schreibtisch aus war es ihm möglich, Dinge durchzusetzen.

Pringsheim verließ Deutschland 1939 in Richtung England. Seine Erinnerungen an Langbehn aus dem Jahre 1946 wirken sehr sachlich und vor allem nicht wie ein von Dank erfüllter Nachruf auf den Menschen, der ihm vielleicht das Leben gerettet hatte. Die Beschreibung ist um so glaubwürdiger, als sie mit vielen Ausführungen über Naturell und Stil des Rechtsanwalts zusammenstimmen. Es wäre deshalb unangemessen, sie als simple Übertreibungen zu begreifen, und verkehrt, an ihrer Glaubwürdigkeit überhaupt zu zweifeln. Seinen Zeitgenossen ist genau dieser Langbehn begegnet: überzeugt von seiner Sache, fest entschlossen, den eigenen Standpunkt konsequent zu vertreten, ungeachtet der Personen, vor denen er das tat, und deshalb mit einer Risikobereitschaft, die an seinem Verantwortungsgefühl gegenüber all denen, die ihm lieb waren, nicht zuletzt auch zweifeln ließ. Ein schlichter Hasardeur war er dennoch nicht. Langbehn konnte aufgrund seiner besonderen Position einige Jahre mit guten Gründen viel riskieren; diese Position erlaubte ihm, dem Regime einiges abzutrotzen. Solange nicht

Fritz Pringsheim

jede Möglichkeit ausgeschöpft war und solange er nicht spürte, dass auch er keine Mittel mehr hatte, um zu helfen, war die Handlung oberstes Gebot.

Den dafür notwendigen Stil im Umgang mit den Nazis brachte er dabei zur Perfektion. Langbehn wusste ziemlich gut, in welcher Situation er wann wie agieren und reagieren musste. Dann spielte er geradezu mit den Menschen, von denen er genug verstand, um sich in ihrer Gegenwart in genau die Person zu verwandeln, die er für seine Zwecke brauchte. Ein Schauspieler war Carl Langbehn ganz bestimmt, nicht im Privaten, nicht unter Freunden und Bekannten, aber dort, wo er ohne seinen Auftritt niemals hätte weiterkommen können.

Zuweilen drohte Langbehn die auch ihm gesetzten Grenzen zu überschreiten. »Mit Runderlass vom 7.2.1941 habe ich angeordnet«, schrieb Reinhard Heydrich, Chef des Reichssicherheitshauptamtes, am 16. Januar 1942, »dass Interventionen des Rechtsanwalts Dr. *Langbehn* auf das höflichste aber bestimmt zurückzuweisen sind. Auch ist ihm die Möglichkeit zu Interventionen nirgendwo zu geben.«[89]

Langbehn war Heydrich mit seinen Erfolgen ein Dorn im Auge. Einer der Anlässe für die Anordnung von Januar 1941 könnte die Freilassung des ehemaligen Diplomaten Albrecht Graf von Bernstorff gewesen sein, der im Mai 1940 von der Gestapo festgenommen und im Juni in das KZ Dachau gebracht worden war. Ein Freund bat Langbehn um die Verteidigung. In den Sommermonaten 1940 fanden zwischen Langbehn auf der einen und Himmler, Heydrich und Wolff auf der anderen Seite zwei Verhandlungen statt. Langbehn konnte schließlich die Freilassung erreichen, die schon im September erfolgte.[90] Nur wenige Monate später erließ Heydrich seine Anordnung. Langbehn selbst verpflichtete sich in den Verhandlungen anscheinend, den Freigelassenen zu kontrollieren. In einem für Wolff verfassten Bericht über seine Tätigkeiten im Ausland – Ankauf von Kaffee, Maultieren und anderen Dingen – äußerte er auch eine Bitte in Sachen Bernstorff: »In der Angelegenheit des Grafen Bernstorff war damals besprochen worden, daß nach Ablauf einer gewissen Karenzzeit einmal die von mir bis jetzt fortlaufend ausgeübte Kontrolle in Wegfall kommt und daß ferner dem Grafen Bernstorff der Reisepaß, der zurzeit beim zuständigen Polizeirevier Nr. 31 ruht, wieder ausgehändigt wird. Ich wäre Ihnen dankbar, wenn Sie auch in dieser Angelegenheit entsprechende Anweisung geben könnten.«[91] Mit seiner Bitte um Rückgabe des Passes konnte er jedoch nicht durchdringen: Heydrichs Anordnung, die Interventionen des Rechtsanwalts zurückzuweisen, wurde in diesem Fall befolgt.

Dass ihm nicht auch für die Zukunft die Hände gebunden waren, hatte Langbehn gewissermaßen Himmler zu verdanken, der ihn sich zwischenzeitlich unterstellt und mit Sonderaufträgen betraut hatte. »Ich hebe daher«, schrieb Heydrich am 16. Januar 1942, »meinen Erlass vom 7.2.1941 auf, weise jedoch darauf hin, dass, falls Rechtsanwalt Dr. *Langbehn* sich in Schutzhaftsachen oder in sonstige z. Zt. hier in Bearbeitung genommene Angelegenheiten einzuschalten beabsichtigt, *vorher* meine Genehmigung einzuholen ist.«[92]

Wir sind mit diesen Entwicklungen zwar bereits inmitten der 1940er Jahre, aber sie tragen zum Verständnis des Rechtsanwalts bei und dürfen hier deshalb auch noch in einer anderen Sache weiterverfolgt werden. Im September 1943 wurde Paul Fechter, ein Journalist, Theater- und Kunstkritiker, vor ein Berliner Gericht geladen.[93] In seiner Not war er über Umwege an Johannes Popitz verwiesen, der ihn zu sich lud. Nachdem Fechter seinen Fall dort vorgestellt hatte, soll Popitz folgendes gesagt haben: »Hier kann nur einer helfen; wir wollen mal Langbehn anrufen.« Auf diese Weise wurde Fechter an Langbehn weitergereicht. In der Neuen Wilhelmstraße traf er auf einen Mann, der sich »über seine Klienten so überlegen Aufschluß verschaffte, daß schon allein dieser Zug einen Besuch bei ihm lohnte«. Im Büro von Langbehn hing ein Bild von Edward Munch, das er dabei offenbar mit psychologischen Mitteln für den Versuch nutzte, tiefer in den Klienten und seinen Fall einzudringen. »Kommen Sie nach drei Tagen wieder‹, sagte er. ›Ich will mal was probieren.‹« Seine Idee führte ihn zu Heinrich Müller, den Chef der Geheimen Staatspolizei (Gestapo) im Reichssicherheitshauptamt. Dort beteuerte er die Unschuld Fechters, worauf Müller erwidert haben soll, dass man dann keinen Prozess fürchten müsse, weil Fechter so ja freigesprochen würde. Fechters Widergabe der Reaktion seines

Anwalts liest sich folgendermaßen: »›Jawohl‹, sagte ich, ›Sie haben völlig recht. Das würde ich auch tun, wenn ich es mit Männern zu tun hätte und nicht mit Scheißkerlen. Vor einem Gericht von Ihren Leuten würde ich verhandeln lassen; die bürgerliche Bande beim Bezirksgericht macht sich ja aber schon in die Hosen, wenn sie bloß hört, daß die SS hinter der Klage steht.‹« Die SS erklärte sich anschließend uninteressiert; die Anklage gegen Fechter wurde fallengelassen. Als Popitz davon erfuhr, soll der den Kopf geschüttelt haben. Langbehn, so zitiert ihn Fechter, »erreicht alles bei den Leuten […] und ist ihr erbittertster Gegner. Und manchmal glaube ich, sie wissen es.«

Diese Erzählung hat natürlich schon sehr viel mehr den Charakter einer schönen Geschichte als die Aufzeichnungen von Pringsheim. Fechter brachte seine Erinnerungen in eine Form, die ohne runde Zitate kaum auskommt. Hier wird gesprochen, wie manch einer nicht schreiben kann. Die Art und Weise, wie da ein Rechtsanwalt mit dem Chef der Gestapo umgeht, wirkt so souverän, dass man glauben möchte, es reiche die Anbiederung, um mit den Nazis fertig zu werden. Oder, um es günstiger zu sagen, ein Wissen darum, wie man mit den Leuten sprechen muss. Wir dagegen wissen nicht, wie der Dialog zwischen Langbehn und Müller sich heute lesen würde, wäre er protokolliert worden. Doch das tut der Sache keinen Abbruch. Selbst wenn das Gespräch nie stattgefunden hat, gibt dieser Autor dem Rechtsanwalt eine Form, an der man sich orientieren kann. So ungefähr muss man sich den Stil – oder eine Facette im Repertoire – von Langbehn wohl vorstellen, wenn es darum geht, Geschichte in lebendige Gegenwart zu übersetzen.

Langbehn hätte sich niemals in dieser Form bewegen und engagieren können, wenn er sich offen auch *politisch* gegen den Nationalsozialismus gestellt hätte. Er trat als Rechtsanwalt und damit als Vertreter geltender Gesetze auf, nicht als Gegner des Regimes. An der Verteidigung seiner Klientel kann man so auch kaum seine eigene politische Haltung ablesen. Umgekehrt scheint es sein Beitritt zur NSDAP am 1. Mai 1933 (Mitgliedsnummer 2 658 326) zu sein, der einen Hinweis auf die politischen Überzeugungen jener Jahre gibt. Wer der Partei beitrat, war ihr Mitglied und in diesem Sinne zweifellos ein Nationalsozialist. Wer dagegen bereit ist, eine Phänomenologie des politischen Bewusstseins über den Umweg dessen zu betreiben, was Langbehn darüber hinaus tat und äußerte und die Menschen in seinem Umfeld an ihm wahrnahmen, wird ein differenzierteres Bild zeichnen können, auch wenn es weniger eindeutig bleiben muss als eine nüchterne Parteimitgliedsnummer. Und genau deshalb wäre es auch viel zu einfach, Langbehns Einstellung gegenüber der NSDAP nach dem 30. Januar 1933 als »eindeutig ablehnend« zu bezeichnen.[94] Die Berichte anderer Zeitgenossen lassen ein vielschichtigeres Bild erkennen.

Den Beitritt selbst mag man zunächst relativieren, etwa dadurch, dass man ihn berufsbedingt erklärt – als Rechtsanwalt sei ihm keine andere Wahl geblieben, wollte er seinen Beruf sinnvoll ausüben können – oder ein Gegengewicht mit der Verteidigung jüdischer Mitmenschen aufbaut.[95] Darüber hinaus könnte man an die politische Haltung seiner Frau erinnern, die im Familienkreis einen Einfluss auf ihren Mann ausübte: »Ich selbst lehnte als Auslandsdeutsche den Nationalsozialismus immer auf Schärfste ab, trat niemals der Partei bei, schickte kein Kind in die Hitlerjugend, trat aus Ablehnung nicht mal der harmlosesten Sache bei und beeinflußte meinen Mann natürlich auch dagegen.«[96] Irmgard Langbehn konnte die Entwicklung ihres Mannes deshalb in besonderer Weise verfolgen und in der Rückschau verschiedene Etappen auf seinem Weg nachzeichnen.

Danach dachte er im Jahre 1931 anscheinend darüber nach, der Partei beizutreten, um auf diese Weise einen Beitrag zur ihrer günstigen Entwicklung zu leisten. Von dieser Idee soll er jedoch Abstand genommen haben, und trat er 1933 schließlich doch bei, so erklärt auch Irmgard den Beitritt mit beruflicher Notwendigkeit.[97] In den Jahren 1934/35 soll ihr Mann allerdings selbstkritisch geäußert haben, dass er die Bewegung wohl falsch eingeschätzt und zu Unrecht kritisiert habe.[98] Für das Jahr 1937 zitiert sie Carl aus der Erinnerung schließlich mit folgenden Worten: »Wie froh bin ich, 31 nicht in die Partei eingetreten zu sein. Jetzt habe ich erkannt, was für Verbrecher am Ruder sind.«[99] Die Implikationen einer solchen Rede dürfen wir nicht unbeachtet lassen; zumindest müssen wir die Frage stellen, warum jemand im Jahre 1937 froh sein können sollte, 1931 nicht beigetreten zu sein, wenn er doch seit 1933 ein Mitglied der NSDAP war. Eine mögliche Erklärung: Auch Carl Langbehn selbst vertrat die Auffassung, dass sein Beitritt berufliche und keine politischen und weltanschaulichen Gründe hatte. Für einen Beitritt im Jahr 1931 hätte es eine solche Rechtfertigung nicht gegeben. Wenn er jetzt also »Verbrecher« um sich sah, dann konnte er sich politisch und weltanschaulich von der Partei distanzieren und auf diese Weise freisprechen.

Man wird Langbehn nicht gerecht, wenn man von vornherein ausschließt, dass er eine Entwicklung durchschritten hat. Aber selbst wenn sein Verhältnis zur Partei in den 1930er Jahren zwischen Zustimmung und Ablehnung schwankte, werden wir heute kaum noch in der Lage sein, diese Entwicklungsgeschichte mit anderen Quellen historisch zu fundieren. Eine Art Phasenmodell sollte man deshalb nicht weiter verfolgen. Ohnehin scheint es sinnvoller, die Frage, wie man das Parteimitglied Langbehn in seiner ganzen Komplexität verstehen kann, besser nicht über eine zeitliche Auflösung von Widersprüchen zu beantworten. Stellt man die so verführerisch eindeutig wirkende Frage, ob Langbehn ein Nationalsozialist gewesen ist, gegen die andere zurück, wie man seine politische Orientierung in diesen Jahren gerade in ihrer Ambivalenz beschreiben muss, dann kann man einen Weg jenseits des politischen Manichäismus beschreiben. Langbehn widersetzt sich einem

Entweder-Oder-Schema schon deshalb, weil man einem Menschen, der in der beschriebenen Weise juristisch handelt, guten Gewissens nicht sagen kann, dass sein Parteibeitritt in der Beurteilung seiner politischen Überzeugungen schwerer wiegt als sein konkreter Einsatz für die Opfer des Regimes. Er war offizielles Mitglied der Partei und zugleich doch bereit, das Recht, soweit es nicht schon dem Nationalsozialismus zum Opfer gefallen war, gegen die Partei zu verteidigen. Keine politische Ideologie hat ihn davon abbringen können. Im Gegenteil, Langbehn verurteilte gerade die rassistische Ideologie, ihre pseudo-anthropologischen und quasi-religiösen Lehren. Umgekehrt ist es nicht ausgeschlossen, dass er sich mit konkreten Folgen der NS-Herrschaft arrangieren und in Teilen mit deren Zielen identifizieren konnte. Solange an den Entwicklungen nicht eindeutig abzulesen war, dass Hitler ein ganzes jüdisches Volk auslöschen wollte, solange sich nicht zeigte, dass er ein anderes Volk, das eigene nämlich, in den Abgrund führte, und solange er einem in vielerlei Hinsicht darniederliegenden Deutschland wieder eine Perspektive gab, konnte Hitler selbst diejenigen für sich einnehmen oder zumindest ruhigstellen, die ihn für einen Parvenü von rohen Sitten mit nur kurzem Auftritt hielten. Wer nicht dazu überging, eine Uniform zu tragen oder andere Menschen zu denunzieren, wer nicht zum gewöhnlichen Anhänger Hitlers wurde, konnte sich in einer Zuschauerperspektive einrichten und abwarten. Gerade das konservative Bürgertum und die intellektuellen Eliten haben dabei bekanntlich anschaulich demonstriert, wie man untätig scheitern kann.

Oder aber man ging soweit, mit der Partei eine Hoffnung zu verbinden. *Vor* den Erfahrungen von Krieg und Holocaust ging das anscheinend noch. Für Langbehn und viele seiner Zeitgenossen war die Differenzierung im Denken noch möglich, ein uns heute so irritierendes und nur schwer nachvollziehbares Abwägen von – horribile dictu – Vor- und Nachteilen des Nationalsozialismus. Um das verstehen zu können, müssen wir die Stimmung, das Hoffen und Denken dieser Menschen ertragen. Auch das Ausbleiben eines Reflexes. Denn auch wenn Langbehn in Hitler ein Grundproblem der Zeit sah, war seine Gegnerschaft noch nicht einmal notwendig mit der Ablehnung des Führerprinzips und schon gar nicht mit einem heute vorherrschenden Sprachgefühl verbunden, mit dem wir das Wort ›Führer‹ mindestens aus der politischen Sprache heraushalten. Damals dagegen war nicht das Wort, sondern dessen Bedeutung problematisch und entsprechend umkämpft.

Denken wir nur an Dietrich Bonhoeffer, der zwei Tage nach Hitlers Machtergreifung am 2. Februar 1933 einen Radiovortrag mit dem Titel »Wandlungen des Führerbegriffes« hielt und darin den neuen »Führer« daran erinnerte, dass der *echte Führer* nicht sich selbst, sondern die Ordnung und das Amt in den Mittelpunkt seiner Führung zu stellen habe. Zu diesem Zeitpunkt hatte der »Führer« das Sprechen vom Führer eben noch nicht unmöglich gemacht.

Die Sehnsucht nach einem Führer erwuchs in der Weimarer Republik interessanterweise auf allen Seiten.[100] Max Weber hatte der neuen Epoche mit seinem Konzept charismatischer Herrschaft einen Gedanken hinterlassen, den Carl Schmitt, einer seiner »begabtesten Schüler«, später in den Glauben an einen NS-Führerstaat übersetzte.[101] Die politischen Denker unter den Linken, so sehr sie sich im Spektrum zwischen Marxismus und christlichem Sozialismus unterschieden, verschrieben sich vielfach der gemeinsamen Überzeugung, dass die Überwindung der gesellschaftlichen Zustände zunächst nur durch Führerpersönlichkeiten möglich ist. Führertum war hier, bei Ernst Bloch, Paul Tillich, Leonard Nelson und anderen, kein Tabu, auch wenn die Auffassungen über den Heiland und seine politische Stellung auseinandergingen. Wie man nach dem Krieg mit Blick auf die Art und Weise, in der man von Demokratie sprach, eine *babylonische Sprachverwirrung* (Giovanni Sartori) beklagte, die im Grunde genommen bis heute nicht aufgelöst worden ist, so war das Gespräch über den Führer in der Weimarer Republik seinerseits äußerst vielstimmig. Die Einsicht in die Notwendigkeit aber verband viele. Mit der Idee von Demokratie, die in marxistischen Kreisen aufgrund ihrer bürgerlichen Wirklichkeit ja selbst problematisiert werden musste, war die Sehnsucht nach Führung dabei durchaus vereinbar, begrifflich wie realpolitisch. Gustav Radbruch etwa drängte darauf, in die Bedeutung des Ausdrucks ›Demokratie‹ den Begriff des Führertums aufzunehmen. Und Bloch, doch ein Denker mit Statur, sah im Faschismus zeitweise bekanntlich den »schiefen Statthalter der Revolution«, der einst von selbst nach links führen und der Revolution des Proletariats auf diese Weise den Weg bereiten werde. Nicht nur die Konservativen also hofften darauf, dass Hitler sich am Ende für die eigenen Ziele würde verwenden lassen. Wenn Langbehn seinen extremen linken Standpunkt irgendwann aufgab, so nahm er deshalb von dort vielleicht sogar die wesentliche politische Voraussetzung mit, um dem nationalsozialistischen Führerkult nicht fremd gegenüberstehen zu müssen. In der Schilderung von Pringsheim ist von einer Führerbegeisterung allerdings nichts zu spüren:

> Ich weiß nicht, wann er Mitglied der NSDAP wurde. Ich vermute, dass er der Partei beitrat, weil er dachte, dass mit ihrer Hilfe ein neues Deutschland aufgebaut werden könnte; dass ihre politische Richtung nur als Mitglied zu beeinflussen war und dass er selbst stark genug wäre, um jenen Entwicklungen und Tendenzen standzuhalten, die gefährlich und schädlich für Deutschland sind. Was so viele andere durch ihren Beitritt zu beabsichtigen nur vorgaben, war bei ihm selbst eine tiefe Überzeugung. […] Seine Parteimitgliedschaft hat er nie vor mir verborgen, und er war immer darauf aus, meine Meinung zu erfahren und politische Themen offen zu diskutieren. In den meisten Fällen waren wir geteilter Auffassung, aber ich hatte niemals auch nur den geringsten Zweifel

an seiner Aufrichtigkeit und Ehrlichkeit. Seine Argumentation war gut fundiert, ohne Vorurteil, wenngleich natürlich nicht frei von nationalsozialistischen Überzeugungen; er akzeptierte nicht alle Grundsätze der Partei und war ein offener Gegner von Rassentheorie und übersteigertem Nationalismus. Zunächst hoffte er, dass die anfänglichen Übel des neuen Regimes nach und nach verschwinden würden und dass ein starkes und friedliches Deutschland die ersten Erfolge sichern könne. […] Ich betone, dass ich Langbehns Parteimitgliedschaft nicht entschuldige. Es ist nahezu unmöglich, dass er etwas mit den Verbrechen der Partei zu tun hatte, und doch hat er den Nazis nun einmal geholfen. Aber ich verstehe seine Haltung vollkommen. Er war ein junger Mann, der über das Schicksal seines Landes unglücklich war; er wurde zunehmend verzweifelt und fühlte, dass er besseres tun könne als nur für den eigenen Erfolg arbeiten. Er war voller Energie und guter Absichten und konnte sich deshalb der Zukunft nicht verschließen. Er entschied sich, an der Gestaltung deutscher Politik mitzuwirken. Zugleich gab er seine eigenen Überzeugungen nie auf; an den Verbrechen war er niemals beteiligt. Er war mutig genug, um viel zu riskieren.[102]

Pringsheim schrieb diese Erinnerungen, nachdem er aus einer Schweizer Nachricht erfahren hatte, dass Langbehn im Zusammenhang mit dem 20. Juli von den Nationalsozialisten gehängt worden war. Seine Aufzeichnungen enden mit der Hoffnung, dass dank ihrer die Familie des Opfers Hilfe und Entlastung (*relief*) finden möge.

Um so beachtlicher ist die offene Sprache, mit der diese Charakterisierung Langbehns vorgenommen wird. Pringsheim blendet keine Seite aus und versucht eine Gratwanderung, die gelingen muss, wenn man familiären Zuspruch formulieren möchte. Die Offenheit, mit der hier die Parteimitgliedschaft behandelt wird, ist dabei am Ende der Weg, deren spezifische Qualität zu verstehen. Langbehn war Mitglied der NSDAP, aber er war kein Nationalsozialist, möchte man vorschlagen, sofern ein Nationalsozialist für uns heute gerade jene Überzeugungen vertreten hat, die Langbehn selbst ablehnte. In diesem Sinne zu unterscheiden, erscheint jedoch spitzfindig und wie der Versuch, jemanden aus der Zange unserer wohlüberlegten Ansichten über die Zeit des Nationalsozialismus zu retten. Ebenso apologetisch wirkt die schlichte Aussage, dass er sich dort mit dem Nationalsozialismus arrangierte, wo er es für richtig hielt. In seiner Sorge um Deutschland – kein Pathos am falschen Platz – wäre er dann der Partei beigetreten. Mit seiner nationalkonservativen Vorstellungswelt waren immerhin die Voraussetzungen gegeben, um das nationale Anliegen der Nationalsozialisten als eine politische Option zu begreifen. Hier trafen sich Nationalkonservative und Nationalsozialisten ja in der Tat: in der Überzeugung, dass man die eigene Nation aus ihrer Nachkriegsnot befreien müsse. Dafür musste man zwar viel parteipolitische Ideologie ausblenden, aber Hitler und sein Gefolge waren doch immerhin als Kraftmotor zu rechtfertigen, mit dem das Manöver in einem ersten Schritt gelingen konnte. In diesem Sinne richtete sich die Hoffnung auch bei Langbehn auf die Partei. Wo seine Sorge dem eigenen Land galt, waren die Nationalsozialisten mögliche Bündnispartner; wo seine Sorge dem Recht und der Gerechtigkeit galt, waren sie dagegen seine Gegner. Sein juristisches Temperament trieb ihn in eine Art legalen Widerstand, aber dieser Widerstand war noch nicht politisch motiviert. Erst als sich abzeichnete, dass Hitler die Juden vertreiben und vernichten wollte und die eigene Nation in einen Krieg zu stürzen drohte, wurde er auch zum politischen Gegner der Nazis.

Kapitel 4

Anfänge im Widerstand

Mit dem deutschen Widerstand verbinden wir heute vor allem das Attentat auf Hitler und den Umsturzversuch vom 20. Juli 1944. Dieser Tag erinnert uns daran, dass Menschen bereit waren, ihr Leben zu riskieren, um die Hitler-Diktatur zu beenden. Was im deutschen Widerstand in den Jahren davor passierte, war allerdings mehr als nur eine Vorgeschichte der Ereignisse vom 20. Juli. Denn auch wenn der Ausdruck ›deutscher Widerstand‹ eine einheitliche Bewegung suggeriert, die sich dem Regime geschlossen entgegenstellte, sieht die historische Wirklichkeit anders aus. Hinter diesem Merkzeichen steht eine Vielzahl unterschiedlicher Personen, Motive, Gruppen, Ziele und Handlungen. Man spricht seit jeher deshalb gerne auch von den verschiedenen *Kreisen*, etwa vom Kreisauer Kreis, vom Kreis der Konservativen oder vom militärischen Kreis. Eine Formulierung wie ›im Kreis um…‹ ist dabei ein fester rhetorischer Bestand geworden; offen, wie sie ist, kann die Formel je nach Person, die man für zentral hält, ergänzt werden. Die Kreise haben sich nie in der einen Widerstandsbewegung versammelt. Man teilte den Willen, die Diktatur Hitlers zu beenden, aber man war sich selten einig, auf welchem Wege das geschehen sollte und in was für einem Land man nach dem Umsturz leben wollte. Die politischen Grundüberzeugungen und biographischen Hintergründe der Regimegegner waren zu unterschiedlich, um eine gemeinsame Haltung und Handlungsorganisation ausbilden zu lassen. Wer vom deutschen Widerstand spricht, bezieht sich deshalb auf eine heterogene Erscheinung. Ein wenig gilt das sogar noch für die Kreise selbst. Kreise sind geschlossen, aber jene, die wir im deutschen Widerstand sehen, sind zuweilen offen für unterschiedliche Ansichten darüber, wer zu ihnen gehörte und wer nicht. Und wer dem einen angehörte, musste noch lange nicht ohne besondere Beziehungen zu Mitgliedern anderer Kreise sein.

Man kann mit einem solchen Pluralismus im Verständnis des deutschen Widerstandes auch einen emanzipatorischen Anspruch gegenüber der nationalsozialistischen Ansicht selbst formulieren. Als der Präsident des Volksgerichtshofes, Roland Freisler, dem Reichsjustizminister Otto Thierack am 5. Oktober 1944 die Akten eines seiner gerade gefällten Urteile überstellte, machte er aus den zum Tode verurteilten zwei Angeklagten unversehens die Mitglieder einer »Verschwörerclique«. Die Verhandlung zwei Tage zuvor war eine direkte Folge des Attentats vom 20. Juli. Wer in den Tagen und Wochen danach vor Freisler stand, gehörte in seinem Weltbild zu einer kleinen verbrecherischen Bande von Landesverrätern, die sich persönlich alle gar nicht kennen mussten, um dieser einen »Verschwörerclique« anzugehören.

Die zwei Angeklagten, die am 3. Oktober gemeinsam vor Freisler standen, Johannes Popitz und Carl Langbehn, kannten sich allerdings. Freisler nutzte seine Einsichten in die entsprechenden Zusammenhänge, um dem Reichsminister einen Erfolg im Verständnis über die Anfänge des Verrats am »Führer« zu vermelden: »Besonders interessant an dem Urteil gegen Popitz ist, daß wir nach diesem Urteil das Datum für den ersten Entschluß der Verschwörerclique weit zurücklegen müssen, denn Popitz hat zugegeben, daß er mit Verrätern wie Beck, Goerdeler und anderen bereits um die Jahreswende 1941/42 in allen wesentlichen Punkten einig gewesen ist.«[103] Zumindest in diesem Schreiben also war kein Platz, die Entwicklungen um Stauffenberg von denen um Popitz zu unterscheiden. Die zersetzende Kraft musste einheitlich, gesammelt und gerichtet gedacht werden, um den Schlag dagegen um so kraftvoller erscheinen zu lassen. Hier war in erster Linie eine Bedrohung als solche ausgeschaltet worden, und ihre Anfänge meinte Freisler nun zurückdatieren zu können.

Dass er dabei nicht von Langbehn sprach, hat seinen Grund in den Ergebnissen der Verhöre, die sich in der Anklageschrift und in der Urteilsbegründung niederschlagen. In dem Bild, das sich den Ermittlern darstellte, lernten sich Popitz und Langbehn im Winter 1941/42 kennen, um sich dann im Herbst 1942 über ihren politischen Pessimismus näherzukommen. Im Winter 1942/43 habe Langbehn einen vertiefenden Einblick in die Aktivitäten im Kreis um Popitz erhalten.[104] In der Urteilsbegründung heißt es, dass die Bekanntschaft mit Popitz sich im Jahre 1942 über Popitz' Nachbarn Edgar Haverbeck ergeben habe.[105] In Langbehn musste Freisler somit einen Rechtsanwalt sehen, der in den Kreis um Popitz erst dann wirklich eintrat, als die Pläne der Rädelsführer schon lange formuliert waren. Wer den Prozessakten folgt, könnte deshalb den Eindruck gewinnen, dass Langbehn frühestens Ende 1941 anfängliche Kontakte zu Personen des Widerstandes hatte und erst im Laufe des Jahres 1942 in den aktiven Kreis um Popitz hineinwuchs.

In einem biographischen Zugang darf man den Volksgerichtshof und seine Umgebung verlassen, um die Frage nach Langbehns Anfängen im Widerstand aus der Perspektive anderer Personen zu behandeln. Wir erinnern uns, dass seine Frau von einer kritischen Abwendung vom Nationalsozialismus im Jahre 1937 berichtet hat. Dass Langbehn nun erkannte, welche »Verbrecher« am Ruder sind, bedeutet natürlich nicht, dass er damit auch gleich zum Widerstandskämpfer wurde. Aber etwas in ihm veränderte sich und bildete die Voraussetzung dafür, dass dies später der Fall sein konnte.

Das Jahr 1938 ist dabei ein Meilenstein. In diesem Jahr schlug Irmgard vor, das Land zu verlassen und in ihre zweite Heimat, Argentinien, zu gehen. Carl konnte sich nicht zu diesem Schritt entschließen, vor allem deshalb nicht, weil er seinen Beruf als Rechtsanwalt nicht aufgeben wollte. So blieb die Familie in Deutschland. Irmgard rüstete allerdings für schwere Zeiten, denn sie ließ sich von ihrem Vater in Argentinien eine größere Menge haltbarer Lebensmittel schicken, die sie im bayerischen Landhaus der Familie in Walchensee lagerte. Aber natürlich lernte Carl im November 1938, dass er nicht mehr daran festhalten konnte, die Schreckensnatur des NS-Regimes mit relativen Gewinnen für das Land zu verrechnen. Die Judenpogrome im November 1938 und die damit einhergehende Festnahme seines alten Lehrers Pringsheim hatten starke Auswirkungen auf seine politische Haltung. Diese Ereignisse hat man deshalb als einen Wendepunkt in der politischen Entwicklung Langbehns und den Beginn seines Kampfes gegen den Nationalsozialismus betrachtet.[106] Ein solches Verständnis ist jedoch nur dann legitim, wenn man damit nicht eine abrupte Umkehr verbindet. Der Weg in den Widerstand hat sich im Falle Langbehns schrittweise vollzogen.[107] Im August 1939 kam die konkrete Angst vor einem Krieg hinzu, den er, sollte er losbrechen, Wolff gegenüber als einen großen Fehler bezeichnete: »Fangen Sie diesen Krieg nicht an. Sie werden ihn verlieren. Sie unterschätzen die angelsächsischen Kräfte.«[108] In diesem Monat erzählte er seiner Frau auch erstmals von Plänen, gegen Hitler vorzugehen. Mit Freunden habe er geplant, den »Führer« zu ermorden, weil dieser die Nation mit seiner Partei in den Abgrund treibe. Irmgard war über solche und andere Aktivitäten jedoch nur in »großen Zügen« orientiert, weil ihr Mann der Auffassung war, dass sie den »Methoden der Gestapo« nicht würde standhalten können.[109]

Man sieht leicht, dass sich in der Perspektive von Irmgard ein Szenario einstellt, das mit dem der Prozessakten nicht viel gemeinsam hat. Sehr viel früher, als es Freisler und die Sonderermittler meinten, ist der Kritiker danach in den Widerstand hineingewachsen. Was also spricht dagegen, die ›offizielle‹ Version in Frage zu stellen? Irmgard war nach eigenen Worten nicht über alles informiert, aber sie hatte doch Eindrücke und konnte wichtige Vorfälle, darunter Besuche von Personen aus Kreisen des Widerstandes im eigenen Haus, in ihrem persönlichen Umfeld miterleben. Man würde keine politische Biographie über Carl Langbehn schreiben, wenn man ihre Schilderungen nicht zum Anlass nähme, der Frage nach den Anfängen im Widerstand jenseits der Ermittlungsergebnisse nachzugehen.

Anzumerken ist dabei noch folgendes: Wo eine politische Biographie die Züge einer Auseinandersetzung mit dem deutschen Widerstand annimmt, steht sie in Gefahr, mit ungewollten Ansprüchen belastet zu werden. Die Geschichte der Entstehung des Kreises um Popitz, um diesen Hinweis nicht zu versäumen, spielt im folgenden mit, aber sie soll hier keinesfalls neu (oder erstmals) geschrieben werden. Wie sich die Dinge unter dem Eindruck der politischen Form des Lebens eines seiner Mitglieder darstellen, soll gleichwohl helfen, diese Geschichte besser zu verstehen. Ohne Quellen geht es auch hier nicht. Leumundszeugnisse aus einem Entnazifizierungsverfahren, in der Literatur bisher noch gar nicht zum tieferen Verständnis der Entwicklungen genutzt, erfordern Vorsicht, denn wer damals irgendwie helfen konnte, tat dies zuweilen mit allen Mitteln. Sie sollen hier dennoch einmal konsequent durchgenommen werden. Die Dokumente stammen aus dem direkten Umfeld von Langbehn und gehören damit gewissermaßen zu seiner eigenen Geschichte dazu. Solche Zeitdokumente einfach zu ignorieren, wäre nicht im Sinne der Möglichkeiten, die sie eröffnen. Vor allem aber sind es Menschen, über die wir dabei sprechen müssen, Personen, die für ein Verständnis von Langbehns Anfängen im Widerstand von Bedeutung sind, namentlich Edgar Haverbeck, Johannes Popitz und Heinrich Himmler.

Frühe Anfänge gemeinsam mit Popitz? Langbehn und Haverbeck

Edgar Haverbeck war ein Vetter von Langbehn und Sohn von Gaston Haverbeck und Agnes, jener geborenen Maschmeyer, bei der Carl nach seiner Umsiedlung von Bad Berka nach Hannover wohnte. Als der etwa zwölfjährige Carl 1912/13 bei seiner Tante ankam, war Haverbeck bereits über zwanzig Jahre alt und studierte Maschinenbau und Verwaltungswissenschaften an der Technischen Universität Hannover (1909–14). Auch wenn nicht sicher ist, dass er noch bei seinen Eltern lebte, ist davon von auszugehen, dass die beiden Vettern sich von Beginn an kannten.

Haverbecks berufliche Entwicklung verlief steil aufwärts. Nach Stationen in unterschiedlichen Werkzeugmaschinenfabriken und einem Sprengstoffwerk war er seit 1934 bei Quandt beschäftigt, zunächst als Vorstandsmitglied und Betriebsführer der Accumulatoren-Fabrik AG Berlin (1934–39), dann als Vorstandsmitglied und Leiter der Berlin-Erfurter Maschinenfabrik AG in Erfurt (1939–45).[110] In beiden Fällen war Günther Quandt der unmittelbare Dienstvorgesetzte. Das Verhältnis der beiden war voller Spannungen und führte schließlich dazu, dass Haverbeck nach Erfurt wechselte und so räumliche Distanz zu Quandt gewann.[111]

Der Wechsel nach Erfurt wurde von einem anderen begleitet, denn Haverbeck wechselte zugleich aus dem Aufsichtsrat der Deutschen Waffen- und Munitionsfabriken AG (DWM) in den Vorstand dieses Rüstungsbetriebes. Diese Veränderung, die angeblich »erhebliche materielle und ideelle Nachteile« zur Folge hatte[112], ging anscheinend auf Popitz zurück. Haverbeck und Popitz waren seit 1934 unmittelbare Nachbarn in der Brentanostraße 50 in Berlin-Steglitz und schnell freundschaftlich miteinander verbunden. Als Popitz gegen Ende der 1930er Jahre zu einer zentralen Widerstandsfigur der Konservativen wurde, wuchs Haverbeck langsam in den Kreis um Popitz hinein. Wann genau das geschah, kann nicht mit letzter Sicherheit bestimmt werden. In den Dokumenten zu Haverbecks Entnazifizierungsverfahren finden sich nur vage, kaum konsistente Angaben. Danach will er einmal seit 1937, ein anderes Mal seit 1938 in die Widerstandsaktivitäten der Gruppe »Popitz-Langbehn«, wie er den Kreis um Popitz nach dem Krieg nannte, eingebunden gewesen sein.[113]

Seine Funktion innerhalb dieses Kreises war unterschiedlicher Natur. Eine konkrete Aufgabe bestand darin, die Teilnehmer der politischen Treffen bei Popitz aus Gründen der Tarnung bei sich selbst zu empfangen und über einen gemeinsam geteilten Keller in das Haus von Popitz zu leiten.[114] In eine ganz andere Funktion wurde er nach eigener Auskunft durch Popitz gedrängt, denn vollzog er den Wechsel in den Vorstand der DWM auf nachdrückliches Bitten seines Nachbarn, so verband Popitz damit die Hoffnung, die aktuellen, für die Widerstandsbewegung relevanten Entwicklungen in der deutschen Rüstungsindustrie über Haverbeck verfolgen zu können.[115] Aufgrund seiner herausgehobenen Position in der deutschen Industrie war Haverbeck, selbst Parteimitglied, über Jahre hinweg mit den Funktionseliten des Nationalsozialismus bekannt und 1938 auf einer Industriemesse auch auf Hitler getroffen. Diese Position hatte Popitz im Blick, als er Haverbeck zum Wechsel in den Vorstand der DWM drängte. Der Vertrag, der die Vorstandstätigkeit regeln sollte, wurde von seinem Vetter Langbehn nach einer »Aussprache mit mir und Popitz« aufgesetzt – eine Anmerkung, die zeigt, dass Langbehn und Popitz sich im Jahre 1939 gekannt haben müssen.[116]

Mit dem Datum der Vertragsunterzeichnung stellt sich die Frage, wie man andere Angaben über die gemeinsame Geschichte von Langbehn und Popitz bewerten muss. Bis heute kursieren unterschiedliche Jahreszahlen, mit denen angegeben wird, wann Haverbeck seinen Vetter mit Popitz bekannt gemacht haben soll, namentlich der Zeitraum zwischen 1940 und 1942. Den Zeitraum um 1941/42 kann man, wie gesehen, aus den Prozessakten gegen Popitz und Langbehn entnehmen. Vor dem Hintergrund der Vorgänge im März 1939 bleibt die Frage zu beantworten, ob der spätere Zeitpunkt auch dann haltbar ist, wenn man den früheren nicht ignorieren möchte. Das scheint möglich. Denn es ist ja durchaus denkbar, dass die Angeklagten mit der Angabe eines möglichst kurzen Zeitraums ihrer Bekanntschaft den Eindruck einer nur lockeren Verbindung erwecken wollten: Man war erst seit Winter 1941/42 im politischen Gespräch und deshalb zum Zeitpunkt des Treffens mit Himmler am 26. August 1943 gerade einmal ein gutes Jahr oder etwas länger miteinander bekannt. Mit einem solchen Szenario konnten die Angeklagten zumindest das zeitliche Ausmaß ihrer Unternehmung herunterspielen. Vielleicht mussten sie dabei noch nicht einmal lügen, wenn denn beide das Aufeinandertreffen im Jahre 1939 mit reinen Vertragsgeschichten verbinden und die politische Dimension ihrer Bekanntschaft guten Gewissens auf den angegebenen Zeitraum (Winter 1941/42) datieren konnten. Doch es gibt Gründe, das zu bezweifeln.

Am 30. August 1941 vermerkte Ulrich von Hassell in seinem Tagebuch ein Treffen mit Langbehn im selben Monat. Er selbst lernte ihn dabei erst kennen, schrieb aber auch, dass Langbehn ihm »dem Namen nach gut als Freund Geißlers« bekannt sei.[117] Mit Geißler war hier Popitz gemeint. Ein Freund muss noch kein in den Widerstand hineingezogener Regimegegner sein, aber wenn man Langbehn zu diesem Zeitpunkt in Widerstandskreisen dem Hören nach als einen Freund von Popitz kannte, sind gute Gründe dafür gegeben, seine Zugehörigkeit zum Kreis um Popitz vor dem Winter 1941/42 anzusetzen. Dafür spricht einiges. Irmgard datierte den Einzug in den Widerstandskreis um Popitz auf das Jahr 1940/41; diese Angabe ließe sich mit Hinweis auf andere Aussagen bestätigen.[118] Haverbeck selbst hat die Angaben über die Einführung seines Vetters in den Kreis um Popitz zumindest in den Dokumenten seines Entnazifizierungsverfahrens zeitlich nicht qualifiziert. Er schrieb nur, dass Langbehn »von mir in den Popitz-Kreis eingeführt wurde«.[119] Dem korrespondiert eine wichtige Angabe von Hassells, der am 12. Juni 1944 nach einem Gespräch mit Popitz notierte, dass es der Nachbar Haverbeck gewesen sei, durch den Popitz – und hier bleibt von Hassell eben allgemein – »seinerzeit« Langbehn kennengelernt habe.[120] Damit ist das Jahr 1940/41 von diesen Seiten nicht ausgeschlossen. Es wäre also möglich, dass sich Popitz und Langbehn spätestens seit März 1939 kannten (Vertragssache) und erst etwa ein Jahr danach im gemeinsamen Widerstand waren. So gesehen lernte Langbehn erst *nach* seiner beruflich bedingten Bekanntschaft mit Popitz, dass er im Nachbarn seines Vetters einen aktiven Regimegegner sehen musste. Aber auch das kann aus unterschiedlichen Gründen bezweifelt werden.

Unter den vielen verschiedenen Leumundszeugnissen, die nach dem Krieg für Haverbeck geschrieben worden sind, finden sich auch solche, die das Jahr der Bekanntschaft mit Popitz als einen Zeitpunkt verstehen lassen, an dem Langbehn und Popitz bereits im offen politischen, regimekritischen Gespräch waren. Von besonderer Bedeutung sind hier die Leumundszeugnisse von Marie-Louise Sarre. Sie war schon Ende der 1930er Jahre mit Langbehn befreundet; auf diese Weise wurde sie auch mit dessen Vetter Haverbeck bekannt. Nach ihren eigenen Aussagen soll das 1939 oder 1938 geschehen sein – die Aussagen dazu widersprechen sich in zwei verschiedenen Leumundszeugnissen. In dem späteren lesen wir folgendes:

> Ich lernte Herrn Haverbeck im Hause von Herrn Minister Popitz kennen. Es war im Jahre 1938. Es wurde damals schon so offen über eine notwendige Beseitigung Hitlers und des längeren und ausführlich über die unerhörten Zustände im Reich, den unvermeidlichen Krieg etc. gesprochen, daß ich

>Herrn Haverbeck ganz selbstverständlich als Zugehörigen dieses Kreises betrachtete. Später lernte ich H. näher kennen und wir hatten viele gemeinsame Besprechungen mit ihm und seinem Vetter Dr. Langbehn, mit dem jungen Prof. Haushofer, Planck u.a., die alle hingerichtet worden sind nach langer Haft.[121]

Aus dieser Passage geht hervor, dass Popitz bereits vor dem Krieg regimekritische Diskussionen führte. Ob man das schon als Teil seines Widerstandes begreifen muss, ist natürlich eine ganz andere Frage. Außerdem soll Haverbeck bei diesen Diskussionen anwesend gewesen sein. Dass sie ihn erst später näher kennenlernte und dann auch Besprechungen mit ihm hatte, bei denen unter anderem Langbehn zugegen war, könnte bedeuten, dass Langbehn bei den Diskussionen im Jahre 1938 noch nicht dabei war. Aber dagegen spricht ein anderes, früheres Leumundszeugnis, in dem Sarre ihre Bekanntschaft mit Haverbeck auf ihre Freundschaft mit Langbehn zurückführt: »Ich kenne Herrn Edgar Haverbeck seit 1939, da ich mit seinem Vetter Carl Langbehn befreundet war.«[122] In der Jahreszahl mag sich Sarre schon hier nicht sicher gewesen sein, aber ein Wissen darüber, dass sie Haverbeck über ihren Freund Carl kennenlernte, sollte man ihr zuschreiben dürfen. Wenn deshalb Haverbeck im Jahre 1938 oder 1939 an regimekritischen Diskussionen teilgenommen hat, bei denen auch Marie-Louise anwesend war, und sie selbst wiederum angibt, Haverbeck über Langbehn kennengelernt zu haben, dann spricht dies dafür, dass auch Langbehn an diesen Diskussionen teilnahm und er Popitz deshalb im Jahre 1939 nicht nur über den beruflichen Anlass eines Vertragsabschlusses zwischen Haverbeck und Quandt kannte, sondern mit ihm auch bereits offen und kritisch über die politische Lage diskutierte. Man muss immer wieder darauf hinweisen, dass solche Treffen noch keine Widerstandszirkel im engen Sinne sein mussten. Aber hier geht es ja zunächst nur um die Frage, ab welchen Zeitpunkt Langbehn und Popitz sich politisch austauschten. Die Angaben bei Sarre jedenfalls legen es nahe, diesen Zeitraum in die Vorkriegszeit zu legen.

Eine solche Auffassung gewinnt durch die Auslegung weiterer Literaturfunde eine gewisse Plausibilität. Dass sich Popitz und Haverbeck zum Beispiel wirklich schon 1939 offen regimekritisch unterhalten haben, bringt ein weiteres Leumundszeugnis zum Ausdruck:

>Es dürfte von nebensächlichem Interesse sein, daß Herr Haverbeck schon lange vor dem Kriege das System und die Methoden des Nationalsozialismus ablehnte. Dies war in unserem Kreise eine Selbstverständlichkeit. Jedenfalls war seine Haltung so eindeutig, daß Herr Popitz, ich glaube es war im Jahre 1938, sich in meiner Gegenwart offen mit ihm über die Pläne, mit Hilfe der Wehrmacht das bestehende System zu beseitigen, unterhielt und später auch die Gründe des Mißerfolges und die Möglichkeit neuer Pläne erörterte.[123]

Der Verfasser, Heinrich Zahler, war viele Jahre lang der Hausarzt der Familie Popitz, die Haverbeck an Zahler vermittelte. Auch seine Angabe stellt das Jahr 1938 als einen Zeitraum vor, in dem Popitz sich in Gegenwart von Haverbeck regimekritisch äußerte. Diese Praxis können wir auch dem Leumundszeugnis entnehmen, das Gereke schrieb. Denn Haverbeck sei ihm »seit 1940 bekannt aus den Besprechungen, die ich in diesen Jahren mit dem damaligen preußischen Finanzminister Professor Dr. *Popitz* in dessen Wohnung in Berlin-Dahlem hatte«.[124] Natürlich geht aus beiden Angaben nicht hervor, dass jeweils auch Langbehn anwesend war, aber zumindest gibt es weitere Quellen, die gute Gründe für die Annahme eines politischen Gesprächs zwischen Haverbeck und Popitz in den Jahren zwischen 1938 und 1940 geben und deshalb die Richtigkeit der Angaben bei Sarre wahrscheinlich machen. Interessant ist dabei die Frage, um welchen Zeitraum es sich handelt, wenn Gereke behauptet, er sei »in diesen Jahren« privat bei Popitz gewesen.

Wir müssen auch dieser Frage noch folgen, denn es gibt Autoren, die behaupten, dass Langbehn über Gereke in den Kreis um Popitz eingeführt wurde.[125] Spätestens seit Langbehn Gereke (gemeinsam mit Kleine) am Tage seiner Haftentlassung vor dem Gefängnis abholte und in dessen Heimatort Pressel fuhr[126], waren beide einander freundschaftlich zugeneigt. Von einem Besuch in Pressel berichtete Gereke nach dem Krieg selbst:

> Auch Dr. Langbehn besuchte mich wieder in Pressel. Er erschien in Begleitung seines Onkels, des alten Generalkonsuls Maschmeier (sic!), der mein offizieller Jagdgast war, und brachte mir Grüße von meinem alten Freund Dr. Popitz [...]. Wir alle waren uns darüber klar, daß die Fortdauer der Naziherrschaft unweigerlich zu einem Krieg führen und daß es deshalb Aufgabe jedes Patrioten sein müsse, eine solche Katastrophe zu verhindern. [...] Dr. Langbehn riet mir, mit gebotener Vorsicht selbst nach Berlin zu kommen, um an einem vertraulichen Treffen in der Villa von Dr. Popitz in Dahlem teilzunehmen. [...] So kam ich zum erstenmal nach meiner Haft wieder nach Berlin und konnte mich im Hause von Dr. Popitz mit Langbehn und Wilhelm Leuschner [...] treffen.[127]

Gereke gibt für diese Ereignisse an dieser Stelle kein Datum an, aber aus einem späteren Rückbezug auf das genannte Treffen bei Popitz geht mit großer Wahrscheinlichkeit hervor, dass es sich um das Jahr 1938 handelt.[128] Die von Gereke referierte Einschätzung, dass die »Fortdauer der Naziherrschaft unweigerlich zu einem Krieg führen« würde (s.o.), deutet aber auch unabhängig von diesem oder einem anderen bestimmten Datum darauf hin, dass es Treffen von Gereke, Popitz und Langbehn in Pressel und Berlin schon *vor* dem Krieg gegeben hat.

Die Angaben von Haverbeck, er sei seit 1937 oder 1938 in der Gruppe »Popitz-Langbehn« aktiv gewesen (s.o.), gewinnen vor diesem Hintergrund eine ganz neue Bedeutung. Solange sie unter der schon früh gemachten Voraussetzung verstanden werden, dass Haverbeck Langbehn im Jahre 1940 oder 1941 mit Popitz bekannt gemacht hat, wirkt die Bezeichnung »Popitz-Langbehn« wie eine beim Ausfüllen der Fragebögen in der Rückschau vorgenommene Betrachtung und Bewertung des Stellenwertes seines Vetters Carl. Angesichts der Schilderungen aber, die wir in Schriftdokumenten von Sarre, Zahler und Gereke antreffen, stellt sich uns ein vollkommen neues Bild dar. Wir müssen dabei gar nicht so weit gehen und von einer schon vor dem Krieg bestehenden Widerstandsgruppe »Popitz-Langbehn« sprechen. Die einander stützenden Quellen lassen jedoch die Annahme einer politischen Gesprächskultur zu, die sich indirekt auch im März 1939 zeigte, als Langbehn die von Popitz aus politischen Gründen gewollte Stellung Haverbecks bei Quandt juristisch vorbereitete. Denn so lässt sich die Causa DWM jetzt natürlich auch verstehen: Langbehn setzte den Vertrag nicht nur als hinzugezogener Jurist auf, sondern auch und vor allem als Mitglied einer kritisch eingestellten Gruppe von Menschen, die offen ihren Unmut über die Entwicklungen unter Hitler zur Sprache bringen konnten und über Möglichkeiten nachdachten, die Situation zu ändern.

Solche Gespräche gab es im Deutschland dieser Zeit auch andernorts; keiner ihrer Teilnehmer konstituierte damit aber schon gleich einen frühen Flügel im deutschen Widerstand. Man kann deshalb Hilfs- und Unterstützungsschreiben aus einem Entnazifizierungsverfahren etwas gelassener studieren, wenn man mit ihnen nicht gleich unsere zeitlichen Vorstellungen vom Beginn einzelner deutscher Widerstandskreise revidieren möchte. Solche Schreiben lassen ahnen, wie sehr die Dinge damals in das erforderliche Licht gerückt worden sind. Aber es spricht nichts dagegen, mit ihrer Hilfe über Fragen der politischen Gesprächskultur nachzudenken, an der auch Langbehn teilhatte. Dass er bereits vor dem Krieg hinreichend enttäuscht, alarmiert, ja entsetzt über die zeitgenössischen Entwicklungen innerhalb Deutschlands gewesen sein konnte, darf biographisch als gesichert gelten. Vertrat er zunächst das Recht und kämpfte für Gerechtigkeit, so stand ihm nach wenigen Jahren die verbrecherische Natur des unmenschlichen Regimes vor Augen. Das Jahr 1938 markiert hier einen wichtigen Punkt: Der rassenideologische Wahn der Nationalsozialisten entlud sich in den November-Pogromen, in denen die deutschen Juden den anderen Deutschen öffentlich als das Leben vorgeführt wurde, das es zu vertreiben, wenn nicht zu vernichten galt. Unter ihnen war ja auch Langbehns alter Lehrer Pringsheim; seine Festnahme hat die menschliche Seite in der kritischen Haltung gegenüber dem Nationalsozialismus in den Vordergrund gestellt und mit dazu beigetragen, dass der juristische, in diesem Sinne legale Widerstand gegen das Unrecht in einen politischen Widerstand gegen das Verderben überging. Aus dem engagierten Juristen Langbehn, der sich für Verfolgte des NS-Regimes einsetzte, wurde ein politischer Verteidiger der deutschen Nation und ihres moralischen Anspruchs. Es war dieser nationalkonservative Gestus in Form einer Sorge um Deutschland, die Langbehn an Popitz in Reinkultur studieren und in die eigene politische Identität aufnehmen konnte.

Staatsmetaphysik: Langbehn und Popitz

Popitz war ein Repräsentant des klassischen Bildungsbürgertums wie aus dem Bilderbuch und mit allen Attributen versehen, die diese Stellung erwarten lassen. Seine Herkunft aus einer Beamten- und Gelehrtenfamilie hatte ihn in einen Staatsdienst geführt, der für Popitz zur Lebensaufgabe wurde. Harald Poelchau, der zuständige Gefängnispfarrer in der Tegeler Haftzeit, beschrieb ihn nach dem Krieg als einen der »differenziertesten und gebildetsten Menschen«, denen er je begegnet sei.[129] Auf vielen unterschiedlichen Gebieten des geistig-kulturellen Lebens zuhause, war Popitz von Beginn an ein Kind des deutschen Konservatismus seiner Zeit; seine Ethik gründete nicht im Individualismus moralischer Ansichten, sondern in der universalen Idee eines Staates, im Allgemeinen also, aus dem die Ordnung für die einzelnen und konkreten Erscheinungsformen des Lebens abzuleiten war. Wenn strukturelle Vielfalt legitim war, dann nur unter der Idee einer Einheit, die im Staatsgebilde ihren höchsten Ausdruck finden musste.

Diesem Kriterium konnte die Weimarer Republik für Popitz nicht entsprechen. Er begriff sie als Niedergang des deutschen Volkes und seiner geschichtlich erreichten Institutionen. Sofern er eine Ontologie der Werte hatte, die ihren ersten und letzten Bezugspunkt in einem politischen Denken fand, war dieses politische Denken von gänzlich anderer Natur als dasjenige der meisten seiner demokratischen Zeitgenossen. Politik begriff Popitz als Gestaltung einer aus der Höhe der Idealität herabgestiegenen Staatsidee, die vorschrieb, was menschliche Politik sein und nicht sein durfte. In diesem Verständnis hat Popitz sein Deutschland gegen die realpolitischen Entwicklungen seiner Zeit verteidigen wollen, erst gegen die Weimarer Republik im Verbund mit der neuen Bewegung des Nationalsozialismus, dann gegen Hitler im Verbund mit anderen Nationalkonservativen.

In den 1920er Jahren war Popitz aber auch die »unbestrittene Autorität der deutschen Finanzpolitik«.[130] Seinem politischen Konservatismus stand wissenschaftliche und verwaltungstechnische Expertise zur Seite, die ihn bis in hohe Staatsämter führte; er wurde schnell Staatssekretär und war später preußischer Finanzminister unter Hermann Göring. Mit dem Nationalsozialismus verband er vor allem die Hoffnung auf Überwindung dessen, was er die *Polykratie* der Weimarer Republik nannte: die unheilvolle Fragmentierung des politischen, wirtschaftlichen und öffentlichen Lebens und die dadurch mögliche Vielzahl selbständiger Machtzentren mit ihren interessenpolitischen Motiven.[131] In den Jahren um 1930 war Popitz sich mit Carl Schmitt, dem er für einige Zeit auch privat verbunden war und der Popitz später eine *Schlüsselfigur* im Krisenmanagement jener Jahre nannte, über die Notwendigkeit eines starken Staates einig, der als ›totaler Staat‹, wie Schmitt ihn zeichnete, auch eine Antwort auf die Wirtschaftsnot sein sollte.[132] Im Laufe der nationalsozialistischen Herrschaft musste Popitz aber erkennen, dass der totale Staat des NS-Regimes nicht mehr viel mit seinem eigenen Ideal zu tun hatte.

Insbesondere die Judenverfolgung kollidierte stark mit seinen ethischen Überzeugungen. Die Pogrome im November 1938 könnten zur forcierten Abwendung vom Nationalsozialismus beigetragen haben.[133] Soweit es möglich ist, den Eintritt in den Widerstand zeitlich einigermaßen genau zu bestimmen, können wir davon ausgehen, dass Popitz sich seit etwa 1938 in einen überzeugten und tatbereiten Oppositionellen wandelte.[134]

Die Geschichte dieser Wandlung ist unmittelbar mit der Mittwochs-Gesellschaft verbunden. Bei dieser Gesellschaft handelte es sich um eine der elitärsten geistigen Institutionen jener Zeit. Sie bestand aus sechzehn Mitgliedern und rekrutierte sich aus den Spitzen der Gesellschaft, insbesondere Wissenschaft und Politik. Wer zum Mitglied berufen wurde, den ereilte eine hohe Auszeichnung im damaligen kulturellen Leben Deutschlands. Die Liste der Mitglieder ist entsprechend prominent; unter anderem gehörten Wolfgang Schadewaldt, Ferdinand Sauerbruch, Eduard Spranger und Werner Heisenberg der Mittwochs-Gesellschaft an – allesamt herausragende Vertreter ihrer Zunft. In den 1930er Jahren war es Popitz, der die Entwicklung dieses Herrenklubs maßgeblich prägte. Die Namen, die man heute der Widerstandsgruppe um Popitz zurechnet oder mit ihr assoziiert, sind vielfach zugleich die Namen von Mitgliedern der Mittwochs-Gesellschaft, etwa Ulrich von Hassell, Ludwig Beck, Carl Goerdeler und Jens Jessen.

Die Versammlungen selbst gerieten allerdings nicht zu konspirativen Treffen einer etwa politisch homogenen Gruppe konservativer Verschwörer. Kam man zusammen, so folgte man dem Vortrag eines Klubmitglieds und diskutierte anschließend, ohne dass man selbst bei politischen Themen in eine Kritik des »Führers« verfiel. Die Mittwochs-Gesellschaft war nach heutiger Auffassung somit auch keine Keimzelle des konservativen Widerstandes.[135]

Anders dagegen sah es Kaltenbrunner, Chef der Sicherheitspolizei, im August 1944. Popitz habe die Mittwochs-Gesellschaft in den Vernehmungen zwar als einen »*exklusiven Kreis von Wissenschaftlern*« gekennzeichnet, die zum Kenntnis- und Erfahrungsaustausch zusammengekommen seien, aber tatsächlich stelle sie sich zunehmend als ein »*Kristallisationspunkt* dar, in dem sich Persönlichkeiten *defaitistischer und dem Nationalsozialismus feindlicher Haltung* zusammenfanden und sich gegenseitig in ihrer Auffassung bestärkten«.[136] Kaltenbrunner entwickelte diese Auffassung vor allem unter dem Eindruck der Aussagen, die von Hassell in seiner Haft über Inhalte von Gesprächen zwischen einigen der Mitglieder machte. Aus diesen Aussagen geht allerdings nicht hervor, dass man die Mittwochs-Gesellschaft (im Sinne einer Institution überhaupt) als Hort regimekritischer Persönlichkeiten verstehen kann. Sie qualifizieren lediglich den vertraulichen Umgang einiger ihrer Mitglieder, die in ihrer kritischen Haltung eine gemeinsame Mitte formulieren konnten. Aus diesem Grunde ist es sinnvoller, in der Mittwochs-Gesellschaft einen Klub zu sehen, der unter der Regie von Popitz zu einer intellektuellen Trutzburg eines Staatsverständnisses wurde, aus dem jene, die zum Widerstand bereit waren, ihr politisches Selbstverständnis als Gegner des NS-Regimes beziehen konnten. Wer anderes im Sinne hatte, musste sich durch die Vortrags- und Diskussionspraxis nicht notwendig ausgeschlossen fühlen.

Langbehn war kein Mitglied der Mittwochs-Gesellschaft, aber er bewegte sich in ihrem Um- und Dunstkreis.[137] Popitz, zu dem sich in den Jahren bis September 1943 ein inniges Verhältnis aufbaute, hielt er für den »geistig führenden Zivilisten« des 20. Jahrhunderts, dem Militär Beck brachte er große Bewunderung entgegen.[138] Im Verlaufe des Krieges kam Langbehn mit Männern wie Jessen und von Hassell sehr häufig auch privat zusammen. Dass sein eigenes politisches Selbstverständnis durch einen frühen Einfluss von Popitz seit 1938/39 wesentlich mitgeprägt worden ist, bleibt wahrscheinlich, und dass er seit dem ersten Treffen mit ihm alle Möglichkeiten hatte, sich an dem ›Staatsphilosophen‹ gedanklich zu schulen, steht außer Frage. Popitz war ein Geist, der sich in sein eigenes Reich der Vernunft zurückziehen konnte, um dort seinen Ehrenkodex zu formulieren. In Langbehn fand er einen Mitstreiter, der keine ganze politische Philosophie vertrat und in seiner pragmatischen Anlage eine hervorragende Ergänzung zu seiner eigenen Wesensnatur darstellte.[139] Nicht zuletzt der große Schaffens- und Handlungswille Langbehns brachte in den Kreis um Popitz die für den konkreten Widerstand notwendigen Impulse, eine bestimmte Form von Lebendigkeit, am Ende aber auch eine Mitverantwortung für das Scheitern. Die Voraussetzung für all das waren gemeinsame politische Grundüberzeugungen, die es Langbehn erlaubten, sich in dieser Frage an Popitz zu orientieren. Doch Popitz war nicht der einzige, der am Ende der 1930er Jahre in sein Leben trat und in den folgenden Jahren präsent blieb. Die zweite Gestalt, für die das in bestimmter Hinsicht nicht weniger gilt, war Himmler.

»Man muß den Teufel kennen«: Langbehn und Himmler

Die Angaben darüber, wann Langbehn das erste Mal auf Himmler traf, weichen voneinander ab. Im Jahre 1938, vielleicht aber auch schon 1936, ergab sich für Carl und Irmgard die Gelegenheit, den Reichsführer-SS persönlich kennenzulernen. Die älteste Tochter Elke war in derselben Schulklasse wie Himmlers Tochter Gudrun. Im August 1938 oder 1936 war sie zum Geburtstag ihrer Klassenkameradin eingeladen.[140] Als die Langbehns ihre Tochter bei den Himmlers absetzten, trafen sie auf Margarete Himmler, die sie auf die Anwesenheit ihres Mannes hinwies und beide zu einem Tee ins Haus einlud. »Man muß den Teufel kennen«, erzählte Carl später seinen Nachbarn, den Bielenbergs, und so traten die Langbehns ein.[141]

Was sich dann ereignete, zeigt wie kaum eine andere Begebenheit im Leben des Verteidigers, wie man sich diesen Menschen und seine Beziehung zu Himmler vorstellen muss. Der Gast nutzte diese Gelegenheit, um dem höchsten Polizisten des Reiches aus seinem Leben als Rechtsanwalt zu berichten, und ging dabei soweit, dass er Himmler nahezu ohne jede Zurückhaltung mit dem Unrecht konfrontierte, das politisch verfolgte Menschen in diesen Tagen zu ertragen hatten. »H. war eine so offene Sprache nicht gewohnt«, schilderte Irmgard später die Situation, »und bekam einen roten Kopf. Als C.L. geendet hatte, antwortete H.: ›Sollte das, was Sie vortragen, wirklich stimmen, so lasse ich die Betreffenden umlegen.‹ C.L. antwortete: ›Dazu haben Sie gar kein Recht, Herr Reichsführer. Wir haben in Deutschland ordentliche Gerichte. Der zuständige Richter hat die Schuldigen zu richten, nicht Sie.‹«[142] – Ein Berliner Rechtsanwalt, der den Reichsführer-SS über seine Befugnisse aufklärt? Man schrieb ihm ja später eine ungewöhnliche Furchtlosigkeit zu, aber die geschilderte Szene erinnert eher an ein außergewöhnliches Maß von Leicht-, wenn nicht Irrsinn. Doch aus irgendeinem Grunde machte er sich nicht unmöglich. Himmler entschied sich, das Gespräch mit dem Rechtsanwalt zu verlängern. Die Gäste wurden zum Abendessen eingeladen, das von den Themen des Nachmittags beherrscht blieb.[143]

Die Frage, welche Wirkung das lange Gespräch dieses Tages bei Himmler hinterließ, kann kaum beantwortet werden. Zumindest führte es dazu, dass Langbehn seit spätestens August 1938 beruflich einen persönlichen Zugang zu Himmler hatte. Bemerkenswert ist allerdings auch, dass es wenige Monate später zu einem erneuten Treffen in privater Sphäre gekommen ist. Denn nach den Pogromen war Himmler bei den Langbehns in Dahlem zu Gast; anwesend war auch der Vetter Haverbeck. Das bestimmende Thema waren nun die November-Ereignisse, die in den Augen von Langbehn und Haverbeck eine Katastrophe bedeuteten. Waren die Berichte im August an einen Menschen gerichtet, der für die geschilderten Fälle zumindest nicht unmittelbar verantwortlich gemacht werden konnte, so stellte der öffentliche, von höchsten Stellen dirigierte Ausbruch der Hatz gegen Juden einen Vorfall dar, der für Langbehn und seinen Vetter vom Reichsführer-SS hätte verhindert werden müssen. Beide stellten den Gast angeblich »aufs schärfste zur Rede« und zwangen Himmler regelrecht, seine Unschuld zu beteuern. »Himmler verteidigte sich damit«, so Irmgard, »daß er in einem Bade gewesen sei und am nächsten Morgen davon verständigt worden sei. Goebbels habe dies mit seiner SA unternommen. Im Übrigen fügte er hinzu – und das war für Himmler charakteristisch – ›Jetzt verlassen ja die Juden endlich Deutschland. Bisher konnten sie sich nicht entschließen.‹«[144]

Wie Carl und Edgar darauf reagiert haben, ist nicht überliefert. Ist es schon erstaunlich genug, dass sie den Reichsführer-SS in eine Rechtfertigungssituation gebracht haben sollen, so fällt es umso schwerer, Himmler in ein längeres, defensiv geführtes Gespräch verwickelt zu sehen. Aber Langbehn war es zu diesem Zeitpunkt offenbar möglich, ihm ein Stück weit die Stirn zu bieten. Der Verteidiger konnte bei Himmler also etwas bewirken – eine prägende Erfahrung.

Die Begegnungen zwischen Langbehn und Himmler erfordern zwei grundsätzlich unterschiedliche Beschreibungsebenen. Zum einen war Himmler nun ein engagierter Könner bekannt, den er in den folgenden Jahren in seinem Umfeld hielt. Die Beziehung zwischen den beiden war durch Treffen im Privaten begründet, aber sie zog schnell weite Kreise und gipfelte darin, dass Langbehn Jahre später mit Sonderaufträgen Himmlers ausgestattet wurde. Aus Himmlers Sicht war Langbehn ein eigenwilliger Rechtsanwalt, aber als Mensch, den er im familiären Kreis kennengelernt hatte, stand ihm jetzt jemand zur Verfügung, den er für seine eigene Sache einzusetzen suchte. Betrachtet man also das Verhältnis beider aus der Perspektive Himmlers, so wird man Langbehn als eine kritisch gegenüber der Judenverfolgung eingestellte, gleichwohl im Dienste der Nation stehende Figur erkennen, die Himmler sicherlich mit aller gebührenden Vorsicht beobachtete.

Zum anderen war Langbehn jetzt eine der wichtigsten Führungsfiguren im Dritten Reich persönlich bekannt. Das Verhältnis von seinem Standpunkt aus zu beschreiben, ist ungleich schwieriger. Denn anders als im Falle Himmlers, der im historischen Gedächtnis existiert und vor dem Hintergrund des Wissens beschrieben werden kann, das wir heute von ihm haben, ist die Beschreibung Langbehns von Annahmen abhängig, über seine Stellung gegenüber Himmler und den Nationalsozialismus nicht weniger als über die Anfänge seines Widerstandes.

Wer den Zeitraum der Begegnung mit Popitz auf die Jahre zwischen 1940 und 1942 festlegt, könnte die Begegnung mit Himmler nach der Chronologie der Ereignisse werten und die Auffassung vertreten, dass Langbehn zwar zum Gegner *Hitlers* wurde, durch die Beziehung zu Himmler aber keine eindeutige

Distanz zum Nationalsozialismus fand und seinen späteren Widerstand deshalb vielleicht sogar in einem *Doppelspiel* zwischen Himmler und Popitz betrieb.[145] Bewertet man die Beziehung von Langbehn und Himmler dagegen auf der Grundlage einer anderen Chronologie der Ereignisse, so steht kein Doppelspiel, sondern das Spiel mit den Nationalsozialisten im Mittelpunkt. Eine andere Chronologie freilich stellt sich ein, wenn man vor dem Hintergrund der geschilderten biographischen Verhältnisse davon ausgeht, dass Langbehn gegen Ende der 1930er Jahre eine durch und durch kritische Haltung gegenüber dem Regime eingenommen hatte und »längst vor dem Krieg schon zur entschiedenen Opposition gehörte«.[146]

Unter dieser Voraussetzung wären die Begegnungen mit Himmler in der zweiten Hälfte der 1930er Jahre nicht nur der Beginn eines Zeitraums, in dem Langbehn durch seinen Kontakt zu Himmler den Opfern des Regimes noch besser helfen konnte. Sie wären auch der Beginn einer Zeit, in der Langbehn die Form seines politischen Widerstandes unter sehr ungewöhnlichen Voraussetzungen entwickelte. Aus der Sicht Langbehns wäre Himmler, diese »Karikatur eines Dorfschullehrers«[147], dann die Figur gewesen, über die er seinen Widerstandsgeist formte, zunächst noch ungerichtet, einige Jahre später jedoch mit der konkreten Idee, Himmler und seine SS für den Umsturz und die Beseitigung Hitlers einzusetzen.

Frei für den Widerstand

Als Langbehn am 3. Oktober 1944 gemeinsam mit Popitz vor Freisler stand, wurde seine Mittäterschaft entlang der Vorfälle verhandelt, die man nunmehr zum 26. August 1943 erzählen konnte. In seiner Rolle war er wesentlich auf den Mittelsmann festgeschrieben, der das Gespräch zwischen Popitz und Himmler in die Wege leitete. In dieser Perspektive war man damit zufrieden, die Anfänge seines Widerstandes auf den Winter 1941/42 datieren zu können. Doch eine solche Ansicht ist geschichtslos. Sie zeigt, und das zu erwarten wäre naiv, keinen Sinn für den Menschen und seinen Weg in den Widerstand. Hier stand im Grunde genommen kein Mensch mehr, weil hier keine Geschichte mehr stand. Die Folter in den Wochen zuvor hatte aus diesem Mann einen Schatten seiner selbst gemacht; sie hatte die körperlichen Qualen in seine Haltung geschrieben, in das Gesicht, das jetzt gezeichnet war und nur noch schwer als das fröhliche gedacht werden kann, von dem man aus früheren Zeiten berichtete. Er war in Erwartung eines Todesurteils und musste damit rechnen, relativ bald, vielleicht sogar unmittelbar nach der Urteilsverkündung, hingerichtet zu werden. Jede Würde war ihm genommen worden. Die technische Erzählung, die man brauchte, um ihn an den Galgen zu bringen, trug dazu bei.

Natürlich hatte der Präsident des Volksgerichtshofes nicht die Aufgabe, die ihm vorgeführten Angeklagten in seiner Urteilsbegründung biographisch verstehbar zu machen und ihren Weg in den Widerstand auf differenzierte Art und Weise nachzuzeichnen. Aber wer das anstrebt, hat gute Gründe, sich von den dort gelieferten Szenen eines Lebens frei zu machen, auch wenn nicht alle in den Akten enthaltenen Informationen damit gleich wertlos sein müssen. Die Anfänge im Widerstand, die Carl Langbehn betreffen, müssen jedenfalls auch und vor allem jenseits der Entwicklungen zu Sprache kommen, die den 26. August 1943 betreffen.

Wir haben gute Gründe, diese Anfänge in die Jahre 1938/39 zu legen, eine Zeit, in der sich persönliche Beziehungen herausbildeten und man sich als Mitglied einer geistesverwandten Schar von Gegnern des Hitler-Regimes verstehen konnte. Milieubildung kann man das, soziologisch wertneutral, nennen. So mancher hochfliegende Plan mochte schon zu diesem Zeitpunkt die Runde gemacht haben. Aber im Leben von Langbehn ist diese Zeit aus einem anderen Grund von Bedeutung. Denn der Verteidiger durchlief in bestimmter Hinsicht die Politisierung seiner nationalkonservativen Einstellung, die sich jetzt unter dem Eindruck der politischen Ereignisse und unter den Bedingungen seines Milieus systemkritisch wendete.

Die Herausforderung, der wir uns dabei gegenübersehen, besteht darin, dass Langbehn hier ein scheinbar undurchschaubares Netz von Beziehungen herausgebildet hat, die es uns so schwer machen, seine Anfänge im Widerstand eindeutig zu verstehen. Der Sitz im Widerstand nämlich, der durch die Verbindungen zu Popitz und anderen bestimmt ist, droht bei Langbehn immer und immer wieder durch seine Beziehung zu Himmler aufgehoben zu werden. Der Anfang im Widerstand beginnt für den skeptischen Beobachter deshalb erst dort, wo die Vorgeschichte zum 26. August ihren nicht mehr zweifelhaften Anfang nimmt. Das komplexe soziale Geflecht der Zeit ab 1938/39 muss uns aber nicht in solche Verzögerung führen, wenn wir nur bereit sind, es angemessen zu beschreiben. Zwischen Popitz und Himmler stand Langbehn, keine Frage, aber das führte ihn in keinen moralisch unaushaltbaren Widerspruch, sondern in eine besondere, herausfordernde Stellung.

Unter dem Eindruck der Gegenwart von Popitz und anderen entwickelte er das Selbstverständnis eines der deutschen Nation verpflichteten Oppositionellen. In diesem Milieu war das vorrangige Problem die Person Hitler. Mit Popitz fürchtete Langbehn um sein Land, um die Nation, die es gegen Hitler zu verteidigen galt. In dieser Verteidigung konnte der Rechtsanwalt Langbehn aber ein Spiel beginnen, das Popitz selbst nicht möglich war. Denn mit Himmler kannte Langbehn jemanden, den er zunächst für die Rettung einzelner Menschen nutzte und später dann in die Verteidigung der Nation hineindachte. Die Anfänge im Widerstand in Gegenwart Himmlers sind deshalb vielleicht irritierend, aber

Carl Langbehn im Jahre 1938

im Ganzen der Geschichte eben nur die Voraussetzung dafür, dass der Kreis um Popitz sich später für Optionen öffnen konnte, die auf ungewöhnliche Art mit Himmler zu tun hatten. Langbehn machte in den ersten Jahren die Grunderfahrung, dass er Himmler in sein Spiel einbeziehen konnte und dabei sehr erfolgreich war. Die später aufkommende Idee einer mit Himmlers Hilfe vorgenommenen Absetzung Hitlers war dann im Grunde genommen nur die konsequente politische Ausdehnung dieses Prinzips in den Widerstand.

Die systemkritische Politisierung seiner im weiten Sinne nationalkonservativen Einstellung in den Anfängen des Widerstandes seit 1938/39 unter der Bedingung der Bekanntschaft mit Himmler stellt dabei keinen Widerspruch dar. Schließlich begegnete Langbehn Himmler von Beginn an mit offener Kritik an bestimmten Zuständen im Reich und vor allem mit der Absicht, diesen Kontakt für den juristischen Kampf gegen das Regime zu instrumentalisieren.

Das hört sich natürlich sehr souverän an. Was aber ist mit der menschlichen Seite? Und welchen Charakter hat das Verhältnis unter moralischen Gesichtspunkten? Die erste Frage geht in der zweiten nicht auf.

Neben dem Juristen, der seine beruflichen Möglichkeiten durch den Kontakt zu Himmler erweitern konnte, existierte immer noch der Mensch, der nur allzu menschlich in seiner Situation stand. Da kannte man nun einen der wichtigsten

Männer des Reiches! Auch auf »Verbrecher« kann man neugierig sein. Jene Jahre waren Schicksalsjahre; die Gespräche mit Himmler waren Gespräche im Vorzimmer der Macht, von der sie abhingen. Solange noch nicht alle Hoffnung auf ein gutes Ende verloren war, konnte man nicht wenig fasziniert auf Himmler schauen und aus der Nähe einen erhebenden Blick auf Weltgeschichte werfen. Wie Langbehn diesen Blick erlebte und was dieser mit ihm machte – in welchem Ausmaß er ein Opfer menschlicher Regungen wurde, die man hat, auch wenn man sie nicht will, wird sein Geheimnis bleiben.

Was will, was kann man sagen über die Moral in Zeiten des Nationalsozialismus? Was war denn moralische Pflicht in diesen Jahren? Und welche schöne Ethik möchte man hier anwenden? Ohne Zweifel, die Deutschen haben moralisch versagt, weil sie eine mörderische Diktatur nicht verhinderten. Aber wie kommt man von den Höhen dieser moralischen Vorhaltung, in der man sich gefallen kann, herunter in ein Verständnis der konkreten Situationen, in denen moralisch hätte gehandelt werden müssen? Dieses ›Müssen‹ will Gesetz sein, aber als ein moralisches ist es nur ein ›Sollen‹, dem Menschen nun einmal nicht notwendig folgen. Wer nicht zu insistieren aufhört, dass diejenigen damals sich dennoch hätten anders verhalten müssen, wiederholt das nur, wenngleich ohne anthropologischen Sinn und Verstand. Man lernt über das moralische Versagen im Nationalsozialismus nicht viel, wenn man nur darüber nachdenkt, wie man von moralischen Prinzipien, die man für die richtigen hält, zu Aussagen darüber kommt, was die Menschen damals hätten tun müssen. Jenseits solcher Exerzitien der beflissenen Vernunft wird es ehrlicher und moralisch aufschlussreicher, wenn wir nach den Gründen des Versagens selbst fragen und auf diese Weise an die Grenzen der Moral geführt werden, dorthin, wo sie sich als die korrumpierbare Moral zeigt. Dann hat sie mitunter zugelassen, dass sich Ideologien in ihre Grammatik hineinfressen und zu Prinzipien aller moralischen Urteile werden. Politische Systeme sind totalitär, wenn dies geschehen ist. Die pervertierte Moral folgt dann Grundsätzen, die in ihrer Selbstverständlichkeit den unhinterfragten moralischen Horizont bilden, in dem wir stehen. Ihre ganze perfide Natur besteht bekanntlich darin, dass sie auf diese Weise dasselbe überzeugende Maß an logischer Konsistenz und wohltuender Kohärenz entwickelt, das auch jene für sich in Anspruch nehmen, die auf dem Boden einer noch nicht korrumpierten Moral argumentieren. Wenn die Deutschen moralisch versagten – und dies auszuführen, ist Teil einer Beschreibung und nicht normative Argumentation –, dann auch und vor allem deshalb, weil sie diese Ideologisierung der Moral mit ihren politischen und weltanschaulichen Prinzipien in der Masse mittrugen und sich nicht dagegen wehrten, dass solches Denken den öffentlichen Raum übernahm. Die pervertierte Moral war hier zugleich die politisierte Moral, insofern sie das Prinzip der Achtung, in dem Gesellschaften normalerweise eine wesentliche moralische Grundlage haben, aus diesem Raum verbannte und durch politisch und weltanschaulich motivierte menschenverachtende Prinzipien ersetzte.

Nicht jeder fiel dem zum Opfer, nicht alle waren beseelt oder eingenommen von der neuen Mechanik. Langbehn konnte sich vor ihr schützen, weil er jene Prinzipien ablehnte und sich deshalb weiterhin von seinem Gefühl für Recht und Gerechtigkeit leiten lassen konnte. Dieses Gefühl war in eine christliche Ethik eingebettet, aus der er die Kraft für die Umsetzung seiner Überzeugungen schöpfte. Warum aber war er dann scheinbar gewissenlos genug, jemanden wie Heinrich Himmler in seiner sozialen Welt zu dulden? Warum wendete er sich nicht ebenso angewidert wie peinlich belustigt von dieser Gestalt ab, nachdem er das Privileg hatte, die dafür notwendigen Erfahrungen zu machen?

Man muss nicht ratlos vor dieser Frage stehen, denn wer mit Himmler verkehrte, musste entweder keine andere Wahl oder gute Gründe haben. Langbehn hatte eher gute Gründe. Wollte er auch nach der ersten Begegnung der konsequente und radikale Verteidiger von Recht und Gerechtigkeit bleiben, so bestanden diese Gründe darin, dafür auch seinen Kontakt zu Himmler zu nutzen. Das Gewissen durfte sich damit beruhigen, den moralisch verwerflichen Umgang mit einem »Verbrecher« mit höheren Zwecken rechtfertigen zu können. Der Primat der Verteidigung kann hier deshalb in einer Weise geltend gemacht werden, dass er die Beziehung zu Himmler verstehbar macht. Wer den Parteibeitritt 1933 mit berufsbedingter Notwendigkeit erklärt, wird sagen, dass die persönliche Begegnung mit dem Reichsführer-SS den nochmaligen, nunmehr sehr persönlichen Eintritt erforderte, um die Dazugehörigkeit unter den neuen Bedingungen in all ihren Möglichkeiten auszuschöpfen. In der Tat muss man den Menschen auch und gerade in seinem Verhältnis zu Himmler im Lichte seiner Struktur als Verteidiger betrachten, ohne die man zu keinem hinreichenden Verständnis dieses Verhältnisses kommt. Es war strategisch angelegt und bot die fortwährende Option zur taktischen Variante.

Der Verteidiger konnte nicht nur, sondern musste auch über vieles hinwegsehen, was in zwischenmenschlichen Beziehungen normalerweise von Gewicht ist. Eine gewisse Aura der Leichtigkeit sollte man gleichwohl nicht übersehen. Langbehn war ein gnadenlos begabter Tänzer auf dem Parkett der damaligen Zeit, der auch Himmler etwas zu bieten hatte. Hier war kein vom eigenen Gewissen gepeinigter Schauspieler unterwegs, der abends in die Depression verfiel, sondern eine pragmatische Vernunft, die an einer Stelle sogar auf Himmler zugehen ließ und eine moralische Dimension anspielte, die beim Reichsführer-SS keinen Zweifel an der Integrität des Rechtsanwalts aufkommen ließ. Das war die moralische Verpflichtung gegenüber Deutschland. Die Sprache biegt sich in solcher Rede, aber sie bricht nicht, solange man sie im Geist der Zeit versteht. Wir müssen hier von Moral sprechen dürfen, denn wer sich das nicht traut, bleibt dem damaligen Denken äußerlich. Im Unterschied zu Himmler vertrat Langbehn keinen extremen Nationalismus, aber seine nationalkonservative Haltung war ausgeprägt genug, um eine moralische Verpflichtung gegenüber dem eigenen Land zu empfinden und diese zum Movens politischen Handelns zu machen. In seiner politischen Moral unterschied er sich von Himmler jedoch dort, wo er sich nicht ideologisch korrumpieren ließ und damit frei zum Widerstand war.

Kapitel 5

Offen unter Nationalkonservativen

Die Zeit bis zum Tag der Verhaftung von Langbehn im September 1943 ist eine Zeit der Steigerung. Auch während des Krieges blieb er ein Verteidiger von politisch und rassisch verfolgten Menschen. Dieses Engagement wurde zwar zwischenzeitlich durch Heydrich empfindlich eingeschränkt, sofern ja der Gestapo-Chef in seinem Erlass vom Februar 1941 dafür gesorgt hatte, dass der Rechtsanwalt zunächst außer Gefecht gesetzt wurde. Nachdem ihn Himmler Anfang 1942 mit Sonderaufträgen ausgestattet hatte, war er jedoch wieder beweglicher und darüber hinaus häufiger im Ausland unterwegs.

Im Verlaufe dieses Jahres reiften bei Langbehn Gedankenspiele heran, in denen Himmler eine Figur in der Regie des Widerstandes werden sollte. Diese Gedankenspiele sind unterschiedlich bezeichnet worden, unter anderem als »Langbehnpläne« und »Himmler-Option«.[148] Was sich mit diesen Plänen steigerte, war das Spiel, das Langbehn schon seit Jahren mit dem NS-Regime spielte, bisher allerdings vornehmlich als Rechtsanwalt, der Menschen half. Im Winter 1941/42 steigerte sich dieses Spiel zu einem Spiel des Verteidigers, der nunmehr seinem Land zu helfen suchte. Hitler mit Hilfe von Himmler und seiner SS zu beseitigen – das war jedoch auch ein Spiel, dessen Regeln erst noch zu erfinden waren. Weil nicht Langbehn, sondern Popitz eine zentrale Figur im konservativen Lager war, Popitz die Ideen von Langbehn jedoch aufgriff und am 26. August 1943 mit Himmler ein entsprechendes Vier-Augen-Gespräch führte – während Langbehn in einem Raum nebenan mit Wolff sprach –, werden diese Vorgänge in der Breite der Literatur nicht weniger mit Popitz als mit dem Mann der zweiten Reihe in Verbindung gebracht. Beide werden aber auch häufig in einem Atemzug genannt, sprachlich verdichtet bis hin zur Rede von einer »Langbehn-Popitz-Initiative«.[149] Ohne Popitz wäre die Idee Langbehns, die »Himmler-Option«, zweifellos in keinen konkreten Plan ausgewachsen, ohne Langbehn aber wäre dieser Plan wahrscheinlich niemals aufgekommen.

Ob der 26. August 1943 ein »wahrhaft historisches Datum für die Widerstandsbewegung« ist, bleibe dahingestellt.[150] Für die Entwicklung des Widerstandes auf Seiten des konservativen Flügels bedeutete dieses Datum aber einen entscheidenden Wendepunkt. Denn Himmler blieb im und nach dem Gespräch zurückhaltend, und nachdem Langbehn nach einer weiteren Sondierung im Ausland kurze Zeit später festgenommen wurde, waren Popitz und seine Mitstreiter für die anderen Gruppen bedeutungslos. Das Scheitern der »Langbehn-Popitz-Initiative« markiert, so gesehen, das Ende des nationalkonservativen Widerstandes, dem sich die neuen Entwicklungen in der Gruppe um Stauffenberg anschlossen. Das bedeutet im übrigen nicht, dass Stauffenberg und die anderen Militärs keine Überzeugungen vertraten, die man grosso modo als nationalkonservativ bezeichnen könnte. Gewiss, das taten sie, wie natürlich auch viele derjenigen, die man heute dem Kreisauer Kreis zurechnet. Dem Ausdruck ›nationalkonservativ‹, semantisch flexibel und notorisch problematisch, muss man sich in seiner möglichen Bedeutung für einen Vertreter des Widerstandes wie Carl Langbehn deshalb weiterhin annähern.

Im Kreis um Popitz

Der deutsche Widerstand war eine in unterschiedliche Kreise zersplitterte ›Bewegung‹, die selbst in diesen Kreisen noch Bewegung zeigt. Nicht immer ist klar, wie wir diese Kreise in ihrer sozialen Struktur denken müssen. Wer stand im Mittelpunkt, und für wen war das der Fall, d. h., wer war dieser Auffassung? Diese Fragen müssen wir vor allem mit Blick auf die Konservativen stellen. Unter ihnen treffen wir auf Vertreter wie Carl Goerdeler, Johannes Popitz, Ulrich von Hassell, Ludwig Beck und Jens Jessen. In den Widerstand gegen Hitler traten sie, weil sie mitansehen mussten, wie Hitler ihre deutsche Nation in den Krieg und den befürchteten Untergang trieb. Aber wer war hier die zentrale Figur? Man kann diese Frage kaum allgemein beantworten, auch wenn die historischen Abhandlungen zum Thema in der Regel Goerdeler oder Popitz nennen. Es wäre sinnlos, hier eine letzte Entscheidung zu treffen, weil die Bewertung der Stellung im Widerstand anscheinend maßgeblich von den Ereignissen abhängt, mit denen man sich vornehmlich beschäftigt.

Gleichwohl müssen wir hier für mehr Differenz sorgen. Denn obwohl Goerdeler und Popitz über einen bestimmten Zeitraum Kontakt hielten und sich abstimmten, bildete sich insbesondere um Popitz ein Kreis heraus, zu dem wir Goerdeler nicht hinzuzählen können. Unter den Konservativen ist deshalb eine Gruppe auszumachen, die nicht mit den Konservativen im Widerstand überhaupt verwechselt werden darf. In dieser Gruppe stand nun aber Popitz durchaus im Mittelpunkt. Möchte man hier wiederum von einem Kreis um Popitz sprechen, so sind es vor allem Jessen, Planck, von Hassell und Langbehn, die ihn im Kern bildeten und dabei doch nicht darauf reduziert werden dürfen.

Eine solche Binnendifferenzierung innerhalb der Konservativen ist gerade in einer politischen Biographie über Langbehn gerechtfertigt, der Popitz, wie gesehen, für den *geistig führenden Zivilisten* der Widerstandsbewegung hielt.

Aus seiner Sicht stand Popitz deshalb ganz gewiss im Mittelpunkt derjenigen Gruppe, die für ihn soziale Wirklichkeit und allgemeine politische Richtung war.

Die biographische Zuspitzung darf aber hier nicht enden, weil es zu einfach wäre, den Kreis um Popitz als seine letzte Wirklichkeit im sozialen Horizont des Widerstandes zu verstehen. Wie für andere, so gilt auch für Langbehn, dass er kein Vereins- oder Klubmitglied war, dem der Umgang mit anderen Personen gar nicht erst in den Sinn kam. Im Gegenteil, Langbehn war nach vielen Seiten offen und mit noch mehr Menschen im Gespräch. Einer davon war Adam von Trott zu Solz, den wir heute als einen der führenden Vertreter des Kreisauer Kreises kennen. Um so interessanter ist es, dass er früher mit dem Kreis um Popitz in Verbindung gebracht wurde, kurz nach dem Krieg etwa von Marie-Louise Sarre.[151]

Langbehn lernte von Trott über die Bielenbergs kennen. Er ist eine der faszinierendsten Figuren im Widerstand. Sein Leben war das eines Weltreisenden, der unzählige Kontakte im Ausland hatte und sie durch seine Arbeit im Auswärtigen Amt auch in besonderer Weise nutzen konnte. Carl, seit den frühen 1930er Jahren selbst ein weitgereister Mann, konnte daran Gefallen finden. Darüber hinaus bestach von Trott durch seine politische Offenheit, die ihm die Auseinandersetzung mit unterschiedlichen, auch stark abweichenden Positionen erlaubte. Ein (wie auch Langbehn) in Göttingen promovierter Jurist, war er zugleich ein philosophischer Kopf, der mit einer Arbeit über Hegels Staats- und Rechtsphilosophie promoviert wurde. Die Göttinger Dissertation *Hegels Staatsphilosophie und das internationale Recht* erschien 1932, zu einem Zeitpunkt, da von Trott in Oxford den gleichaltrigen Isaiah Berlin kennenlernte, einen später bedeutenden Ideenhistoriker und politischen Denker. In seinem berühmten Essay über zwei Formen der Freiheit (»Two Concepts of Liberty«) findet sich Hegel allerdings in einer Verfallsgeschichte im Denken über Freiheit wieder, mit der Berlin die Entwicklung der ideologischen Instrumentalisierung des Freiheitsbegriffs innerhalb der Geschichte der Philosophie seit dem Deutschen Idealismus aufzuzeigen suchte. Dieser Hegel war von Trott fremd: Er las keinen Vordenker des Totalitarismus aus ihm heraus, sondern einen Philosophen, für den der Staat, nach einem bekannten Wort, die *Wirklichkeit der sittlichen Idee* war. Von Trott bezog aus einer solchen Konzeption einen moralischen Universalismus, der ihn bis in seine kosmopolitische Grundhaltung hinein stützte. Später entwickelte er in Auseinandersetzung mit den Mitgliedern des Kreisauer Kreises, der im weiteren mit Namen wie Helmuth James Graf von Moltke und Peter Graf Yorck von Wartenburg verbunden ist, gesellschaftspolitische Auffassungen, die nicht allein an staatlichen Institutionen oder dem Staat als der Institution par excellence orientiert waren. Die politische Haltung war hier vielmehr, wie man heute sagen würde, eine durchaus kommunitaristische, insofern soziale Kleingruppen wie Familie und Gemeinde in das Verständnis politischer Selbstorganisation eingingen. Im Kreisauer Kreis dachte man über den politischen Neuanfang in solchen Kategorien nach; viele der Mitglieder waren an keiner fixen Staatsidee orientiert, mit der viele Nationalkonservative ihre autoritären Maßstäbe für die politische Gestaltung nach Hitler organisierten, sondern an demokratischen und christlich geprägten menschenrechtlichen Idealen wie Teilhabe und Anerkennung. In diesem Sinne dachte man über die politische Restauration als einem Prozess ›von unten‹ nach. Dem Kreisauer Kreis war dabei aber nicht gleich jeder Konservatismus fremd. Man versteht ihn vielleicht am besten, wenn man seine besondere Qualität darin sieht, dass hier reformorientierte, gesellschaftsutopische Ideale mit konservativen Grundüberzeugungen einen Bund in politisch und philosophisch anspruchsvollen Konzeptionen eingingen. Wenn zwischen Nationalkonservativen und Kreisauern eine Vermittlung notwendig war, so wäre es im übrigen falsch, gleich auch Langbehn unter dem Gesichtspunkt einer solchen Vermittlungsbedürftigkeit zu sehen. Eine Verbindung zu jemandem wie von Trott, der nicht sklavisch auf Grundsätze der Kreisauer festgeschrieben war, spricht dafür, dass beide in politischer Offenheit aufeinander zugehen und sich jenseits der je kursierenden politischen Standards ihres Umfeldes unterhalten konnten. Beide waren an der Kontroverse interessiert, beide betrieben ihren Widerstand darüber hinaus aus einer Position, die nicht unabhängig vom Regime zu denken war. Als Mitarbeiter im Auswärtigen Amt war von Trott ein Teil des Systems, das er in seiner ideologischen Spitze bekämpfte. Diese Nähe zum Gegner teilte er mit Langbehn, der seinerseits über Himmler ging, um die Ziele des Widerstandes zu erreichen.

Eine andere Person, die man heute nicht immer zum Kreis um Popitz zählt und die doch zum sozialen Widerstandsfeld von Langbehn gehörte, ist Albrecht Haushofer. Wie eng die Beziehung zu ihm war, zeigt, dass Menschen in seinem Umfeld ihn schlicht als den *Freund* von Haushofer bezeichneten.[152] Und das wiederum lässt es plausibel erscheinen, wenn Sarre Haushofer zum Kreis um Popitz zählte.[153] Beide, Haushofer und Langbehn, hatten einiges gemeinsam. Der nur um ein gutes Jahr jüngere Haushofer war mit einem der Nazigrößen, Rudolf Heß, bekannt, der bei seinem Vater, Karl Haushofer, studiert hatte und der Familie bis zu seinem Englandflug im Mai 1941 verbunden war. Aus diesem Grunde konnte Karl Haushofer trotz seiner Ehe mit der Halbjüdin Martha Mayer-Doss auch unter den Nationalsozialisten als Hochschullehrer tätig bleiben. Seine geopolitischen Schriften wiederum spielten für die nationalsozialistische Expansionspolitik eine besondere Rolle, denn Hitler griff den Lebensraumbegriff der zeitgenössischen Geopolitik in *Mein Kampf* auf und wendete ihn dabei scharf rassenideologisch. Karl Haushofer wurde deshalb im Ausland vielfach als einer der wichtigen Impulsgeber für das deutsche

Expansionsstreben in den späten 1930er Jahren angesehen. Diese Auffassung war nach dem Krieg anscheinend so gefestigt, dass er sich gemeinsam mit seiner Frau im März 1946 das Leben nahm. Wie verbreitet sie war, zeigt auch der Bericht von Irmgard Langbehn, in dem sie Albrecht Haushofer als einen »glühenden« Antinazi bezeichnet, der »des Vaters wegen jetzt mehr oder minder totgeschwiegen« werde.[154] Zum scharfen Gegner der Nationalsozialisten wurde Albrecht Haushofer allerdings erst nach Kriegsausbruch. Beruflich konnte er durch die Beziehung zu Heß profitieren, der ihm 1933 zu einer Dozentur an der Berliner Hochschule für Politik verhalf. Einige Jahre später, wahrscheinlich 1937, lernte er Langbehn kennen. Zu diesem Zeitpunkt war er unter anderem außenpolitisch für Joachim von Ribbentrop tätig. Langbehn soll er auf einer Schiffsreise im Mittelmeer kennengelernt haben; in ihm fand er einen seiner »besten politischen Freunde«.[155] Mit Popitz wurde Haushofer durch seinen Freund im Jahre 1940 bekannt – ein Zeitpunkt, an dem er sich von der politischen Doktrin der Nationalsozialisten zu distanzieren begann und den Kontakt zu Mitgliedern verschiedener Widerstandskreise suchte. Mit seiner Erfahrung war er für Popitz und Langbehn eine wichtige Stimme in außenpolitischen Fragen. Er sollte zu den wenigen gehören, die der Idee, Himmler für den Sturz Hitlers einzusetzen, später nicht ablehnend gegenüberstanden.

Die soziale Welt des Widerstandes, die für Langbehn ja schon an der Hecke zum Nachbarhaus der Bielenbergs begann, bliebe jenseits des engeren Kreises um Popitz durch viele andere Personen zu erweitern. Schon als erfolgreicher Rechtsanwalt war er über die Grenzen dieses Kreises bekannt und mindestens in dieser Funktion eingebunden. Im Juni 1941 wendete sich zum Beispiel von Moltke mit der Bitte um Verteidigung einer Freundin an ihn.[156] Solche Gespräche sind ohne einen Austausch über den Widerstand gegen das Regime kaum vorstellbar. Aber bleiben wir bei denen, die von besonderer Bedeutung waren.

Ulrich von Hassell hat mit jenen Tagebüchern, die er in den Jahren zwischen 1938 und 1944 führte, ein wertvolles Zeitdokument hinterlassen, das uns mit seiner Innenperspektive auf die Entwicklungen im deutschen Widerstand eindrucksvoll vor Augen führt, was in den verschiedenen, sich formierenden Gruppierungen vor sich ging. Von Hassell hatte Kontakte nach vielen Seiten und protokollierte nicht nur, was er beobachtete, sondern bewertete es auch. Seine Aufzeichnungen zeugen von Hoffnung und Verzweiflung, die einander ablösten. Sie sind darüber hinaus eine der wichtigsten Quellen zum Verständnis des nationalkonservativen Widerstandsflügels. Langbehn lernte von Hassell am 17. August 1941 kennen und fand sich, wie man sehen wird, schon am nächsten Tag inmitten eines Gesprächs mit ihm auf seinem Landsitz in Walchensee wieder. Gemeinsam mit dem hinzugeladenen Schweizer Diplomaten und Historiker Carl Burckhardt, der unter anderem für das Rote Kreuz tätig war, erörterten sie dort die politische Lage und die Bedingungen eines Friedens mit den Alliierten. In der Folgezeit war von Hassel häufiger bei Langbehn zu Gast, sowohl in Walchensee als auch in Dahlem. »Kluger Mann«, notierte er am 1. Januar 1942, »etwas gehemmt durch persönlich gute Beziehung zu Himmler, durch die er andererseits viel Gutes gestiftet hat.«[157] Wie Langbehn über von Hassell dachte, ist durch kein Wort von ihm selbst überliefert. Ein »bißchen konservativ vielleicht« fand ihn Christabel Bielenberg.[158] Das war schon eine Wertung, nicht zuletzt aber auch die Sicht der jüngeren Generation auf die Alten im Widerstand. Ein Konservativer war von Hassel, seit 1911 mit Ilse von Tirpitz verheiratet, zweifellos. In früheren Jahren war er Mitglied der Deutschnationalen Volkspartei und auch des Herrenklubs. Sein diplomatischer Dienst, für den er gute familiäre Voraussetzungen mitbrachte, führte ihn ins Ausland, wo er nach verschiedenen Stationen im Jahre 1932 der deutsche Botschafter in Rom wurde. Dieses Amt füllte er im Geiste eines spätwilhelminisch geprägten, aristokratisch gesinnten Deutschnationalen aus, der 1933 der Partei beitrat und seinem Land in der Gestaltung Europas eine friedenssichernde politische Rolle, wenn nicht eine hegemoniale Stellung, zusprach. Von dieser Position wurde er 1938 abgezogen, weil Hitler das Auswärtige Amt im Zuge kriegsvorbereitender Maßnahmen umstrukturieren ließ. Seine kritische Haltung gegenüber dem Regime konnte er bald durch Verbindungen zu Gleichgesinnten organisieren, unter anderem als Autor von Beiträgen in der monarchischen Zeitschrift *Weiße Blätter*, die Karl Ludwig Freiherr von und zu Guttenberg herausgab. Das Festhalten an politischen Grundprinzipien der monarchischen Tradition und seine Skepsis gegenüber einer Rückkehr zu demokratischen Verhältnissen spiegelt sich auch in Verfassungstexten wider, auf die ich zurückkommen werde. Das Gute von oben sollte hier mit der politischen Macht in den Händen nur einiger weniger vereinbar sein.

Neben der engen Beziehung zu Popitz war für Langbehn auch das Verhältnis zu Jens Jessen von besonderer Bedeutung. Beide gelten heute als die Autoren des »Gesetzes über den Ausnahmezustand«, einem Begleittext zum vorläufigen Grundgesetz, der die rechtlichen Grundlagen für den Machtwechsel abgeben sollte. Dieser Gesetzestext ist, wie man befürchten muss, verlorengegangen. Auch die Beziehung zu Jessen war über Popitz zustande gekommen. Popitz und Jessen kannten sich seit vielen Jahren. Als der Staatswissenschaftler Jessen, auch in Rechtswissenschaft promoviert, 1933 ordentlicher Professor an der Universität Kiel wurde und dort zugleich die Leitung des Instituts für Weltwirtschaft übernahm, war Popitz im Vorfeld vom bisherigen Leiter dieses Instituts, Bernhard Harms, um Unterstützung für die Besetzung durch Jessen gebeten worden. Jessen wurde gewissermaßen ein zweites Mal der Nachfolger von Harms, als Popitz ihn nach dessen Tod im Jahre 1939 in die Mittwochs-Gesellschaft holte. Im November 1939 nahm er erstmals an einer Sitzung teil.¹⁵⁹ Obwohl Jessen schon 1933 mit dem Nationalsozialismus in Konflikt geraten war und deshalb auch Kiel verlassen musste, blieb er ihm lange Zeit grundsätzlich verpflichtet. Der Artikel »Nationalsozialismus« im *Wörterbuch der Volkswirtschaft* (1933) stammt aus seiner Feder. In seiner Berliner Zeit entwickelte er sich dann vor allem unter dem Eindruck der Gespräche mit Mitgliedern der Mittwochs-Gesellschaft zu einem, wie man nach dem Krieg schrieb, »besonders tätigen« Widerstandskämpfer.¹⁶⁰ Auf Jessen geht, heute weitgehend vergessen, die Blaupause des Attentats vom 20. Juli zurück, denn er war es, der mehr als ein Jahr zuvor das Szenario entwarf, das der mit Jessen gut bekannte Stauffenberg der Grundidee nach umsetzen sollte. Um Hitler zu beseitigen, schloss Jessen in den Jahren zuvor nicht aus, den »Führer« unter Ausnutzung von innernationalsozialistischen Differenzen auszuschalten. Dem Militär traute man ab einem bestimmten Zeitpunkt nicht mehr zu, die notwendigen Maßnahmen dafür zu ergreifen. Mit seinen Kontakten zu Himmler war Langbehn deshalb auch für Jessen ein wichtiger Gesprächspartner. Der Sohn eines Großgrundbesitzers, der in der Nähe von Flensburg hoch im Norden des Reiches geboren wurde und damit aus dem »Land nördlich der Elbe« kam, in dem auch Langbehn seine Ahnen wusste, war dem Rechtsanwalt wiederum schon aus familiären Gründen nahe. Ein beruflich bedingter Aufenthalt Jessens in Buenos Aires und die von argentinischen Agrarproblemen handelnde Göttinger Habilitationsschrift sind andere biographische Randnotizen, die Jessen und Langbehn selbst vermerkt haben mögen.

Neben Popitz, von Hassell und Jessen war auch Erwin Planck, Sohn des Physikers und Philosophen Max Planck, an der Verfassung des vorläufigen Grundgesetzes beteiligt. Langbehn lernte ihn über Popitz kennen. Bei Marie-Louise Sarre wird er als eine der Personen genannt, mit der es »viele gemeinsame Besprechungen« gegeben hat.¹⁶¹ Man traf sich unter anderem auch im Hause Plancks, wie ein Tagebucheintrag bei von Hassell aus dem März 1943 belegt.¹⁶² Planck hatte vielfältige Erfahrungen im militärischen, politischen und wirtschaftlichen Bereich. Gegen Ende der Weimarer Republik wurde er Staatssekretär in der Reichskanzlei, zuletzt unter Kurt von Schleicher, mit dem er seit langem persönlich befreundet war. Nach dem Rücktritt von Schleichers und der Machtergreifung Hitlers wurde Planck aus dem Staatsdienst entlassen. Ein persönliches Motiv für den späteren Widerstand gegen Hitler lag schon darin, dass von Schleicher als eines der Opfer der politischen Konstruktion des Röhm-Putsches am 30. Juni 1934 ermordet wurde.

»Besondere Verehrung«, so Irmgard Langbehn, empfand ihr Mann für Ludwig Beck, Generaloberst a. D., der 1938 aufgrund der Kriegspläne Hitlers seinen Rücktritt erklärte und seitdem im Widerstand gegen den »Führer« war.¹⁶³ Seine Mitgliedschaft in der Mittwochs-Gesellschaft seit 1939 brachte ihn mit anderen konservativen Gegnern Hitlers zusammen. Unter Federführung von

Popitz war er mit Jessen, von Hassell und Planck schon kurze Zeit später an der Ausarbeitung des vorläufigen Staatsgrundgesetzes beteiligt. Darüber hinaus traf er andere Konservative wie Goerdeler und war später darum bemüht, zwischen dem konservativen Kreis und den jüngeren Widerstandskämpfern im Kreisauer Kreis zu vermitteln. Die Kritik an der Wehrmacht formulierte man zuweilen an seiner Person. »Ein anderer ganz interessanter Abend«, notierte etwa von Hassell im März 1942, »neulich bei L[angbehn], unserem Freund aus W[alchensee], der immer noch in Verbindung mit Cielo [Himmler] und vermutet, dass man dort allerhand plant. Jedenfalls ist man in der Ecke handlungsfähiger als im Kreise Geibel [Beck] usw., wo immer noch, besonders seit der letzten Panne mit Scherz [Witzleben] alles stark auseinanderläuft.«[164] Tatsächlich entwickelte sich im Kreis um Popitz in dieser Zeit zunehmend die Auffassung, dass Himmlers SS – und nicht die Wehrmacht – das Gewaltinstrument zum Umsturz werden könne. In welchen Zeitraum deshalb die Verehrung Becks durch Langbehn fiel, ist unklar. Und die Gründe für diese Verehrung sind kaum noch in Erfahrung zu bringen. Langbehn hatte in seinem zivilen Leben an einigen militärischen Übungen teilgenommen, um Reserveoffizier zu werden. Vielleicht betrachtete er Beck deshalb in der Perspektive seines eigenen Engagements auf diesem Gebiet. Oder aber er bewunderte den Mut eines Mannes, der mit Weitsicht die negativen Folgen der nationalsozialistischen Kriegspolitik voraussah und schon 1938 an einer Verschwörung – der sogenannten Septemberverschwörung – gegen Hitler beteiligt war. Aber trotz aller Verehrung: Unter den Konservativen, zu denen auch der Generaloberst a. D. zählte, stand Langbehn Beck weniger nahe als Popitz, Jessen, Planck und von Hassell.

Das gilt auch für Carl Friedrich Goerdeler, der neben Popitz das Zentrum des nationalkonservativen Widerstandes überhaupt bildet. Goerdeler war bis 1937 Leipziger Oberbürgermeister. Wie die meisten nationalkonservativen Widerstandskämpfer stand auch er dem Nationalsozialismus anfänglich nicht ablehnend gegenüber. Früher als andere, schon Mitte der 1930er Jahre, nahm er dann eine kritische Haltung ein, insbesondere aufgrund der unmenschlichen Behandlung von politisch Andersdenkenden. Nach seinem Ausscheiden aus dem Oberbürgermeisteramt reiste er in verschiedene Länder, um dort Gesprächspartner aus Politik und Wirtschaft für die Probleme des nationalsozialistischen Deutschlands zu sensibilisieren und bei ihnen für politische Gegnerschaft zu werben. Seine antikommunistische Einstellung führte ihn in Länder, in denen er mögliche Verbündete gegen die Sowjetunion nach Hitlers Entmachtung sah. Auch Goerdeler hielt an einem Großdeutschland fest, das nach einem Frieden mit den Westmächten internationale politische Geltung beanspruchen sollte. Seine gesellschafts- und wirtschaftspolitischen Auffassungen um 1940/41 hat er unter anderem in der Denkschrift »Das Ziel« verfasst.[165] Es ist beachtlich, in welchem Ausmaß darin die politische und ökonomische Sphäre von einem bestimmten Naturverständnis her gedacht wird. Alles ist durch Kräfte bestimmt, damit durch Kampf und Wettbewerb. Vom *Kampf* ist in dieser Denkschrift in der Tat sehr häufig die Rede. In wirtschaftspolitischer Hinsicht war Goerdeler – im Bewusstsein für die Notwendigkeit einer dem Menschen *dienenden* Funktion der Wirtschaft – liberal und gegen staatliche Gängelung gerichtet. Der Kampfbegriff bietet dabei einen inhaltlichen Zugang zu den wirtschaftspolitischen Auffassungen – »*In der Wirtschaft ist Kampf gleich Wettbewerb*«[166] – und gibt darüber hinaus einen deutlichen Hinweis darauf, dass so manche außenpolitische Vorstellung im deutschen Widerstand von sozialdarwinistischen Voraussetzungen geleitet war. Die Natur sei »total« und strebe ein »Gleichgewicht zwischen den ringenden Kräften« an. Aus diesem Grunde müsse auch die Politik »total« sein und sich gestaltend auf die Gesamtwirklichkeit beziehen.[167] Dieser politische Naturalismus, mehr methodisch angesetzt als ontologisch begründet, mit seiner Zielstellung einer »*Totalität der Politik*«[168], ist dabei nicht stumpf gegenüber historischen Einsichten, sondern konservativ gestimmt, sofern Goerdeler gerade in der Geschichte Orientierung suchte. Und wenn dies wirklich ein Merkmal für (s)einen Konservatismus ist, dann zeigt er sich programmatisch in einer späteren Denkschrift, der man den Titel »Der Weg« gegeben hat: Kaiserreich, Weimarer Republik und Nazidiktatur werden darin historisch-systematisch untersucht, um gewissenhaft die Lehren aus diesen Phasen Deutschlands zu ziehen.[169] Was auf sprachlicher Ebene auffällt – vom Kampf ist eigentlich gar nicht mehr die Rede, dafür aber viel vom »Diktat von Versailles« –, sollte nicht zu schnell inhaltlich gewendet werden. Denn wenn Goerdeler die Kriegsschuld nicht nur Hitlerdeutschland, sondern auch diesem »Diktat« und damit den Siegermächten des Ersten Weltkrieges zuspricht, so nähert er sich darin auf bedenkliche Weise einer impliziten Legitimation des aktuellen Kampfes (d. h. Krieges) gegen diese Siegermächte.[170] Der Kampf ist deshalb auch in dieser späteren Denkschrift gegenwärtig, nur bildet er nicht mehr eine der Grundlagen für den normativen Diskurs über die neue Verfasstheit und Verfassung Deutschlands, sondern – in seiner pervertierten Form als Krieg – einen der Gegenstände, den Goerdeler historischer Analyse unterzieht. Diese Analyse führt natürlich zu keiner Verharmlosung der Entwicklungen unter Hitler, den der Autor für eine in der »bekannten Weltgeschichte noch nicht dagewesene *Entthronung jeder Moral*« verantwortlich macht.[171] Diesem weiteren Zusammenhang zwischen internationaler Selbstbehauptung und deutscher Selbstverständigung entspricht im Grunde genommen ein Gedanke aus der früheren Denkschrift, in der Goerdeler dem »*deutschen Volk die Führung*« in Europa zuspricht, unter gleichzeitigem Hinweis darauf, dass es »dumm und anmaßend« sei, vom »deutschen Herrenmenschen« zu sprechen.[172] Gleichwohl kennt der politische Naturalismus rassenpolitische Anflüge, die in unserem nachanthropologischen Zeitalter des Politischen auf-

Johannes Popitz   Ulrich von Hassell

fallen. Bezogen auf die Deutschen geht es ihm um das »*klassengelöste Gefühl der Volksgemeinschaft*«, das auf dem Land leichter als in der Großstadt entwickelt werde und deshalb durch eine »*Staatsjugend*«, die angestrebte Nachfolgeorganisation der Hitlerjugend, im jungen Menschen verankert werden müsse.[173] Innenpolitisch seien Recht und Anstand wiederherzustellen, ebenso Geistes-, Gewissens- und Forschungsfreiheit. In der Verfassungsfrage schlägt sich der politische Naturalismus unmittelbar wieder. »Eine Verfassung, die *automatisch* funktioniert«, heißt es in »Das Ziel«, »gibt es überhaupt nicht. Wie alles Leben, ist auch das Wesen und Wirken jeder Verfassung Kampf. Ihn kann man nicht ausschließen, man muß ihn ver- und bestehen.«[174] Dass Goerdeler die Weimarer Verfassung als »mathematisch« bezeichnete, bedeutet vor diesem Hintergrund, dass sie seiner Auffassung nach kein »*organisches Wahlrecht*« vorgab und damit die Wähler zwang, nicht Menschen, die man aus eigener Anschauung kannte, sondern Parteiprogramme zu wählen. Wie sehr er die eigenen liberalen Ansprüche der monarchischen Tradition anmaß, offenbart das Ende der Denkschrift, an dem Goerdeler aus »kalter Vernunft«, d. h. mehr aus Gründen der Abwägung und weniger aus unmittelbarer Überzeugung, für eine monarchische Staatsspitze plädiert.[175]

Viele sehen in Goerdeler den führenden Repräsentanten des zivilen und konservativen Widerstandes. Seine guten Verbindungen nach vielen Seiten machten ihn in jedem Fall zu einer zentralen Figur. Ob man Goerdeler dem

Erwin Planck Jens Jessen

Kreis um Popitz oder Popitz dem Kreis um Goerdeler zuschlagen (oder beide getrennt behandeln) möchte, hängt heute natürlich unter anderem davon ab, welche Facette im Widerstand man im Visier hat.

Unter den Nationalkonservativen hielt Goerdeler unter anderem den Kontakt zu Hans von Dohnanyi im Amt Ausland/Abwehr. Diese Funktion kam aber auch Langbehn zu. Goerdeler und Langbehn lernten sich 1941 über Popitz kennen. In den Verhören nach seiner Festnahme am 12. August 1944 brachte Goerdeler sein ambivalentes Verhältnis zum Ausdruck: Der Mann sei ihm unheimlich gewesen, denn trotz seiner möglicherweise gewinnbringenden Kontakte zu Himmler erschien seine Rolle in den Augen Goerdelers gefährlich. Außerdem war Goerdeler über das Ausmaß der Informiertheit Langbehns hinsichtlich der Pläne, die man mit Beck und von Tresckow gefasst hatte, mehr als irritiert:

> Ich war innerlich erschrocken darüber und fragte mich, wer wohl so indiskret gewesen sein könnte, ihn einzuweihen, und kam auf Popitz. Ich *bemühte mich, die Ernsthaftigkeit seines Wissens infrage zu stellen*, und habe ihm damals auf *das Bestimmteste erklärt, das sei alles Unsinn, die Generale würden nie handeln.* [...] Das habe ich *deswegen getan, weil ich mir über die Persönlichkeit* Langbehns *nicht restlos klar geworden bin.* Ich wußte nicht, ob er sein Wissen nicht in einer uns unerwünschten Weise benutzen würde. Ich habe dies immerhin für möglich gehalten und *war deshalb vorsichtig.*[176]

Carl Goerdeler   Ludwig Beck

Diese Worte wirken auf den ersten Blick entlastend für Langbehn – entlastend vor den Nazis –, weil Goerdeler den Eindruck erweckt, dass er bis zu einem bestimmten Zeitpunkt davon ausging, dass Langbehn nicht zum engen Kreis der in die Pläne des Widerstandes eingeweihten Personen gehörte und sogar jemand war, dem man hätte misstrauen müssen. So gesehen gab es für Goerdeler anscheinend überhaupt keinen engen Kreis um Popitz, dem er selber nicht angehörte. Im Gegenteil, mit seiner Aussage war es Langbehn, den er in eine gewisse Distanz zum planerischen Zentrum des zivilen Widerstandes stellte. Anderseits macht seine Antwort auf die Frage, durch wen Langbehn von bestimmten Plänen erfahren haben könnte, deutlich, dass auch er um eine besondere Beziehung zwischen Langbehn und Popitz wusste. Denn schließlich kam Goerdeler ja auf Popitz, um die Sache für sich zu klären. Was macht man daraus? Dieses Dokument zeigt, wie wichtig es ist, die soziale Komplexität des Widerstandes bis in die Kreise hinein ernst zu nehmen. Während Popitz und Langbehn in engem Kontakt miteinander standen und sich vorbehaltlos austauschten, blieb Goerdeler anscheinend verborgen, dass sich um Popitz ein Kreis von Menschen gebildet hatte, die er nur aus der Ferne kannte und selbst nicht wirklich einschätzen konnte. Am Ende spricht deshalb auch seine Aussage für den biographischen Zuschnitt auf einen engen Kreis um Popitz, in dem sich Langbehn vor allem mit von Hassel, Jessen und Planck selbst sah und bewegte.

Albrecht Haushofer

Adam von Trott zu Solz

Carl Langbehn

In dem Maße, in dem man diesen Kreis in seiner Bedeutung für Langbehn hervorhebt, muss man ihn wiederum relativieren. Zum einen stand er, wie gesagt, zu einer Vielzahl von anderen Menschen in Kontakt, die nicht zulassen, dass man ihn in seiner politischen Haltung allein aus jenem Kreis heraus verstehen kann. Zum anderen ist es möglich, diese Öffnung mit seiner Stellung innerhalb dieses Kreises selbst zu begründen. Insbesondere Popitz und Hassel kamen aus einer anderen Zeit, waren Vertreter einer Staatsauffassung und eines Preußentums, das Langbehn nur in Zuschauerperspektive aus eigener Anschauung kannte. Die Alten unterschieden sich auch darin von ihm, dass sie die

Weimarer Republik unter ganz anderen Voraussetzungen erlebten. Auch wenn die politische Entwicklung von Langbehn in dieser Zeit rechts begann und endete, unterbrochen von einer mehrjährigen kommunistischen Phase, hat er sich niemals so gesammelt gegen die Weimarer Republik gewendet wie einige seiner späteren Mitstreiter im Widerstand.

Popitz und von Hassell standen auf dem Boden fester Überzeugungen und vor allem auch unter dem Eindruck einer politischen Gegenbewegung, die für den frühen Langbehn in keiner vergleichbaren Form präsent war. Bei dieser Bewegung handelte es sich um die sogenannte *Konservative Revolution*, der man Köpfe wie Oswald Spengler, Carl Schmitt, Ernst Jünger, Edgar Jung und Arthur Moeller van den Bruck zurechnen kann, allesamt höchst individuell und doch darin einig, dass die Weimarer Republik nicht die einzige Alternative zum untergegangenen Kaiserreich sein musste. Demokratie, Parlamentarismus und Liberalismus waren hier ein Übel, dem man weitreichende politische, vielfach geschichtsphilosophisch fundierte Weltbilder entgegenstellte. Den Staat der Weimarer Republik geißelte man als einen von Parteien zementierten Homunkulus, der nur den Interessen bestimmter gesellschaftlicher Gruppen diente und keinesfalls die Volonté générale verkörperte. Voller Verachtung blickte man auf die in der Weimarer Verfassung durchscheinende Idee eines liberalen Rechtsstaats, in dem die Funktion des Staates weitgehend auf den Schutz seiner Bürger reduziert war. Der Staat, den man als ein mechanisches Aggregat der Einzelwillen seiner Bürger verstand, war den Konservativen ein Greuel. Sprachen sie vom Staat, so war er nicht Ergebnis, sondern Anfang, das Erste, das über allem Einzelnen steht. Und er wurde, sprachgeschichtlich einschlägig, deshalb auch als etwas Organisches gedacht und auf diese Weise mit der Idee einer Volksgemeinschaft vermittelt.

Ferdinand Tönnies hatte in seinem Buch *Gemeinschaft und Gesellschaft* (1887) eine philosophische Begründung für den Primat der Gemeinschaft geliefert, nicht ohne Blut- und Bodenideologie, aber im wesentlichen um eine idealtypisch vorgenommene Begriffsbildung bemüht. Helmuth Plessner hat darauf, und auf den Gemeinschaftskult seiner Zeit überhaupt, Jahrzehnte später klug reagiert und die *Grenzen der Gemeinschaft* (1924) formuliert. Die Jungkonservativen sprengten den begrifflichen Rahmen und steigerten die Gemeinschaft in eine Volksgemeinschaft, dazu noch der Deutschen, ohne die ein Staat nicht wünschenswert sei.

Staatsdiener wie von Hassell und Popitz, und nicht nur sie, erlagen ihren Traktaten und waren darüber hinaus oftmals auch persönlich mit ihnen bekannt. Popitz, Jessen und von Trott kannten Ernst Jünger, von Hassell suchte die Nähe zu van den Bruck, Popitz war, wie schon deutlich wurde, zeitweise mit Schmitt befreundet, und sowohl Goerdeler als auch von Hassell gingen auf Spengler zu.[177] Ob dagegen Langbehn selbst nur die Schriften der Jungkonservativen zu

Zeiten der Weimarer Republik wahrgenommen hat, ist ungewiss. Darin liegt auch eine mögliche Erklärung für seine moderate nationale Haltung. Aus der Republik ging er zweifellos anders hervor als die anderen im Kreis um Popitz. Während er eine Ideologie abgestreift hatte und davon nur die Gerechtigkeitsfrage blieb, führten die anderen mit ihrem Konservatismus frühere Grundüberzeugungen fort. Anfang der 1930er Jahre war Langbehn deshalb in einer Weise offen, wie es Popitz und die anderen gar nicht mehr sein konnten.

Sprechen wir von einer nationalkonservativen Einstellung im Falle Langbehns, so muss man sie also schon von ihren Voraussetzungen her von derjenigen seiner älteren Mitstreiter abgrenzen. Er war kein preußischer Traditionalist, kein Geistesaristokrat und Monarchist, sondern schlicht jemand, der einigen der politischen und ethischen Implikationen dieser Haltungen nicht gleich die Zustimmung verweigerte. Wie die Familiengeschichte, so eignete er sich auch den Nationalkonservatismus an, sofern man davon ausgehen darf, dass man für den Kreis um Popitz einen solchen Ismus konstatieren kann. Die Freiheit, die in solcher Aneignung lag, bewahrte ihn vor allzu festen Weltbildern, vor Lehre und Dogma.

Der Ausdruck ›nationalkonservativ‹ zerrinnt vor diesem Hintergrund geradezu und gewinnt im Falle Langbehns seine Bedeutung zunächst in der Sicht auf den sozialen Kontext, in dem er sich als Verteidiger der Nation bewegte. Als eine soziologische Kategorie eröffnet der Ausdruck hier vor allem die Möglichkeit, einen Menschen, der selbst keine weiteren Quellen zum Verständnis seiner politischen Überzeugungen hinterlassen hat, aus einem Milieu heraus sichtbar und zugänglich zu machen. Habitus, Lebensform und Statusbewusstsein passen in dieses Milieu, und hätte Langbehn keine Gemeinsamkeiten in politischen Fragen entdeckt, so wäre er im Widerstand nicht dort gelandet. Aber die unter Nationalkonservativen vorherrschenden Auffassungen darf man nicht einfach unvermittelt auf ihn übertragen. Eine falsche Konsequenz wäre es überdies, wenn wir seinen Widerstand auf den vielzitierten »Aufstand des Gewissens« reduzierten. Das wäre moralischer Eskapismus, der mit falschen Alternativen rechnet und vorgibt, dass die Menschen im Widerstand moralische Akteure waren, denen eigenständige, umfassende politische Konzeptionen fehlten. Solch moralischer Eskapismus ist interessanterweise politisch motiviert, weil weite Teile des deutschen Widerstandes nicht als liberale Vorläufer eines bundesrepublikanischen, demokratischen Selbstverständnisses gelten können und die Würdigung sich deshalb auf die moralische Dimension verlegt. In diesem Sinne ist der moralische Eskapismus ein politischer Moralismus, der die Frage nach dem politischen Denken im Widerstand marginalisiert oder sogar vollständig zurückdrängt.

In seiner Sorge um Deutschland, die er mit den Nationalkonservativen teilte, war Langbehn sicherlich moralisch motiviert: von der Überzeugung geleitet, dass man historisch gerufen sei, zu handeln. Wenn andere im Kreis um Popitz darüber hinaus politisch dachten und eine ganze Staatsauffassung dafür mitbrachten, so ist auch er nicht vorstellbar ohne widerstandskonstitutives politisches Denken. Die Restitution des Rechtsstaats stand dabei zweifellos im Mittelpunkt seiner Überlegungen und Ansprüche. Recht und Gerechtigkeit mussten wiederhergestellt werden; alles andere oder vieles sollte oder konnte sich anschließen. Diese Forderung macht noch keine politische Konzeption, aber ein politischer Kopf wie Langbehn darf in seiner rechtsstaatlichen Orientierung keinesfalls auf den gewissenhaften Rechtsanwalt im Widerstand reduziert werden. Die weitere Beschreibung des Politischen im sozialen Kontext seines Widerstandes führt über solche Ansichten hinaus – gerade dort, wo wir Texte aus dem Kreis um Popitz studieren können, unter deren Eindruck Langbehn an der Konzeption einer neuen politischen Ordnung mitgewirkt hat.

Zivile Aufgabe: eine neue politische Ordnung

Die Stellung zwischen Popitz und Himmler hat sich nicht von Beginn an bestimmend auf das gedankliche und handelnde Engagement bei Langbehn ausgewirkt. Die Gegnerschaft zu Hitler war zunächst nicht von der Idee geleitet, Himmler für den Umsturz einzusetzen. Es kamen andere Ideen auf. Dazu gehörte nach Kriegsbeginn der Plan, Hitler während einer seiner auf dem Balkon der Reichskanzlei gehaltenen Reden von einem Zimmer im gegenüberliegenden Hotel Kaiserhof aus zu erschießen. Der Jäger Gereke, der seine Büchsflinte dafür einsetzen wollte, hielt das anscheinend für so realistisch, dass er die Bedingungen im Kaiserhof gemeinsam mit Langbehn erkundet haben will. Die Ausführung sei daran gescheitert, dass Hitler sich nicht mehr auf dem Balkon der Reichskanzlei gezeigt habe.[178] Gänzlich neue Perspektiven ergaben sich für Langbehn dadurch, dass er bald nach Kriegsausbruch als Feldwebel der Reserve in die Wehrmacht eingezogen wurde und seit dem 7. November 1939 dem Amt Ausland/Abwehr im Oberkommando der Wehrmacht zugehörte.[179] Um Hans Oster und Hans von Dohnanyi formierte sich hier ein logistisches Zentrum des Widerstandes, in dem man nicht nur an Plänen für einen Staatsstreich arbeitete, sondern auch Kontakte zum militärischen und zivilen Bereich möglicher anderer Widerstandskreise aufnahm. Dohnanyi fiel dabei unter anderem die Aufgabe zu, den Kontakt mit Langbehn zu halten.[180]

Zu den militärischen Personen im Widerstand hatte Langbehn lange Zeit keinen persönlichen Kontakt. Mit Friedrich Olbricht und Henning von Tresckow traf er im August 1943 bei Popitz zusammen.[181] Tresckow, eine zentrale Figur in den Reihen des militärischen Widerstandes, gehörte zu diesem Zeitpunkt zu jenen, die einen Umsturz unter Einbeziehung von Himmler und der SS für durchaus möglich hielten.[182] Seit wann genau Langbehn mit diesen militärischen Kreisen in Verbindung stand, dürfte kaum mehr festzustellen sein. In den zivilen Widerstandskreisen hoffte und wartete man wahrscheinlich zunächst auf ein Handeln des Militärs. Solange man von entsprechenden Plänen hörte und hoffen durfte, dass die militärischen Kräfte ihre Mittel zum Regimewechsel einsetzen würden, konnten sich die zivilen Kräfte im Widerstand unter anderem mit Fragen der Nachkriegsordnung und dem zukünftigen politischen System beschäftigen. Allerdings waren hier nicht alle einer Auffassung. Insbesondere zwischen Popitz und Goerdeler gab es starke Meinungsverschiedenheiten darüber, wie Staat, Wirtschaft und Gesellschaft in einem Nachkriegsdeutschland aussehen sollten.

In der Anklageschrift vom 25. September 1944 werden diese Unterschiede relativ genau aufgelistet. So sprach sich Goerdeler anders als Popitz für ein demokratisches, parlamentarisches System (mit einer monarchischen Spitze) aus, was Popitz anscheinend für ausgeschlossen hielt. Es müsse vorerst weiterhin von oben und allenfalls unter Mitwirkung eines Staatsrates regiert werden. Auch in wirtschaftlichen Fragen ging man auseinander: Während Goerdeler sich für freien wirtschaftlichen Wettbewerb aussprach, wollte Popitz eine staatlich geregelte Wirtschaft. Und wo Goerdeler eine Einheitsgewerkschaft und damit eine gut organisierte Arbeiterbewegung wollte, sprach sich Popitz scheinbar gegen jede gewerkschaftliche Organisation der Arbeiterschaft sowie gegen deren Beteiligung an den politischen Prozessen überhaupt aus. Der Oberreichsanwalt Ernst Lautz, der die Anklageschrift verantwortete, fasste die Positionen von Popitz mit folgenden Worten zusammen: »Die politischen Ziele des Dr. Popitz bestanden nach allem offenbar in der Einführung einer zentralistisch ausgerichteten Diktatur einiger Männer unter völliger Ausschaltung des Volkes und Niederhaltung der Arbeiterschaft.«[183] Im Verständnis von Lautz war das wohl zugleich das Gegenteil dessen, was er derzeit in Deutschland vorfand. Hitler – kein Diktator, sondern der »Führer«, in dem sich der Wille aller, der Volkswille, sammelt und umsetzt. In der Logik eines Oberreichsanwalts musste eine politische Machtkonzentration, die nicht den »Führer«, sondern irgendwelche wenigen Männer betraf, deshalb wie ein Verrat am organischen Ganzen wirken, das durch die Repräsentation des deutschen Volkes im »Führer« doch so imposant seinen höchsten Ausdruck gefunden hätte.

Im Kreis um Popitz entstanden zu Beginn der 1940er Jahre verschiedene Verfassungstexte, die zeigen, dass die Sache komplexer ist. Unter diesen Texten findet sich ein »Programm«, geschrieben im Januar und Februar 1940, wahrscheinlich von Ulrich von Hassell unter Beratung von Popitz.[184] Es besteht aus zehn Punkten, skizziert die Gründe für die Absetzung der nationalsozialistischen Regierung und nennt erste Maßnahmen für die Zeit nach dem Umsturz, die im »Programm« interessanterweise noch als eine Zeit des Krieges behandelt wird.

Man wollte innenpolitisch Hitler hinter sich lassen, die NSDAP, die SS und andere nationalsozialistische Einrichtungen auflösen, aber das alles bedeutete keinesfalls, dass man nach außen sofort die Waffen schweigen lassen wollte. Für die Zeit nach dem Krieg strebte man zwar eine friedliche Völkergemeinschaft an, aber von Hassell vertrat, wie Goerdeler auch, andererseits den Standpunkt, dass die »tiefste Ursache« des Krieges im »Widersinn der Pariser Verträge«, im Versailler Vertrag, zu sehen ist. Nach dem Ersten Weltkrieg musste Deutschland unter großen Anstrengungen wiederaufgerichtet werden, und man stand nicht an, die »gesunden und vorwärtsführenden Gedanken« des Nationalsozialismus der frühen 1930er Jahre anzuerkennen, darin ebenfalls Goerdeler vergleichbar. Den späteren politischen und rassistischen Verirrungen des Nationalsozialismus hatte man im »Programm« bereits retrospektiv ein Ende bereitet; doch zugleich drohte die neue deutsche Regierung den Feinden damit, dass man den Kampf gegen das durch Versailles geschehene Unrecht nicht beenden werde und zu diesem Zweck bereit sei, den Krieg bis »zum Äußersten« weiterzuführen. Von Hassell hielt am Selbstverständnis eines großdeutschen Reiches fest, das nach dem Krieg im alten Glanz erscheinen und eine besondere europapolitische Rolle spielen sollte. Traute man Hitler zunächst zu, diese Ziele zu erreichen, sah man sie Ende 1939 durch seine für fatal gehaltenen Kriegsabsichten in Richtung Westen in ernster Gefahr.

Neben diesen außenpolitischen Interessen waren es allerdings auch innenpolitische Gründe, die man zur Rechtfertigung des Umsturzes anführte:

> Eine unerträgliche Parteiherrschaft in Gestalt eines den eigenen Nutzen suchenden Bonzentums wurde aufgerichtet und legte sich wie ein eisernes Netz über das ganze Volk. Jede freie Meinungsäußerung auch auf unpolitischen Gebieten wurde zum Verbrechen gestempelt, alles freie Sichregen der Geister unterbunden. Ein unerhörtes Maß der Bespitzelung und Verleumdung wurde zur Regel. Die Rechtsprechung vor allem in Strafsachen wurde immer mehr Parteigesichtspunkten untergeordnet. Das Verfahren der Gestapo verletzte die elementarsten Grundsätze der Sittlichkeit und vernichtete die menschliche Persönlichkeit. Schwere Verletzungen von Recht und Gesetz, Angriffe auf Leib und Leben oder die Freiheit untadeliger Menschen blieben straflos, ja wurden von oben ermuntert. Gerade neuerdings geschahen im Zusammenhang mit dem Kriege, von der höchsten Stelle im Staat geschuldet, Dinge, die in der deutschen Geschichte unerhört sind. In das gleiche Kapitel gehören die von Partei wegen gegen die Juden straflos begangenen fürchterlichen Greuel.

Waren diese Zustände erst einmal überwunden, würden »Gesetz und Recht ebenso wieder zu Ehren kommen wie Anständigkeit, sittliches Empfinden und wirkliche Freiheit«. Die Judengesetze sollten genauso wie jedes andere von den Nazis erlassene Gesetz abgeschafft werden. Das neue Deutschland war aber zumindest in Kriegszeiten noch kein demokratisches. Von Hassell sah zunächst eine Regentschaft der Wenigen vor, die eine »Mitarbeit des Volks« wohl erst nach erfolgtem Staatsaufbau berücksichtigte. Was genau darunter zu verstehen war, ließ das »Programm« offen. An eine Rückkehr zur Weimarer Republik aber, die im übrigen formell noch bestand, dachte man mit Sicherheit nicht. Das Führerprinzip blieb also legitim, ebenso die Auffassung, dass eine Demokratie nach westlichem Vorbild für Deutschland nicht unvermittelt übernommen werden könne.

Neben dem »Programm« verfasste man in den zivilen Reihen des Widerstandes ein Grundgesetz, das »Gesetz über die Wiederherstellung geordneter Verhältnisse im Staats- und Rechtsleben«, kurz »Vorläufiges Staatsgrundgesetz«.[185] Es geht mit großer Wahrscheinlichkeit auf Popitz zurück, wenngleich Jessen, von Hassell, Planck und Beck eine beratende Funktion zukam und auch Langbehn »beratend gehört« worden sein soll.[186] Anders als im Falle des »Programms« ist es nicht mehr möglich, den Zeitraum der Entstehung genauer einzugrenzen. Da man im Kreis um Popitz aber schon in der frühen Phase des gemeinsamen Gesprächs damit begonnen hatte, über die verfassungsmäßige Ordnung in der Zeit nach Hitler nachzudenken, muss es nicht unbedingt später als das »Programm« entstanden sein. Noch zu Kriegszeiten sollte das vorläufige Grundgesetz vom sogenannten Reichsverweser in Geltung gesprochen werden; für die spätere Schaffung eines endgültigen Grundgesetzes sah man dann die nicht näher bestimmte »Mitwirkung aller Schichten des Volkes« vor. Die sechzehn Artikel des vorläufigen Grundgesetzes muss man deshalb als den Versuch werten, die »tiefgehende Zerrüttung des öffentlichen Lebens« durch eine erste staatliche Ordnung zu überwinden. Die Macht sollte zwischen Staatsoberhaupt (Reichsverweser), Reichskanzler und Reichsministern aufgeteilt sein – Personen, die allesamt nicht demokratisch gewählt, sondern innerhalb dieser Institutionen bestimmt worden wären. Gleichwohl kennt das Grundgesetz eine Vertretung des Volkes in Form des Staatsrates, der gehört werden sollte. Hier hätte allerdings nur sitzen dürfen, wer ohnehin zur Regierung zählte oder sich in deren Augen durch Leistung und Persönlichkeit des Amtes würdig zeigte. Eine »Volksvertretung auf breiter Grundlage« strebte man erst nach einer »Festigung der allgemeinen Lebensverhältnisse« an. Die Guten hatten ja gesiegt, so dass man dem Volk abverlangte, sich noch einmal von Leuten regieren zu lassen, die sich selbst an die Macht gebracht hatten.

Die guten Absichten darf man denn auch nicht überlesen. In der Präambel beklagte man den vollkommenen Verlust von Rechtsstaatlichkeit und Menschlichkeit; dem Volk war beides zurückzugeben. Im ersten Artikel finden sich deshalb Leitsätze, die man als Grundrechte verstehen kann und die nicht nur moralische, rechtliche und religiöse Bereiche berühren, sondern auch Prinzipien der staatlichen Fürsorge, die man heute als Ausdruck einer Sozialstaatsorientierung begreifen würde. Auch zu diesem Zweck wollte man eine vom Staat gelenkte, gleichwohl von freien Unternehmern organisierte Wirtschaft. Dieses Grundgesetz ist deshalb noch lange kein Ausdruck demokratischer Gesinnung, aber es wäre dennoch falsch, darin die Programmschrift eines postfaschistischen Kreises von totalitär denkenden Autokraten zu sehen, die eine alte politische Ideologie durch eine neue ersetzen wollten. Die antidemokratische Haltung, die Popitz und andere unter dem Eindruck der Weimarer Republik eingenommen hatten, hielt sich zwar unter dem Eindruck von Totalitarismus noch, aber hier war die Morphologie nationalkonservativen Denkens und keine totalitäre Herrschaftsideologie bestimmend. Darüber hinaus hat man im Kreis um Popitz mit den Erfahrungen gearbeitet, die das eigene Volk betrafen. Lagen die Deutschen ihrem »Führer« nicht zu Füßen, waren sie nicht die Masse, mit der sich ein Diktator an die Macht bringen konnte? Niemand aus jenem Kreis konnte sich herausnehmen, aber wer später abrückte und schon bald nach dem Krieg über eine politische Ordnung in einem Land ohne Hitler nachdachte, hatte gute Gründe, davor zurückschrecken, das eigene Volk von Beginn an zur Legitimationsinstanz politischer Herrschaft zu küren. Das vorläufige Staatsgrundgesetz erscheint vor diesem Hintergrund wie der Versuch, bestimmte, im Kreis um Popitz vorherrschende politische Grundhaltungen mit solchen empirischen Gründen zu stützen.[187]

Um die neue politische Ausrichtung durchsetzen zu können, rief das Grundgesetz zugleich den Ausnahmezustand aus. Und auch diesen Ausnahmezustand bedachte man im Kreis um Popitz mit einem Schriftstück, dem »Gesetz über den Ausnahmezustand«. Hier gelten Jessen und Langbehn als Autoren, die wahrscheinlich im Jahre 1941 zu einer ersten Version fanden. Dieses Dokument liegt heute nicht mehr vor.[188] Aber da es durch das Grundgesetz in Kraft treten sollte, das wiederum mit dem »Programm« abgestimmt war, müssen wir davon ausgehen, dass Jessen und Langbehn mindestens das Grundgesetz kannten, wahrscheinlich aber auch das »Programm«. Es ist dabei nur schwer vorstellbar, dass sich beide mit den politischen Inhalten der ihnen vorliegenden Texte nicht in einem Mindestmaß identifizierten. Auch für Langbehn wollten nach außen deutsche Interessen vertreten und verteidigt werden, auch er beklagte das Leid anderer, vor allem der Juden, und gerade er wandte sich scharf gegen die rechtliche Willkür in seinem Land. Um diesen unerträglichen Zustand zu beenden, war er mit anderen im Kreis um Popitz bereit, eine politische Ordnung in Kraft zu setzen, mit der das Führerprinzip nicht aufgegeben, sondern nur unter neuen Bedingungen realisiert werden sollte. Zum Wohle des deutschen Volkes, wie man zweifellos dachte. Mit Jessen kam Langbehn dabei die Aufgabe zu, dieses Volk für die Dauer des Ausnahmezustandes mit einer Disziplin zu versorgen, auf die sich jeder berufen konnte, der für sich in Anspruch nahm, eine gerechte politische Ordnung auf den Weg zu bringen. Leider können wir uns diese Disziplin nicht mehr vor Augen führen. Zum »Gesetz über den Ausnahmezustand« ist von Popitz aber eine Art ›Kommentar‹ geschrieben worden, die sogenannten »Richtlinien zur Handhabung des Gesetzes über den Belagerungszustand«.[189]

Hier dachte man also wirklich an alles. Die Nationalkonservativen begründeten die Notwendigkeit für den Umsturz und skizzierten erste Maßnahmen für die Zeit danach (von Hassell); sie entwarfen ein vorläufiges Grundgesetz (Popitz) und riefen darin zugleich einen Ausnahmezustand aus, für den sie nicht weniger einen eigenen Gesetzestext formulierten (Jessen und Langbehn) – den man schließlich noch kommentierte, indem Popitz Richtlinien formulierte, wie dieses »Gesetz über den Ausnahmezustand« verstanden und angewendet werden sollte. Sinn und Zweck der »Richtlinien« aber bestand anscheinend nicht allein in dieser pragmatischen Ausrichtung. Der Tochter von Popitz zufolge, Cornelia, waren die »Richtlinien« eine »Ergänzung zu dem sehr scharf gehaltenen Gesetz über den Ausnahmezustand«.[190] In diesen »Richtlinien« wird der Umgang mit den Nationalsozialisten geregelt, insbesondere unter Hinweis des Verbots von »Vergeltungsmaßnahmen der Bevölkerung gegen Amtsträger der Partei«, weiterhin das Vorgehen bei der Besetzung zentraler politischer und wirtschaftlicher Einrichtungen, aber auch der Umgang mit den Häftlingen in den Konzentrationslagern. Außerdem verboten die »Richtlinien« Versammlungen, Demonstrationen und Streiks. In welchem Sinne damit die Vorgaben durch das »Gesetz über den Ausnahmezustand« ergänzt und vielleicht sogar abgemildert werden sollten, muss offen bleiben.

Die Mitarbeit am »Gesetz über den Ausnahmezustand« führte dazu, dass Langbehn im Verlaufe des Jahres 1941 fest in der Gruppe um Popitz installiert und allen dazugehörigen Personen unmittelbar bekannt wurde. Sie trug dazu bei, dass man ihn als einer der maßgeblichen Akteure und radikalen Gegner des NS-Regimes empfand.[191] Seine Kontakte zu Himmler sorgten andererseits bei einigen für Vorsicht und Zurückhaltung, etwa bei Goerdeler und von Hassell. Langbehn lernte beide in diesem Jahr kennen. Während sich die Beziehung zu Goerdeler anscheinend niemals wirklich vertiefte, erlebten Langbehn und von Hassell bereits im August 1941 eine für das weitere Verhältnis wichtige erste Begegnung.

Im Mai 1941 reiste ein von Himmler beauftragter Vertrauensmann zu Carl Burckhardt, dem unter anderem für das Rote Kreuz tätigen Schweizer Diplomaten und Historiker. Bei diesem Vertrauensmann handelte es sich aller Wahrscheinlichkeit nach um Langbehn.[192] Der Agent sollte, wie von Hassell notierte, herausfinden, ob »England wohl mit Himmler (statt Hitler) Frieden machen würde.« Von Hassell erfuhr von diesem Gespräch noch im selben Monat, denn Burckhardt berichtete seiner Frau Ilse von dem Treffen.[193] Als Burckhardt dann im August Deutschland besuchte, setzte das Amt Ausland/Abwehr seinen ihm zugeordneten Mitarbeiter Langbehn ein, um über Burckhardt Informationen zu besorgen, insbesondere über die Lebensmittellage in anderen Ländern. Bei dieser Gelegenheit organisierte Langbehn aber auch ein Treffen mit Burckhardt und von Hassell. Man traf sich auf dem Landsitz der Langbehns in Walchensee. Von Hassell hat darüber aufschlussreiche Notizen in seinem Tagebuch gemacht. Danach lernte er Langbehn am 17. August kennen, nachdem Karl Ludwig Freiherr von und zu Guttenberg ihn zwei Tage vorher darum gebeten hatte, den Rechtsanwalt bei sich in Ebenhausen zu empfangen.[194] Für das Treffen am 18. August formulierte von Hassell zwei »Richtlinien« im Sinne einer Verhandlungsbasis mit den Alliierten.[195] Die Inhalte des Gesprächs selbst entsprechen diesen Richtlinien weitgehend:

> 1) jedes Fordern eines deutschen Regimewechsels von der Feindtribüne ein taktischer Fehler, weil wir diese Frage als rein unsere Angelegenheit ansehen, 2) umgekehrt zerstören Identifikationen, wie sie aus Punkt 8 der Churchill-Roosevelt-Erklärung herausgelesen werden können, jede vernünftige Friedenschance, 3) das nationale Deutschland stellt sehr maßvolle Forderungen, wünscht nicht die Zerstörung des britischen Empire, kann aber von gewissen Ansprüchen keinesfalls abgehen.[196]

Die Kriegsentwicklung ließ zu diesem Zeitpunkt offenbar noch bestimmte Forderungen zu. In den Reihen des nationalkonservativen Widerstandes war man nicht nur selbstbewusst genug, um die Souveränität der eigenen Nation und ihre substantielle Unabhängigkeit vom Nationalsozialismus zu betonen; man war umgekehrt auch nicht bereit, von »gewissen Ansprüchen« abzugehen – eine Formulierung, hinter der sich handfeste europapolitische Geltungsansprüche verbargen.

Allerdings muss man anerkennen, dass sich die außenpolitischen Vorstellungen in Widerstandskreisen auch änderten und nicht unabhängig von den Kriegsentwicklungen fixiert waren. Während die Konservativen bis 1941/42 noch grundsätzlich an einer Großmachtstellung Deutschlands festhielten, änderten sich die außenpolitischen Vorstellungen nicht nur unter dem Eindruck der Kriegsentwicklung, sondern auch durch Gespräche mit Vertretern des Kreisauer Kreises.[197]

Das gilt nicht zuletzt für Carl Langbehn, der für Deutschland wohl niemals eine Hegemonialstellung beanspruchte und seinem Land dennoch einen Part im Konzert der wichtigen internationalen Spieler wünschte. Um die Mitte Jahres 1943 war er anscheinend der Auffassung, dass ein Frieden mit den Westmächten noch erreicht werden könne, wenn man sie davon überzeuge, dass der Sieg gegen den Bolschewismus auch und gerade in ihrem Interesse sei.[198] Dem scheint zu widersprechen, dass Kaltenbrunner ihn nach seiner Hinrichtung als einen Vertreter der sogenannten »Ostlösung« bezeichnete, einer Gruppe im Widerstand, die für eine »Verständigung« und ein »Zusammengehen mit

Rußland, ohne oder gegebenenfalls auch gegen den Westen« war.[199] Aber wie für Goerdeler und Beck gilt, dass die Ostlösung für sie »zeitweise ebenfalls im Vordergrund« stand[200], so ist es nicht ausgeschlossen, dass auch Langbehn seine entsprechenden Auffassungen aus einer *realpolitischen* Haltung heraus änderte. Dass er aufgrund seiner früheren kommunistischen Überzeugungen für eine Ostlösung war, ist jedenfalls sehr viel weniger plausibel als die Annahme, dass er sich in seinen Gesprächen unter Nationalkonservativen von der durchaus pragmatischen Auffassung leiten ließ, dass die beste Lösung für je gegenwärtige Probleme die je beste Lösung für Deutschland sein musste.

Der 26. August 1943 und seine Vorgeschichte

Im Winter 1941/42 erlitt die Wehrmacht an der Ostfront herbe Rückschläge. Die Hoffnung auf einen baldigen Sieg wich Befürchtungen über weitere militärische Einbrüche. Die in SS-Kreisen anscheinend formulierte Kritik erreichte über Langbehn den Kreis um Popitz: »Wilde Äußerungen einzelner SS-Führer«, referierte von Hassell am 30. November 1941 einen Bericht von ihm, »voller Kritik an der Partei und Hitler und voller Sorge wegen des Kriegsausgangs.«[201] Um welche SS-Führer es sich handelte, teilt von Hassell leider nicht mit. Am Ende des Winters blieb es ähnlich anonym, denn die Vermutung des Freundes, dass man bei der SS »allerhand plant«[202], wird ebensowenig durch Namen aufgeklärt. Wir erfahren auch nicht, in welchen Gesprächen der Verteidiger diese Informationen gewonnen hatte. Etwa bei Himmler selbst? Für den Winter 1941/42 verzeichnet der offizielle Dienstkalender Himmlers den Namen Langbehn immerhin zweimal, für den 5. November 1941 und den 23. Januar 1942.[203] Dass von Hassell am 30. November 1941 von wilden Äußerungen einzelner SS-Führer wusste, könnte man also durchaus mit dem Gespräch zwischen Himmler und Langbehn am 5. November erklären, auch wenn es hier nach offiziellem Eintrag um Einkäufe im Ausland gehen sollte. Langbehns Vermutung über Pläne bei der SS, die bei von Hassell im März 1942 vermerkt ist, könnte darüber hinaus in einem Zusammenhang mit dem Treffen vom 23. Januar stehen. Wenn sich in diesem Zeitraum im Widerstand ein Bewusstsein für Möglichkeiten regte, Himmler in den Kampf einzubeziehen, dann also vielleicht auch deshalb, weil Langbehn in seinen Gesprächen mit Himmler den Eindruck gewann, dass der Reichsführer-SS sich seinerseits zu regen begann und es sich deshalb lohnte, darüber nachzudenken, wie man dies für die eigenen Zwecke nutzbar machen könnte.[204]

Solche Gedanken standen im Kreis um Popitz seit spätestens Frühjahr 1942 im Raum. Anscheinend war man der Auffassung, dass selbst Himmler »geneigt« war, seine SS für einen Umsturz im Land einzusetzen.[205] Auch für diesen Zeitpunkt sind interessanterweise Treffen mit Himmler in dessen Dienstkalender vermerkt. Am 26. Mai war Langbehn gemeinsam mit Wolff bei Himmler zum Tee verabredet; da der Dienstkalender keine inhaltliche Beschreibung des Treffens angibt, kann nicht ausgeschlossen werden, dass Langbehn in diesem Gespräch herauszufinden suchte, ob man bei der SS wirklich »allerhand plant«. Vier Tage später, am 30. Mai, war Langbehn schon wieder bei Himmler, und auch in diesem Fall findet sich keine Angabe über den Zweck des Treffens. Bemerkenswert in diesem Zusammenhang ist auch die Notiz zu einem Treffen mit Wolff am 13. August: Einen Termin mit seiner rechten Hand kommentiert Himmler hier mit »militär. Lage. Absage u. Dank an Dr. Langbehn«.[206] Was sagte er ab, und wofür bedankte er sich?

Auch hier schweigt die Geschichte und öffnet damit Tür und Tor für Spekulation. Die fünf Treffen zwischen November 1941 und August 1942 bieten in ihrem Kontext hinreichend viel Stoff für Geschichten und sind zweifellos geeignet, die möglichen unterschiedlichen Ansichten über das Verhältnis zwischen Himmler und Langbehn jeweils zu legitimieren. Und auch darüber, in welchem Verhältnis Himmler zu Hitler stand, ließe sich spekulieren. War der Reichsführer-SS selbst »voller Kritik an der Partei und Hitler« und sogar dazu bereit, eigenmächtig Schritte zu unternehmen? Die Treffen mit Langbehn wären zumindest offen dafür, eine solche historische Sicht zu stützen. Umgekehrt würde eine konsensfähige, allgemein vertretene Auffassung über Himmlers Verhältnis zu Hitler eventuell helfen, die Beziehung zwischen Himmler und Langbehn besser zu verstehen, und das würde erlauben, die Zusammentreffen zwischen November 1941 und August 1942 angemessen einzuordnen. Leider ist aber schon Himmlers Verhältnis zu Hitler nicht eindeutig. Man darf hier einmal auf die Forschungssituation verweisen, die in der Frage nach diesem Verhältnis zwei einander entgegengesetzte Standpunkte erkennen lässt.

Da vertritt man auf der einen Seite die Auffassung, dass Himmler Hitler lange Zeit loyal ergeben war, sich auch durch die Kriegswende Ende 1942 nicht zu eigenmächtigen Plänen oder gar Handlungen verleiten ließ und erst gegen Kriegsende ohne Ab- und Rücksprachen mit Hitler selbständig den Kontakt zum feindlichen Ausland suchte, um die drohende Kapitulation doch noch zugunsten eines Friedensschlusses abzuwenden. Eigene Initiativen hat Himmler dieser Sicht zufolge erst unter dem Eindruck der militärischen Lage in den letzten Monaten des Krieges entwickelt.[207] Es ist kaum überraschend, dass man Himmlers Verhältnis zum Widerstand hier nicht weiter thematisiert, denn Beweise, dass Himmler schon lange vor den letzten Kriegsmonaten mögliche Szenarien durchspielte und versuchte, die dafür notwendigen Vorbereitungen zu treffen und etwa den Widerstand für seine Zwecke einzusetzen, gibt es anscheinend nicht.[208] Nun hat man diesem Bild, kaum weniger überraschend, widersprochen und dabei den Gedanken vertreten, dass Himmler sich über einen mehrjährigen Zeitraum nach und nach von Hitler gelöst habe.[209] In diesem Bild ist deshalb auch Platz für die Frage nach Himmlers Verhältnis zum Widerstand, insbesondere Langbehn.[210] Der Rechtsanwalt ist hier im Grunde genommen eine Art Gewährsmann dafür, dass der Reichsführer-SS mit dem Widerstand eine eigene Agenda verfolgte, wie auch immer diese ausgesehen haben mag.

Um die »Himmler-Option« als eine Idee des nationalkonservativen Widerstandes innerhalb einer politischen Biographie über Carl Langbehn zu rekonstruieren, ist es glücklicherweise gar nicht notwendig, dass man sich einer dieser zwei Positionen verschreibt. Denn maßgeblich ist hier nun einmal die in den Jahren 1942/43 *faktisch existierende* Auffassung *in Teilen des Widerstandes*, dass Himmler nicht bedingungslos hinter Hitler stand. Und der psychologische Motor für diese Auffassung war Langbehn. In den Vernehmungen nach seiner Festnahme sagte er später aus, dass man im Kreis um Popitz die Hoffnung hatte, dass Himmler sich zu »dringlichsten Vorstellungen beim Führer« entscheiden und der sich dann mit einer nur noch »repräsentativen Stellung« begnügen könnte. Mit dieser Hoffnung verbunden war die andere, dass man damit im Ausland die Bereitschaft zu Verhandlungen förderte.[211]

Mehr als eine Hoffnung dagegen war die Auffassung, dass Himmler wirklich an seinem »Führer« zweifelte und unter Umständen bereit war, Hitlers Absetzung zu betreiben, um den Weg zu Verhandlungen mit den Alliierten frei zu machen. Ob das tatsächlich der Fall war, muss, wie gesagt, gar nicht entschieden werden, um die »Himmler-Option« als einen wichtigen Aspekt im politischen Leben von Carl Langbehn zu behandeln. Einen Beitrag zu der Frage, wie man die Stellung Himmlers seit 1941/42 beurteilen muss, ist von dieser politischen Biographie entsprechend nicht zu erwarten. Die genannten fünf Treffen fallen damit natürlich nicht aus ihr heraus. Sie müssen nur unabhängig von einer Bewertung Himmlers in das weitere Verständnis *Langbehns* führen, in ein Verständnis der »Himmler-Option«, die ohne diese Treffen in ihrer historischen Genese nicht beschrieben wäre. Obwohl die Operation Himmler ihren verbürgten Anfang erst am 26. August 1943 nahm, bilden sie wichtige Daten zu einer Vorgeschichte, die bis in den Winter 1941/42 zurückführt und sich über verschiedene Entwicklungen bis in den Frühling 1943 hinein erstreckt. Als Popitz Himmler gegenübersaß, war das eine vielleicht immer noch naive, aber keine aus dem Augenblick geborene Idee. Und strukturell war sie ja keinesfalls ohne historische Vorbilder.

Die Idee, für einen Umsturz zunächst jene Kräfte für sich einzusetzen, die später selbst überwunden werden sollen, ist in der Geschichte alles andere als neu und wahrscheinlich eine der ältesten Machtstrategien überhaupt. Mit Marx ist sie in den Kanon des Revolutionsdenkens seit der Mitte des 19. Jahrhunderts eingegangen. Die Bourgeoisie habe in der Geschichte eine »höchst revolutionäre Rolle gespielt«[212], heißt es im *Manifest der Kommunistischen Partei*, eine Rolle, die Marx der bürgerlichen Klasse auch weiterhin zuschrieb, sofern er kurz vor den revolutionären Ereignissen des Jahres 1848 hoffte, dass die Bourgeoisie jene Revolution verwirkliche, für die dem Proletariat noch Kraft und Sammlung fehlten: »In Deutschland kämpft die Kommunistische Partei, sobald die Bourgeoisie revolutionär auftritt, gemeinsam mit der Bourgeoisie gegen die absolute Monarchie, das feudale Grundeigentum und die Kleinbürgerei. Sie unterläßt aber keinen Augenblick, bei den Arbeitern ein möglichst klares Bewußtsein über den feindlichen Gegensatz von Bourgeoisie und Proletariat herauszuarbeiten […], damit, nach dem Sturz der reaktionären Klassen in Deutschland, sofort der Kampf gegen die Bourgeoisie selbst beginnt.«[213] Wenn Bloch Jahrzehnte später, wie gesehen, im Faschismus den »schiefen Statthalter der Revolution« sah, so war das deshalb zumindest strukturell gut marxistisch gedacht. Als einige Jahre danach klar war, dass es keinen Weg vom Faschismus in die linke Revolution geben konnte und jene, die sich nicht als Marxisten bezeichnet hätten, im Widerstand gegen das Hitler-Regime waren, da musste die Revolutionsdialektik innerhalb des nationalsozialistischen Feldes verbleiben und dort nach Kräften suchen, die sich für den Umsturz zunächst instrumentalisieren und anschließend selbst überwinden ließen. Popitz und Langbehn hatten natürlich keine Diktatur des Proletariats im Sinne, aber strukturell steht die »Langbehn-Popitz-Initiative« in einem historischen Kontext, in dem sie bekannten Mustern der Revolutionslogik entspricht.

Viele Mitstreiter standen der Überlegung, Himmlers SS für einen Machtwechsel einzusetzen, vielleicht auch deshalb skeptisch gegenüber. Jessen und Planck sahen in ihr anscheinend keine richtige Lösung des Problems.[214] Außerhalb des Kreises riet man vielfach ab. Dohnanyi wollte in den Diskussionen mit Langbehn nicht sicher sein, dass die SS nach dem Umsturz nicht erneut ein Terrorregiment errichten würde, und hielt den Plan am Ende deshalb für unbrauchbar.[215] Auch Stauffenberg war dieser Auffassung, wenngleich die Gründe dafür andere gewesen sein mögen.[216] Das Spiel mit Himmler musste diesen und anderen Kritikern zweifelhaft vorkommen. Der Zwiespalt, in dem selbst jene standen, die sich Langbehns Freunde nannten, spiegelt sich gut in einem Tagebucheintrag, den von Hassell wenige Tage vor der Verhaftung Langbehns machte: »Ilse und ich frühstückten gestern in D. bei unserem Freund Kurzfuß [Langbehn]. […] Es war mir interessant, daß K. [Langbehn] immerhin selbst so weit ging, es als grotesk zu bezeichnen, daß man mit *diesen* Leuten reinigen und umsteuern wolle.«[217] Grotesk, aber in der Not einen Versuch wert – so verstand Langbehn die Idee einer Instrumentalisierung der SS. Im Verlauf der Jahre 1942 und 1943 musste sich aber noch einiges zutragen, bevor man sich im Kreis um Popitz zum Gespräch mit Himmler durchringen konnte.

Im Herbst 1942 setzte eine Verhaftungswelle ein, in der mehr als 120 Mitglieder der Roten Kapelle um Arvid Harnack und Harro Schulze-Boysen festgenommen wurden. In dieser Zeit lernte Langbehn Stauffenberg kennen.[218] Außerdem machte er die Bekanntschaft eines Vertrauten von Himmler, SS-Brigadeführer Walter Schellenberg, Leiter des SD-Auslandsnachrichtendienstes.[219] Schellenberg will Himmler nach eigenen, kritisch zu bewertenden Angaben im August 1942 den Vorschlag geheimer Friedensgespräche mit den westlichen Alliierten unterbreitet haben.[220] In diesem Zusammenhang ist es bemerkenswert, dass Langbehn im Dezember des Jahres zu Gesprächen in die Schweiz und nach Schweden reiste. In Bern traf er wahrscheinlich Allen Welsh Dulles, Agent des geheimdienstlichen amerikanischen Office of Strategic Services (und späterer Direktor des CIA), der sich seit November dort aufhielt und für die Vertreter des deutschen Widerstandes von besonderer Bedeutung war. In Zürich traf er sich mit einem Vertreter der Engländer, in Stockholm schließlich auf den amerikanischen Sonderbeauftragten Bruce Hopper.[221] Diese Reisen dürfen allerdings nicht als Bestätigung dafür gelten, dass Himmler auf den Vorschlag Schellenbergs einging und hinter dem Rücken Hitlers eigenmächtig das Gespräch mit den Alliierten suchte – und schon gar nicht als Beweis dafür, dass Himmler in dieser Zeit mit dem Widerstand zusammenarbeitete und gemeinsam mit den Konservativen an der Absetzung Hitlers arbeitete. Vergessen wir nicht, dass die Auseinandersetzung mit Langbehn unabhängig von einer Antwort auf die Frage möglich sein muss, mit welchen Absichten sich Himmler trug, sofern er über die Auslandsreisen von Langbehn unterrichtet war oder sie sogar anordnete.

Über die Gespräche in Zürich und Stockholm unterrichtete Langbehn von Hassell dahingehend, dass zum gegenwärtigen Zeitpunkt »immer noch Friedensmöglichkeiten annehmbarer Art« bestehen würden.[222] Das konnte natürlich kaum mehr als ein subjektiver Eindruck sein, den Langbehn aus seinen Gesprächen im Ausland gewonnen hatte. Die politische Wirklichkeit war eine andere. In Washington zum Beispiel waren nicht allein die Nationalsozialisten der Feind, sondern ein ganzes Volk und seine Ideologie. Eine handlungsbereite deutsche Opposition gegen Hitler musste aus amerikanischer Sicht darum unwillkommen sein, sofern man das Ziel verfolgte, die Deutschen als ganzes Volk zu besiegen.[223] Und dass man ausgerechnet mit dem KZ-Meister Himmler verhandeln würde, der dem Ausland als Inbegriff des Bösen galt, war mehr als unwahrscheinlich. Allein, es ist nicht ausgeschlossen, dass Langbehn mit gerade jenen und keinen anderen Ergebnissen nach Hause kam und sie an den Widerstand – und vielleicht auch Himmler – weitergab, um die Beteiligten auf diese Weise weiterhin an eine Möglichkeit zum Sturz Hitlers durch die SS festhalten zu lassen. Gespräche müssen interpretiert werden und gewinnen im Lichte dessen, der sie führt, ihren eigenen Gehalt. Aber ganz gleich, ob Langbehn Gesprächsinhalte wiedergab oder Tendenzen darin verstärkte – für die weitere Entwicklung war entscheidend, dass die »Himmler-Option« am Ende des Jahres 1942 nicht schon an Signalen aus dem Ausland scheiterte, die den Umsturz hätten sinnlos erscheinen lassen. Das Gespräch darüber blieb in Gang.

Bei den verschiedenen Widerstandsgruppen war man sich darüber im klaren, dass es darauf ankam, die Kräfte zu bündeln und Einigkeit in grundlegenden Fragen zu erzielen. Im Januar 1943 trafen sich Vertreter dieser Gruppen in Berlin bei einem der Wortführer des Kreisauer Kreises, Peter Graf Yorck von Wartenburg. Ob Langbehn an diesem Treffen teilgenommen hat, ist unbekannt. Gegenstand des Gesprächs waren wirtschafts-, sozial- und außenpolitische Themen, außerdem unterschiedliche Reformfragen.[224] Darüber hinaus war man in dieser Zeit darum bemüht, eine Kabinettsliste zu erstellen, mit der die unterschiedlichen Ressorts mit Männern aus den eigenen Reihen besetzt wurden. Seit Januar 1943 war Langbehn als Justizminister vorgesehen.[225] Als ausgebildeter und praktizierender Jurist brachte er die dafür notwendigen technischen Kompetenzen mit, die Fürsprache Popitz' aber, eine hohe Reputation als Rechtsanwalt und die weithin bekannten Erfolge im Kampf gegen das NS-Regime dürften der wesentliche Grund für seine Berücksichtigung gewesen sein.

In den folgenden Monaten musste der Widerstand weitere Rückschläge verkraften. Im April erlitt der in Berlin organisierte Widerstand eine empfindliche Schwächung, denn einer ihrer zentralen Akteure, Hans von Dohnanyi, wurde am 5. April 1943 festgenommen und einen Tag später in das KZ Sachsenhausen überführt: ein *psychologischer Schock*, so die bis heute bestimmende Auffassung im historischen Verständnis des Widerstandes.[226] – Nach der Verhaftung wandten sich Familie und Freunde an den Rechtsanwalt Langbehn mit der Bitte, in dieser Sache aktiv zu werden. Zu Guttenberg traf ihn am 11. April spätnachmittags beim Spazierengehen im Grunewald und besuchte ihn am Abend des nächsten Tages in Dahlem; dabei waren auch Justus Delbrück sowie Klaus und Karl Friedrich Bonhoeffer.[227] Das Mühen war umsonst; jedenfalls ist nicht bekannt, dass Langbehn in dieser Sache aktiv wurde. Die Gründe für seine Zurückhaltung mögen auch damit zu tun haben, dass er ja selbst mit Dohnanyi in Verbindung gestanden hatte und ein Teil der Geschichte war, die zu seiner Verhaftung führte. Einen Mandanten zu verteidigen, dessen ›Schuld‹ man in bestimmter Hinsicht mitverantwortete, schien kaum möglich. – Die Nerven lagen auch aus anderen Gründen blank. Mit Hans Oster, der zwar nicht verhaftet, aber seines Amtes enthoben wurde, fiel ein weiterer wichtiger Stratege im Inneren des Oberkommandos der Wehrmacht aus. Hinzu kam, dass die Enttäuschung über den ausbleibenden Schlag gegen Hitler durch die Wehrmacht im Frühjahr 1943 stark wuchs. »Das Militär hatte ich selbst kennengelernt«, gab Langbehn später in der Haft zu Protokoll, »und wußte, daß sich *keine Kompanie finden würde, die für einen Putsch zu marschieren bereit* wäre.«[228] In dieser Situation wichen die Zweifel an Plänen, die man unter hoffnungsvolleren Umständen noch hatte zurückstellen können. Wenn auf das Militär nicht mehr gehofft werden konnte, so blieb in der Sicht des Verteidigers nur die andere große Waffenkammer Deutschlands, die SS, mit der ein Umsturz versucht werden mußte. Im Mai 1943 war die Zeit reif, um das Spiel mit Himmler aufzunehmen.

Langbehns Aufgabe bestand darin, ein Gespräch zwischen Popitz und Himmler zu vermitteln. Aus der Darstellung der Geschehnisse in der Anklageschrift vom 25. September 1944 kann man seine Bemühungen nur bedingt rekonstruieren. Zum einen ist kaum zu erwarten, dass Langbehn sich in den Vernehmungen, die ihn nicht weniger als andere belasten sollten, allein der Wahrheit verpflichtet fühlte, zum anderen war die andere Seite darum bemüht, die Verbindung zwischen Himmler und Langbehn möglichst nur am Rande zu streifen, um den Reichsführer-SS nicht in der Perspektive des Widerstandes erscheinen zu lassen. Im Vordergrund standen deshalb die vorbereitenden Gespräche, die Langbehn mit SS-Obergruppenführer Wolff zwischen Mai und August 1943 geführt haben soll.[229] Oberreichsanwalt Lautz begründete die Bereitschaft Wolffs zu solchen Gesprächen in der Anklageschrift kaum überraschend mit der Absicht, sich über die Motive von Popitz und Langbehn klar zu werden. Wolff habe in diesen Gesprächen auf Himmlers »Treue zum Führer« hingewiesen, die einen Verrat an Hitler nicht zulasse. Langbehn soll daraufhin in den Worten der Anklageschrift erwidert haben, dass »über der Pflicht zur Treue gegenüber dem Führer die Pflicht zur Treue gegenüber dem ganzen Volk stehe und die Not der Stunde eine mutige Lösung erfordere.«[230] Von Tyrannenmord musste dabei gar nicht die Rede sein. Anscheinend sah man im Kreis um Popitz für Hitler eine »Ehrenalterstellung« samt unpolitischer, künstlerischer Existenz vor. Wolff sagte immerhin zu, Himmler darüber in Kenntnis zu setzen. Schellenberg hat nach eigener Auskunft seinerseits Himmler im Mai über die Pläne im Widerstand informiert.[231]

Inmitten dieser Fühlungnahmen mit der rechten Hand Himmlers und einer sich abzeichnenden Öffnung gegenüber dem Reichsführer-SS wurde wohl allen Beteiligten klar, dass man hier mehr aus Verzweiflung denn begründeter Hoffnung handelte. Seine Bedenken gegenüber der »Himmler-Option« formulierte von Hassell jetzt ganz unmissverständlich:

> Man stellt sich immer wieder die Frage, wie weit unsere Leute den Ernst der Lage (und den verbrecherischen Leichtsinn der getriebenen Politik) erkennen. Walch [Langbehn] behauptet, daß bei der höchsten SS-Führung die Erkenntnis davon und von der Notwendigkeit, Hitler auszuschalten, voll vorhanden sei. Tatsächlich wird in der Verzweiflung über das Rollen zum Abgrund und das

Versagen des Militärs bei den »Gutgesinnten« immer häufiger die Möglichkeit erörtert, wenn alle Stricke reißen, sich der SS zum Sturz des Regimes zu bedienen, schon um das Instrument in der Hand zu haben, innere Unordnung zu verhindern; nachher will man dann natürlich auch die SS ausschalten. Die Frage ist nur: erstens ob Himmler und Genossen ein solches Spiel wagen und nachher in dem so freundlich gewünschten Sinn mitspielen, zweitens welche Wirkung dies Verfahren im Ausland hat, für das grade die SS den Teufel verkörpert.[232]

Man kann dieses Wort – Verzweiflung – gerne aufnehmen und in dem wenige Wochen später stattfindenden Gespräch zwischen Popitz und Himmler nicht ohne Grund einen Verzweiflungsakt sehen. Und man kann darüber nachdenken, wer innerhalb der »höchsten SS-Führung« die Notwendigkeit eingesehen haben soll, »Hitler auszuschalten«. Da Langbehn hinter dieser Behauptung steht, stellt man sich die Frage, ob hier nicht Himmler gemeint sein musste. Selbstverständlich wäre in diesem Fall nicht auszuschließen, dass Langbehn im Kreis um Popitz seine eigene Informationspolitik betrieb, um die Gruppe aus ihrer Verzweiflung zu reißen und zum Handeln zu bewegen. Den Draht zu Himmler hatte er und niemand sonst. Wer überzeugt davon war, dass die Katastrophe – die bedingungslose Kapitulation – nur noch mit Hilfe der SS zu verhindern war, handelt selbst nur allzu menschlich, wenn er alles versucht, um das in die Wege zu leiten. Wenn Langbehn andererseits gute Gründe für seine Behauptung hatte und darüber hinaus wirklich Himmler gemeint war, so würde das schwerwiegende Konsequenzen für die Bewertung des Verhältnisses von Himmler und Hitler haben. Nur kommt man auch in diesem Fall nicht weiter. Statt dessen lernen wir, dass Langbehn auch im Juni 1943 als die treibende Kraft im Spiel mit der SS angesehen werden muss.

Im Juli trafen Popitz und einige andere mit Generalfeldmarschall Fedor von Bock zusammen, früherer Oberbefehlshaber der Heeresgruppen Mitte und Süd, der nach militärischen Misserfolgen und Spannungen mit Hitler seit 1942 in die Führerreserve degradiert worden war. In diesem Gespräch unterstützte von Bock den Plan, mit Hilfe der SS gegen Hitler vorzugehen, weil er von der Wehrmacht keine Initiative mehr erwartete. Marie-Louise Sarre gab das Ergebnis dieser Unterredung nach dem Krieg mit folgenden Worten wider: »Er sagte seine Bereitschaft nur unter der Bedingung zu, wenn der Putsch mit Himmler gemacht würde. Nur in der Zusammenwirkung mit der SS könne so etwas aussichtsreich sein.«[233] Sollte sich von Bock in dieser entschiedenen Weise geäußert haben, so waren Popitz und seine Leute nunmehr bestärkt, den Weg über Himmler zu gehen. Auch in einem Gespräch mit Tresckow Anfang August könnte der Plan Unterstützung erfahren haben.[234]

Himmler war zu diesem Zeitpunkt, als die militärischen Rückschläge dramatisch zunahmen, anscheinend bemüht, weiterhin über Langbehn den

Kontakt ins Ausland zu suchen. Eine sogenannte »Himmler-Langbehn-Sondierung«[235] fiel in die Monate Juli und August 1943. In dieser Zeit unternahm Langbehn drei Reisen.[236]

Die erste führte ihn in die Schweiz, wo er wahrscheinlich Gero von Schulze-Gaevernitz traf, einen deutschstämmigen Mitarbeiter von Dulles in Bern. Auch in diesem Fall kommentierte von Hassell die Ereignisse und die von Langbehn geäußerten Feststellungen: »Die Feststellungen ergaben die absolute Siegeszuversicht der Anglo-Amerikaner, ihre Entschlossenheit bis ans Ende zu gehen und insbesondere auch Berlin zu zerstören.«[237] Obwohl er die Quelle als vertrauenswürdig einstufte, war von Hassell der Auffassung, dass »wohl mehr Skepsis am Platze [ist], als K. [Langbehn] sie anwendet«.[238] Es liegt nahe, davon auszugehen, dass von Hassell den Gesprächsergebnissen damit keinen besonderen Stellenwert beimaß. In die laufenden Planungen in puncto »Himmler-Option« fügten sich die Ergebnisse indes sehr gut, denn sie konnten als ein weiterer Grund angeführt werden, Hitler so schnell wie möglich mit und durch die SS zu beseitigen. Aus diesem Grunde spielte die Schweiz-Reise Langbehn und Popitz in die Karten. Eine zweite Reise unternahm Langbehn nach Stockholm, um die Möglichkeiten eines Sonderfriedens mit Stalin zu erkunden. Langbehn wurde bei dieser Mission von der Abwehr beobachtet; die stellte anschließend fest, dass nur Stalin von diesem Kontakt profitierte, der sie wohl nutzte, um die westlichen Alliierten über Himmlers Absichten zu unterrichten und auf diese Weise vielleicht auch unter Druck zu setzen. Popitz kannte gegen Ende August die Ergebnisse beider Sondierungsgespräche. Bevor Langbehn seine dritte Reise, jetzt wieder nach Bern, antrat, kam es zu demjenigen Gespräch, auf das Langbehn in den Monaten zuvor hingearbeitet hatte.

Am 26. August betrat Popitz das Innenministerium, um den Reichsführer-SS Himmler zu treffen.[239] Ein paar Tage zuvor, am 21. August, hatte Wolff Langbehn den Termin mitgeteilt. Langbehn hatte diese Gelegenheit genutzt, um Wolff auf die Bedeutung des Gesprächs hinzuweisen, und unterstrichen, wie wichtig es sei, dass Himmler den Gesprächsverlauf nicht allein dem von Natur aus zurückhaltenden Popitz überlasse. Himmler war freilich gut vorbereitet, weil er über die Pläne innerhalb des Widerstandes informiert war und Popitz' Ansinnen deshalb nicht fremd gegenüberstand. Es scheint im übrigen Symbolcharakter zu haben, dass Himmler mit dem 26. August 1943 just am Tage seines Dienstantritts als frisch ernannter Reichsinnenminister mit einem Vertreter des zivilen Widerstandes zusammentraf. Hitler hatte Himmler auch diese Position noch zuerkannt, weil er in ihm eine »»überragende Persönlichkeit unseres Regimes«« sah und die hohe Stellung des obersten Hüters der Sicherheit im Reich durch die Ernennung unterstreichen und ausbauen wollte.[240] Gleichwohl stellt sich die Frage, wie man den genannten Symbolcharakter inhaltlich konkretisiert. Die mehr idealtypisch formulierten Positionen zur Stellung

Himmlers gegenüber Hitler (s.o.) lassen zwei unterschiedliche Deutungen zu. Wer Himmler im August 1943 frei von kritischen, oppositionell anmutenden Eigenmächtigkeiten sieht, wird das Treffen mit Popitz am Tage seines Dienstantritts als Reichsinnenminister für einen symbolischen Ausdruck der ernsthaften Absichten Himmlers halten, das geschenkte Vertrauen seines »Führers« mit allen ihm zur Verfügung stehenden Mitteln zu rechtfertigen; zu solchen Mitteln würde dann auch der Versuch zählen, den zivilen Widerstand weit genug an sich heranzulassen, um auf diese Weise möglichst viel über ihn zu erfahren. Wer dagegen die Auffassung vertritt, dass Himmler zu diesem Zeitpunkt wegen der Lage Deutschlands hinreichend besorgt war und aus diesem Grunde nicht nur über Langbehn im Ausland sondierte, sondern auch nicht ausschließen wollte, für die eigenen Zwecke den zivilen Widerstand nutzbar zu machen, mag in dem Datum 26. August 1943 einen symbolischen, schnell verpuffenden Auftakt für das Unternehmen einer Rettung Deutschlands sehen.

Das etwa zweistündige Gespräch mit Popitz am 26. August verlief unspektakulär. Langbehn hielt sich für die Dauer der Unterredung in einem Nebenraum auf, wo er die Sache seinerseits mit Wolff erörterte. Auch jetzt brachte er zum Ausdruck, wie wichtig das offene Gespräch auf der anderen Seite der Tür sei, selbst wenn man »dabei Kopf und Kragen riskiere«, wie man ihn in der Anklageschrift zitiert.[241] In Deutschland müsse die Willkür verschwinden und wieder rechtsstaatlich regiert werden. Seine Befürchtungen wurden allerdings wahr: Nach dem Gespräch stellte sich heraus, dass Popitz vage geblieben war und Himmler nicht durch eindeutige Stellungnahmen herausgefordert hatte, Position zu beziehen. Eher abwartend und reserviert soll Himmler sich verhalten haben, andererseits aber hinreichend mitteilend, um erkennen zu lassen, dass er in dieser Sache im Gespräch bleiben wolle. Popitz hatte immerhin klar gemacht, worauf es im Kern ankommt: auf einen Frieden mit den Alliierten, der unter der Voraussetzung einer veränderten Umgebung von Hitler möglich schien. Ribbentrop etwa halte man im Ausland für nicht verhandlungsfähig. Den Sturz Hitlers durch die SS dagegen schnitt Popitz nicht an. Kopf und Kragen hatte er mit diesem Gespräch wohl dennoch riskiert, nicht zuletzt deshalb, weil Himmler das Gespräch heimlich aufnehmen ließ und jetzt alle Möglichkeiten hatte, das von ihm sehr zurückhaltend geführte Gespräch nach außen zu kehren und als Grund für eine Verhaftung anzuführen.

Mit dem Gesprächsverlauf konnte sich Langbehn nicht zufrieden geben. Interessanterweise soll es Wolff gewesen sein, der ihm am nächsten Tag ein weiteres Gespräch zwischen Himmler und Popitz in Aussicht stellte. Dieses Mal wollte Langbehn dabei sein: Himmler musste mit dem Gedanken konfrontiert werden, Hitlers politische Macht einzuschränken, und diese Offenheit traute er Popitz auch in einem zweiten Gespräch nicht zu. In diesem Moment, im Gespräch mit Wolff, zeigte sich das Naturell des Rechtsanwalts in seiner maximalen politischen Dimension. Bei Himmler hatte er in der Vergangenheit gewisse Grenzen unbehelligt überschreiten können; er war der Mann, der Himmler auf den Kopf zusagen konnte, was er in seiner Position als Rechtsanwalt für richtig hielt, und er wurde dafür nicht bestraft. Nun war der Zeitpunkt gekommen, an dem er alles in die Wagschale werfen und Himmler auch von *politischen* Möglichkeiten im Land überzeugen musste. Der Verzweiflungsakt am Tag zuvor hatte noch keine schonungslos selbstvergessene Offenheit produziert, keinen Willen, radikal für die eigene Sache einzutreten. Die Verzweiflung musste sich jetzt in sinnvolles Handeln steigern, in ihm, der auf einmal das Gefühl haben mochte, entscheidende, wirklich entscheidende Sätze zu sprechen. Aber Carl Langbehn durfte noch nicht einmal dafür sterben. Ein gutes Jahr später hängte man ihn nicht auf, weil er einmal zu weit gegangen wäre und mit Himmler über die Absetzung Hitlers verhandelt hätte. Denn das von Wolff avisierte Gespräch fand überhaupt nicht statt. Langbehn trat vielmehr seine dritte Reise an und traf – vielleicht dann doch ein Ergebnis des Gesprächs vom 26. August – in Bern ein zweites Mal mit dem amerikanischen Geheimdienst zusammen. Es sollte seine letzte Reise sein.

Kapitel 6

Eine letzte Verteidigung

Die Enttäuschung über das Treffen am 26. August wich schon am nächsten Tag neuer Hoffnung. Mit der Nachricht von Wolff, dass Himmler zu einem weiteren Gespräch bereit sei, stellte sich die Frage, unter welchen Voraussetzungen man dieses Gespräch führen wollte. Wenn es Fortschritte geben sollte, so musste man in der Lage sein, konkrete Vorschläge zu machen, etwa hinsichtlich der Frage, wem im Falle einer ›Absetzung‹ Hitlers die Wehrmachtsführung zu übertragen wäre. Popitz wandte sich deshalb an Olbricht, der ihm Generalfeldmarschall Erwin von Witzleben nannte. Von Witzleben war schon vor dem Krieg ein Gegner Hitlers gewesen und einer der maßgeblichen Akteure in der Septemberverschwörung von 1938. Der Generalfeldmarschall sagte Popitz seine Bereitschaft unter der Bedingung zu, dass Himmler an ihn herantrete und dieses Szenario offen anspreche. Popitz blieb die Aufgabe, den Reichsführer-SS im nächsten Gespräch über diese Bereitschaft in Kenntnis zu setzen.

Derweil reiste Langbehn ein weiteres Mal in die Schweiz, wohin ihn seine dritte Reise des Spätsommers 1943 führte. Der Kontakt Himmlers mit einem wichtigen Repräsentanten des zivilen Widerstandes, der zugleich ein Ministeramt bekleidete, musste jetzt nach außen kommuniziert und als ein wichtiger Schritt in den Planungen über die Veränderung der Wehrmachtsführung dargestellt werden. Die außenpolitischen Vorstellungen, die Langbehn mit nach Bern brachte, gehen aus einem Gespräch hervor, das er im September mit von Hassell führte. Man war sich einig über die »ungeheuerlich schlechte Lage, in der ein neues Regime das Kommando übernehmen würde«, und debattierte die Frage, welche Kriegsstrategie die neue Führung entwickeln sollte. Von Hassell war lange Zeit der Auffassung gewesen, dass auch ein unter neuer Führung stehendes Deutschland im Osten *und* Westen weiterkämpfen müsse. »Jetzt leuchtet mir«, notierte er am 19. September 1943, »manches Argument K.s [Langbehns] ein, der meinte, man solle im Westen sofort alle besetzten Gebiete räumen, den Kampf einseitig aufgeben und alle Macht gegen den Osten werfen (*einschließlich* Südosteuropa) und damit den Angloamerikanern das Dilemma stellen, ob sie uns beim Kampf gegen Sowjetrußland wirklich in den Rücken fallen oder vielmehr – unter Besetzung Deutschlands – diesen Kampf weiter möglich machen wollen.«[242]

Das waren kühne Gedanken; das Planspiel eines Strategen, der den Feind im Osten sah und bereit war, den westlichen Alliierten das eigene Land zu überlassen, wenn sie denn nur bereit wären, den Kampf gegen die Russen zu unterstützen. Der ehemalige Kommunist war ein Freund des Westens geworden und jetzt offensichtlich der Überzeugung, dass man aus der Sache nur dann noch heil herauskommt, wenn man die Westmächte siegen lässt und die eigene Niederlage dabei erträglich macht, indem man sie kurzerhand in den Anfang eines neuen Bündnisses ummünzt. Hier rechnete jemand mit der Einsicht der Alliierten, dass der Osten auch für sie eine Bedrohung darstellt und man zwischen sich und den Russen einen Puffer braucht, der Deutschland schließlich sein könnte. Von einer »Ostlösung« war also zumindest im Gespräch mit von Hassell nicht die Rede. Eine neue Führung des Landes hätte natürlich nicht nur die außenpolitischen Vorstellungen teilen, sondern auch der Auffassung sein müssen, dass ein entsprechender militärischer (Um-)Zug logistisch realisierbar sei. Doch solche Fragen durften nicht interessieren, als es galt, in der Schweiz mit amerikanischen Geheimdienstvertretern über die neuesten innerdeutschen Entwicklungen zu sprechen. Langbehn konnte dort mit der gewollten Hoffnung aufwarten, dass nicht Hitler, sondern ein anderer verhandlungsbereiter Vertreter der Partei bald für Friedensverhandlungen zur Verfügung stehen würde. Ob er im direkten Auftrag Himmlers bei seinen Gesprächen dafür warb, über Möglichkeiten eines Sonderfriedens unter neuer deutscher Führung nachzudenken, bleibt offen, ebenso die Frage, wie viel eigenen strategischen Ausblick er in Bern entwarf. Aber Langbehn hatte immerhin konkrete Ideen und musste sich für das, was er vor Ort fern der deutschen Hauptstadt sagte und tat, zunächst nur vor sich selbst rechtfertigen.

Ein Akt größter Illoyalität? Die Verhaftung im September 1943

Im September 1943 kehrten sich die Mächte gegen Langbehn. Die Wucht, mit der er getroffen wurde, richtete sich nahezu gegen alles, was er war und wofür er lebte. Seine eigene Verhaftung am 22. oder 23. September ist hier deshalb nur das Zentrum eines Schlages, der auch andere traf. Wenige Tage nach dem Treffen zwischen Popitz und Himmler wurde zunächst Marie-Louise Sarre verhaftet. Sie selbst schrieb, das sei fünf Tage nach diesem Treffen geschehen, also Anfang oder Mitte September, weil Sarre sich im Datum des Gesprächs zwischen Popitz und Himmler irrte und es auf Anfang September datierte. Ob sie Langbehn auf seiner Reise in die Schweiz vorher begleitet hatte, wissen wir nicht. Aber sie stand ihm menschlich und politisch nahe genug, um dafür in Frage zu kommen. Es wäre nicht das erste Mal gewesen, dass beide gemeinsam in der Schweiz waren. Im Jahr zuvor reiste Langbehn ja unter anderem nach Zürich, um mit den Engländern Gespräche zu führen. »Damals«, lesen wir in einem Brief von Sarre, »war ich auch in Zürich u. wir waren viel zusammen gewesen u. natürlich auch gesehen worden.«[243]

Dass sie miteinander »gesehen« worden sind, hat dabei nicht nur widerstandspolitische Implikationen. Denn in Marie-Louise, die man Puppi nannte, sah Carl eine Frau, die für ihn mehr als nur eine Komplizin im Kampf gegen das Regime war. Sie kannten sich jetzt schon einige Jahre und waren sich sehr nahe.[244] Seiner Frau erzählte Carl bekanntlich nicht viel von seinem Widerstand, um sie vor der Gestapo und ihren Methoden zu schützen. Mit Puppi aber hatte er jemanden an seiner Seite, der Teil dieses anderen Lebens war. Sollte sie vor Carl verhaftet worden sein, so hatte er jetzt sehr persönliche Gründe, einen Menschen aus dem Griff der Nazis zu befreien.

Schon einmal war ihm das gelungen, im Februar 1943. Wenige Wochen vorher hatte Puppi die »grosse Dummheit« begangen, sich mit einem Stellvertreter von Wolff bei der SS in der Prinz-Albrecht-Straße anzulegen. Sie erschien dort, weil sie ältere Juden vor ihrem Abtransport nach Polen bewahren wollte und hoffte, mit Wolff über die Sache sprechen zu können. Zeitnot ließ Sarre keine andere Wahl, als den Stellvertreter menschlich anzugehen. Der machte anschließend Meldung, und einige Wochen später verurteilte man sie wegen »Judenbegünstigung« zu sechs Monaten KZ. »Davor«, man wundert sich nicht mehr, »hat mich dann L[angbehn] nach drei Tagen gerettet.«[245] Dieses Mal aber konnte er nicht mehr helfen. Im September 1943 war er selbst bald ein Verfolgter des Regimes, der mit dem Verdacht gegen ihn und wegen seiner Verbindung zu Sarre beste Gründe dafür lieferte, sie weiterhin in Haft zu halten. Festgenommen wurde er, als er in der Prinz-Albrecht-Straße erschien, um dort wegen von Bernstorff vorzusprechen. Langbehn stand bei Himmler und anderen immer noch im Wort, seinen Mandanten zu überwachen. Um diese Zeit muss auch Irmgard verhaftet worden sein. Sie selbst kam nach drei Wochen wieder auf freien Fuß. Und auch Sarre war anfangs optimistisch: »Meine Sache stand nicht schlecht. An Popitz wagten sie nicht heran, aus uns bekamen sie nichts heraus u. so blieb die Anklage (Vorwand) von angeb. Verhandlungen L.'s in der Schweiz, im Jahre 1942.«[246]

Doch Monat um Monat verging, ohne dass man sie entlassen hätte. Im Januar 1944 entschloss sich deshalb die Schauspielerin Käthe Dorsch, sich für sie einzusetzen. Mit Hermann Göring hatte auch sie persönliche Kontakte nach ganz oben, die sie in früheren Zeiten fruchtbar zu machen wusste. Dieses Mal wandte sie sich an Hanns Johst, einen nationalsozialistischen Schriftsteller mit wichtigen Funktionen im sogenannten Kulturleben, der seinerseits mit Himmler befreundet war. Dorsch stellte alles auf die »Liebesbeziehung« zwischen Sarre und Langbehn ab und argumentierte, dass sie dadurch ganz unwillentlich und ohne jede Mitwisserschaft in den Kreis der Tätigkeiten des Rechtsanwalts geraten sei.[247] Folgenlos, Marie-Louise Sarre blieb in Haft.

Vor der im Herbst 1944 durchgeführten Hinrichtung des Mannes, den sie liebte, hat sie ihn nach eigener Auskunft nur noch einmal gesehen. Die beiläufige, gar nicht weiter thematisierte Aussage, er sei »wohl im Oktober gehängt« worden, wirkt vor dem Hintergrund ihrer engen Beziehung dabei auf geradezu unheimliche Art und Weise kühl, nüchtern und fern. Carl war privat schon vor seiner Verhaftung ein Mensch, der schwer an seiner Verbindung zu Puppi trug; nach der Freilassung seiner Frau im Oktober 1943, die viel Last von ihm nahm, blieb die nackte Angst um diese andere Frau, die er nicht mehr retten konnte. Denn dafür hätte er sich selbst retten müssen, hätte er zu Himmler gehen können müssen, um sich für seine eigene Freilassung einzusetzen. Himmler war für ihn jetzt allerdings genauso unerreichbar wie für die meisten anderen auch. Und Himmler seinerseits blieb stumm.

Die Gründe für die Verhaftung Langbehns sind bis heute nicht hinreichend aufgeklärt. Nach seiner Rückkehr aus der Schweiz traf er noch einmal Himmler – ein Gespräch, das ohne Popitz stattfand und gleichwohl das Thema Hitler und die Notwendigkeit seiner Zurückstellung zumindest berührte. Was Popitz später deutlich sagen sollte, wollte Langbehn nur andeuten und darin eben doch mitteilen. Sarre zufolge, der Langbehn von diesem Gespräch erzählte, war Himmler in diesen Partien des Gesprächs sehr ernst und sachlich.[248] In diesen Tagen, am 18. September, traf Langbehn dann auch noch einmal von Hassell, um mit ihm die eingangs genannten außenpolitischen Fragen zu behandeln. Wenige Tage später, am 22. oder 23. September 1943, wurde er verhaftet. Was man sich zu dieser Zeit über die Gründe der Verhaftung erzählte, gibt von Hassell wieder:

> Die Gestapo, wie es scheint Müller und Schellenberg, haben Langbehn nebst Frau, Sekretärin und P[uppi] Sarré (sic!) eingesperrt. Es ist noch nicht klar (aber wahrscheinlich), ob Himmler und Wolff selbst dahinter stecken. Popitz hat von Himmler eine ausweichende Antwort erhalten. Grund noch nicht sicher festgestellt. Angeblich hat man eine englische Agentennachricht aufgefangen, nach der er »als Vertrauensmann Himmlers« in der Schweiz erklärt habe, dieser begreife die Lage und sei zu Verhandlungen bereit. Das wäre eine sehr üble Lage. Himmler würde dann gradezu in der Zwangslage sein, gegen Langbehn vorzugehen, um sich reinzuwaschen. Nun ist der Mann lahmgelegt, der so vielen braven Leuten, die Opfer der Gestapo waren, geholfen hat, ganz abgesehen von den politischen Folgen. Dazu die nette famose Frau und die tapfere kleine Sarré (sic!).[24]

Eine »Agentennachricht« der Engländer ist bis heute nicht gefunden. Wir wissen noch nicht einmal, um was genau es sich bei dieser Nachricht handelt. Irmgard Langbehn sprach später von einem Telegramm und war mit Hinweis auf eine ungenannt bleibende Quelle der Auffassung, dass ein solches

Telegramm »niemals existiert hat« und dass Himmler nach Art einer Intrige ein »fingiertes Telegramm« vorgelegt wurde, um beide, Himmler und Langbehn, zu belasten.[250] Zu Haftzeiten erzählte man sich in Widerstandskreisen, dass Langbehn in einem von Himmler beauftragten Telegramm von Sonderfriedensverhandlungen mit England sprach. Dietrich Bonhoeffer, der gemeinsam mit seinem Schwager Hans von Dohnanyi am 5. April 1943 festgenommen worden und bis zu diesem Zeitpunkt insbesondere um Dohnanyi und Canaris im Amt Abwehr für den Widerstand tätig gewesen war, erzählte dem Theologen und damaligen Gefängnisseelsorger in Tegel, Harald Poelchau, der selbst zum Kreisauer Kreis des Widerstandes gehörte, dass der Abwehrdienst dieses Telegramm abgefangen und »auf direktem Wege« an Hitler geleitet hat. »Himmler habe, zur Rede gestellt, Langbehn sofort fallen und verhaften lassen.«[251] Im Gefängnis versuchte Poelchau nach eigener Auskunft vergeblich, den jetzt sehr zurückhaltenden Langbehn für ein persönliches Gespräch über die entsprechenden Ereignisse zu gewinnen.

Nach dem Krieg kursierten unterschiedliche Versionen. Eine davon lautete, dass es Heinrich Müller von der Gestapo gewesen sei, der Eindruck bei Hitler und Bormann habe machen wollen und deshalb die Verhaftung Langbehns in die Wege leitete.[252] Gleichwohl darf man von Hassells Vermutung nicht übergehen, dass Himmler eine Rolle spielte. Denn sollte ihm ein Schriftstück vorgelegt worden sein, aus dem hervorging, dass er sich den westlichen Alliierten eigenmächtig über einen seiner ›Vertrauensmänner‹ als Verhandlungspartner angeboten habe, musste er – ob selbst beteiligt oder nicht – diesen ›Vertrauensmann‹ aus dem Verkehr ziehen, wollte er sich selbst nachhaltig schützen.

Wenn nicht noch neue Dokumente auftauchen, werden die genauen Umstände der Verhaftung undurchsichtig bleiben. Unter den historischen Quellen darf man allerdings vor allem eine nicht vergessen: Heinrich Himmler selbst. Ein knappes Jahr nach der Verhaftung war er gezwungen, seine am 3. August 1944 gehaltene Rede auf der Gauleiter-Tagung in Posen für seine Entlastung zu nutzen. Zu diesem Zeitpunkt saß Langbehn immer noch in Haft. Vor dem 20. Juli war er für Himmler steuerbar, seit dem Attentat dagegen musste er fürchten, in eine nicht mehr von ihm kontrollierbare Situation zu geraten. In seiner Rede musste es ihm deshalb unter anderem darum gehen, die Festnahme Langbehns und sein Treffen mit Popitz plausibel und mit seiner unbedingten Treue zum »Führer« vereinbar zu machen. Es ist aufschlussreich, wie er sich dabei zu Langbehns Festnahme äußerte:

> Ein eigenartiger Herr, ein Staatsminister Popitz, versuchte viele Monate, mit mir Fühlung zu bekommen. Er hat mir durch einen Mittelsmann sagen lassen, er möchte dringend eine Aussprache mit mir. Diesen Mittelsmann ließen wir einmal plaudern, ließen wir erzählen, und der erzählte so ungefähr: Ja, es wäre

also doch notwendig, daß der Krieg beendet würde, wir müßten mit England zu einem Friedensschluß kommen – genau die Gedanken von jetzt –, und zwar wäre die Voraussetzung, der Führer müßte eigentlich weg und müßte so ungefähr aufs Altenteil gesetzt werden, auf einen Ehrenpräsidentenposten, und seine Gruppe wäre sich darüber klar, daß sie es gegen die SS nicht gut durchführen könnte, deswegen hoffe sie, ich wäre ein verständiger und verantwortungsbewußter Deutscher – nur für Deutschland natürlich, um Gottes willen keine eigensüchtigen Sachen –, ob ich denn da nicht mittäte. Als ich das zum erstenmal hörte, ging ich sofort zum Führer und sagte: Den Kerl bringe ich jetzt um, so eine Unverschämtheit, mir überhaupt so einen Gedanken zuzumuten. Der Führer lachte und sagte: Nein, den werden Sie nicht umbringen, sondern anhören, lassen Sie sich den einmal kommen, das ist interessant, und wenn er sich bei der ersten Unterredung gleich verausgabt, dann können Sie ihn gleich festnehmen. [...] Die erste Aussprache mit Herrn Popitz ist nun sehr interessant gewesen. Es war meine erste Handlung als Reichsinnenminister, auch eigenartig. Wir haben die Unterhaltung dann auf Draht aufgenommen, damit sie festgelegt wurde. Er kam zu mir ins Reichsinnenministerium. Er traute sich aber nicht so ganz heraus, wie ich das gewünscht hätte. Er verlangte dringend sehr bald wieder nach einer Aussprache. Dann war mir aber die Sache noch zu unreif. Ich habe dem Führer darüber berichtet und sagte: Das ist noch nicht reif, da erwischen wir nämlich bloß ein paar Äußere, der Popitz ist nur am Rande, er tut mit, aber die Wichtigeren sitzen ganz woanders, sitzen in den Kreisen hinter Herrn Halder. Ich habe mir dann wenigstens den Mittelsmann einmal hereingeholt. Seit der Zeit, seit ¾ Jahren, sieht Herr Popitz so käsig aus. Wenn ihn jemand sah, war er so bleich wie eine Wand, das lebende schlechte Gewissen. Das glaube ich. Er schrieb Fernschreiben an mich, ließ antelefonieren, lief fragen, was mit dem Dr. X wäre, was passiert wäre, ist es so oder so passiert, geschieht es mit meinem Willen oder gegen meinen Willen. Ich sagte mir: Zum Weglaufen ist der Kerl zu feige, und tun wird er im Moment auch nichts, dazu hat er im Moment zu große Angst. Das hat sich auch als richtig herausgestellt.[253]

Himmler hatte anscheinend eine Neigung, Leute gleich umbringen lassen zu wollen, sofern andere ihm Gründe dafür lieferten. Als Langbehn beim ersten gemeinsamen Gespräch in der zweiten Hälfte der 1930er Jahre auf bestimmte nationalsozialistische Verbrechen im Land hinwies, soll er ja erwidert haben, dass er die Schuldigen »umlegen« lassen werde, sofern die Vorwürfe stimmen. Jetzt, Jahre später, schilderte er selbst, wie ein Mittelsmann ihn über Pläne im zivilen Widerstand um Popitz informierte. Vor den Gauleitern posierte Himmler dann damit, dass er den Minister gleich umzubringen gedachte. Aber Hitler habe ihn ja davor zurückgehalten und ein Gespräch zwischen Himmler und Popitz vorgeschlagen. Damit war Himmler natürlich entlastet.

Der »Führer« selbst verantwortete schließlich seinen Kontakt zu Kreisen des Widerstandes.

Man kann auch an dieser Darstellung zweifeln. Während nämlich Himmler behauptete, Hitler nach den Erzählungen des Mittelsmannes »sofort« – also *vor* dem Treffen mit Popitz am 26. August – informiert zu haben, ist es nicht ausgeschlossen, dass er erst danach bei Hitler erschien und sich für ein bereits geführtes Gespräch nachträglich ein Alibi besorgte, indem er Hitler glauben ließ, das Gespräch erst noch führen zu wollen. Albert Speer zufolge unterrichtete Himmler Hitler schließlich erst im *Spätherbst* 1943. Das Gespräch, das Speer verfolgen konnte, habe sich folgendermaßen zugetragen:

> »Sie sind dann also einverstanden, mein Führer, daß ich mit der ›Grauen Eminenz‹ [Popitz] spreche und dabei so tue, als ob ich mitmache?« Hitler nickte. »Es gibt irgendwelche dunklen Pläne, vielleicht erfahre ich, wenn ich sein Vertrauen erobere, mehr davon. Wenn Sie, mein Führer, von dritter Seite dann hören sollten, so wissen Sie über meine Motive Bescheid.« Hitler machte eine Geste des Einverständnisses: »Selbstverständlich, ich habe alles Zutrauen zu Ihnen.«[254]

Diese Erzählung rückt die Geschehnisse in ein vollkommen anderes Licht. Wenn Speer sich richtig erinnerte und darüber hinaus auch nicht verhörte, war es Himmler selbst, der den Kontakt zu Popitz vor Hitler anregte; dabei spielt es keine Rolle, ob das Gespräch mit Hitler vor oder nach dem 26. August 1943 stattgefunden hat. Denn in beiden Fällen wäre es Himmler und nicht Hitler gewesen, der auf die Idee kam, Popitz ins Reichsinnenministerium kommen zu lassen. Der Zeitpunkt des Gesprächs mit Hitler ist dagegen natürlich dann von Bedeutung, wenn es darum geht, Himmlers Standpunkt im Sommer 1943 zu diskutieren. Wenn er das Treffen mit Popitz wirklich erst nachträglich mit Hitler abgesichert hat, so wäre das ein möglicher Hinweis darauf, dass er in besonderer Weise an einem unter bestimmten Bedingungen verhandelten Sonderfrieden mit den westlichen Alliierten nachzudenken bereit war. Und sollte es ein abgefangenes Telegramm gegeben haben, konnte er veranlasst gewesen sein, das Gespräch offiziell auf einen späteren Zeitpunkt nachzudatieren. Denn nur so wäre gesichert gewesen, dass Hitler keinen Zusammenhang zwischen Himmlers Treffen mit einem Vertreter des Widerstandes und den Auslandsreisen Langbehns sehen konnte.

Die Rede in Posen muss auch in anderer Hinsicht in Zweifel gezogen werden. Zunächst scheint sie ja durchaus bei der Frage behilflich zu sein, wer die Verhaftung Langbehns verantwortete. »Ich habe mir«, sagte Himmler vor den Gauleitern, »dann wenigstens den Mittelsmann einmal hereingeholt.« Himmlers Aussage, er habe den Mittelsmann »einmal hereingeholt«, d. h. festnehmen lassen, ist nicht unglaubwürdig. Seine Begründung dieser Festnahme dagegen muss man kritisch betrachten. Hier ist, wie zu erwarten, keine Rede von einer Schweiz-Reise, von einem Telegramm und damit auch nicht von einem möglichen Zusammenhang zwischen ihm selbst und Sonderfriedensverhandlungen. Der Mittelsmann wäre vielmehr verhaftet worden, weil man zumindest über ihn – die Sache mit Popitz war ja noch nicht »reif« – etwas mehr über die Aktivitäten im Widerstand erfahren wollte. Himmler kontextualisierte die Festnahme also nicht mit Langbehns Kontakten ins Ausland, sondern zum innerdeutschen Widerstand. Doch den anonymen Mittelsmann hat es im Leben Himmlers niemals gegeben. Langbehn forderte ihn vielmehr seit einigen Jahren mit seinen rechtsanwaltlichen Ansprüchen heraus und war darüber hinaus von ihm selbst für Sonderaufträge in Anspruch genommen worden. Man traf sich zum Tee, konnte über die eigenen Kinder sprechen und sich danach erkundigen, wie es der Frau Gemahlin geht. Und vielleicht fand Himmler es sogar wert, mehr von Langbehns Herkunft aus einem alten ostholsteinischen Bauerngeschlecht zu erfahren, für die sich der studierte Agrarwissenschaftler und passionierte Rassenideologe Himmler zweifellos hätte interessieren können. Vor diesem Hintergrund versteht man auch, warum von Hassell die fortgesetzte Inhaftierung Langbehns einmal als einen »Akt größter Illoyalität« bezeichnete.[255] Von Himmler eine Form der Loyalität zu erwarten, erscheint indes überaus merkwürdig. Im Leben des Reichsführer-SS konnte ein anonymer Mittelsmann problemlos auftreten, als die gemeinsame Vergangenheit zu einer Belastung und Gefahr wurde. Himmler löschte diese Vergangenheit, indem er einen Menschen namen- und damit geschichtslos machte. Und der Grund dafür musste gewichtiger sein als die Absicht, durch ihn mehr über die Gruppe um Popitz zu erfahren.

Im übrigen stellt sich die Frage, wie viel Popitz bei seinem Gespräch von Himmler selbst erfuhr, als er ihn nach und wegen der Festnahme Langbehns aufsuchte. Was von Hassell dazu notierte, ist offen für eine Interpretation, der zufolge Himmler in Posen die Ereignisse im Sommer 1943 schlichtweg in seinem Sinne drehte. Denken wir daran, was im Tagebuch steht: »Popitz hat von Himmler eine ausweichende Antwort erhalten. Grund noch nicht sicher festgestellt. Angeblich hat man eine englische Agentennachricht aufgefangen, nach der er ›als Vertrauensmann Himmlers‹ in der Schweiz erklärt habe, dieser begreife die Lage und sei zu Verhandlungen bereit.« Der zweite und dritte Satz dieser Passage können durchaus auf den ersten Satz bezogen werden; in diesem Fall wäre die »ausweichende Antwort« derart gewesen, dass Himmler über die Gründe der Festnahme noch keine sicheren Angaben machen wollte oder konnte und nur auf eine im Ausland abgefangene Agentennachricht verwies. Im Lichte einer solchen Auslegung zeigt sich, dass Himmler um den Zusammenhang zwischen Langbehns Auslandsreise in die Schweiz und seiner Verhaftung wusste. Noch nicht einmal er selbst musste sie veranlasst haben, damit man behaupten kann, dass er ein knappes Jahr später in Posen nicht die Wahrheit sagte. Denn selbst wenn er von der Verhaftung nur erfuhr, wären die Gründe für Langbehns Inhaftierung andere als diejenigen, die er vor seinen Gauleitern anführte. Nicht die Verwicklungen des Mittelsmannes in den Widerstand ließen Himmler sodann untätig bleiben, sondern mögliche eigene Verwicklungen, sofern ein Telegramm ihn kompromittierte. Die historische Wahrheit mag anders aussehen, aber die Indizien, die zum Verständnis der Geschehnisse im September 1943 hinreichen müssen und gegen Himmlers eigene Darstellung gewendet werden dürfen, sprechen dafür, den Anfang vom Ende im Leben eines Menschen mit einer seiner politischen Sondierungen im Ausland zu begründen und nicht mit seiner Stellung als ›Mittelsmann‹ zwischen Himmler und jenem Widerstandskreis, für den er das für diese Stellung notwendige Risiko auf sich nahm.

Geschichtslos vor dem Volksgerichtshof

Nach seiner Verhaftung saß Carl Langbehn zunächst in der Prinz-Albrecht-Straße ein, dem Gestapo-Hausgefängnis. Später, wohl schon 1944, wurde er in das KZ Sachsenhausen verlegt, dann in das KZ Ravensbrück. Noch in der Prinz-Albrecht-Straße wurde er verhört. Besuch durfte er dort empfangen. Über Heinz Kleine und Peter Bielenberg konnte er so an andere weitergeben, was in seinen Vernehmungen angesprochen und von ihm selbst gesagt wurde. Gefoltert wurde er zu diesem Zeitpunkt noch nicht. Anfang November schaffte es Irmgard, ihren Mann ungestört zu sprechen. Bei dieser Gelegenheit nannte er ihr den Ort, an dem sich Papiere finden würden, die nunmehr Belastungsmaterial wären. Bei diesen Papieren habe es sich um das Staatsgrundgesetz gehandelt, das nach Stand der Dinge von Popitz verfasst wurde, nach der Mitteilung von Irmgard aber ihr Mann »ausgearbeitet hatte«. Vielleicht nannte Carl das von ihm mit Jessen verfasste Gesetz über den Ausnahmezustand, das ja ein Seitenstück zum Staatsgrundgesetz war, einfach ganz allgemein nach dem Haupttext. Das würde auch erklären, warum dieses Gesetz heute nicht mehr existiert, denn nach dem Besuch in der Prinz-Albrecht-Straße verbrannte Irmgard die ihr genannten Papiere aus Gründen der Sicherheit.

Die Sorge im Widerstand war zu dieser Zeit groß. »In bezug auf die Entwicklung zu einer Wende in Deutschland«, kommentierte von Hassell die nach außen mitgeteilten Vorfälle im Hausgefängnis der Gestapo, »erweist sich der Fall Kurzfuß [Langbehn] als besonders unheilvoll. Wiederholte Gespräche mit Geißler [Popitz] [...] ergaben, daß K. [Langbehn], der immer noch die Gastfreundschaft seines Freundes Cielo [Himmler] in Anspruch nimmt, vor allem über die Frage ausgepreßt wird, warum er Geißler [Popitz] an Cielo

[Himmler] herangebracht habe.«[256] Popitz, sichtlich mitgenommen, war um eine Freilassung bemüht und trug sich mit der Absicht, Himmler auf das Treffen am 26. August anzusprechen, um möglicherweise damit verbundene Missverständnisse auszuräumen. Von Hassell sprach sich »lebhaft« dagegen aus. Überhaupt geriet Popitz in dieser Zeit ins Abseits. Die unheilvollen Folgen des Vorgehens im August, das darin gipfelte, dass jetzt ein Mitwisser die mögliche, wenn nicht wahrscheinliche Informationsquelle für das Regime war, sprengten nicht nur den Kreis um Popitz, sondern machten auch Popitz selbst zu einer unwichtigen Randfigur.

Mit seiner Verlegung in das KZ Sachsenhausen verschärften sich die Haftbedingungen für Langbehn. Die Wirkungen eines Lese- und Schreibverbots, das dort für den streng isolierten Sonderhäftling galt, darf man nicht unterschätzen, aber die Grenzen dessen, was ein Mensch aushalten kann, erfuhr der Gefangene erst, als man begann, ihn körperlich und seelisch zu misshandeln. Noch im Mai 1944 war Irmgard nicht ohne Hoffnung, aber nachdem sie ihren Mann am 23. Juni zum ersten (und letzten Mal) besuchen durfte, wurde ihr klar, was er erleiden musste. »In diesem Raum«, vertraute er ihr an, »habe ich die schlimmsten Stunden meines Lebens verbracht. Man hat mich erst hungern lassen, dann mit Pervertin gespritzt und dann morgens von 2–4 Uhr, mehrere Nächte hintereinander, oder auch länger verhört. Ich habe aber keinen Namen Beteiligter preisgegeben. Das war die größte Willensstrapaze meines Lebens.«[257] Das Regime aber konnte mehr. Nach dem 20. Juli galten andere Gesetze auch für Langbehn, der bis zu diesem Zeitpunkt vielleicht noch mit Himmler rechnen durfte, um das Schlimmste nicht erleben zu müssen, jetzt aber restlos denjenigen Leuten überlassen war, die ganz unmittelbar für ihn zuständig waren.

Nach dem Attentat auf Hitler fiel der Kreis um Popitz dem Regime nach und nach zum Opfer. Popitz wurde am 21. Juli verhaftet, Planck zwei Tage später und von Hassell am 29. Juli. Nur Jessen konnte sich bis zum 11. Oktober halten. Mit von Hassell wollte das Regime am schnellsten fertig werden: Man verurteilte ihn am 8. September zum Tod und vollstreckte das Urteil schon zwei Stunden später.

Für die Ermittler gehörten Popitz und Langbehn zusammen. Man setzte sich in abgestimmter Weise mit beiden auseinander und führte die Verhöre entsprechend durch. Etwa zwei Monate nach dem Attentat waren die Ermittlungen abgeschlossen. Die sechzehn Seiten umfassende Anklageschrift legte Oberreichsanwalt Lautz dem Reichsjustizministerium am 25. September vor. Ich habe sie bisher mit gebührender Vorsicht berücksichtigt und werde auch im folgenden versuchen, sie für ein historisches Verständnis zu nutzen. Es wäre verkehrt, diese Quelle mit der Begründung zu ignorieren, dass die meisten der Aussagen Langbehns ohnehin nur strategischer Natur waren und die Nazis die Dinge in ihrem Bericht schließlich so darstellten, wie es für ihre Zwecke notwendig war. Denn da wir schlichtweg in vielen Fällen nicht wissen, was wahr, was falsch ist, fällt es in unsere Verantwortung, die überlieferten Schilderungen in die Arbeit an einem historischen Bild kritisch eingehen zu lassen.

Oberreichsanwalt Lautz lastete Popitz und Langbehn in seiner Anklageschrift folgende »Tat« an:

> Sie haben im Inlande bis zum Jahre 1943/44 als Teilnehmer an einer zahlenmäßig kleinen Clique staatsfeindlicher Verschwörer es zusammen mit mutlos gewordenen Offizieren unternommen, den Führer durch eine Gewalttat, die die Möglichkeit seiner Ermordung einschloß, zu beseitigen, um sodann unter Sturz des nationalsozialistischen Regimes die Gewalt über Staat und Heer an sich zu reißen und den Krieg durch würdeloses Paktieren mit dem Feinde zu beenden. Als Hoch- und Landesverräter haben sie sich damit außerhalb der deutschen Volksgemeinschaft gestellt.[258]

Diese Anklage formulierte Lautz unter der suggerierten Voraussetzung, dass die »Tat« mit dem »Anschlag auf den Führer vom 20. Juli 1944« im Zusammenhang steht, wie man, immerhin eingeklammert, in der Betreffzeile des Anschreibens an den Ministerialrat Franke liest. Doch das war alles andere als richtig, denn in die Planungen der Gruppe um Stauffenberg waren die Angeklagten nicht einbezogen. Der Oberreichsanwalt jedoch nutzte die Möglichkeit, die Schwere der »Tat« unter dem Eindruck des 20. Juli zu erhöhen. Die Ermittlungsergebnisse schließlich erhielten die Form einer Erzählung über die Entwicklungen hin zum Widerstand, die man nach den Vernehmungen von Popitz und Langbehn zugrundelegte. Sie blieb im Falle Langbehns an seiner Vermittlerrolle orientiert und erzählt kaum die ganze Geschichte. Wenn er bald geschichtslos vor dem Volksgerichtshof stand, so war die Anklageschrift ein maßgeblicher Grund dafür.

Zur Geschichte von Carl Langbehn gehört allerdings auch die Zeit seiner Vernehmungen. Und wer den Darstellungen des Oberreichsanwalts hier trauen möchte, sieht jetzt einen Menschen, der einiges versucht, um sein Leben zu retten.[259] Man liest von »vielen Winkelzügen« – so wollte man den Rechtsanwalt vorführen. Er selbst nahm ja aber nur ein weiteres Mal das Spiel des Verteidigers auf, jetzt nicht weniger radikal als in früheren Fällen. Der Angeklagte, der von sich behaupten konnte, lange Jahre mit dem Reichsführer-SS bekannt zu sein, nutzte diese besondere Stellung und versuchte, die Ereignisse des Jahres 1943 zu seinen Gunsten zu wenden. Jetzt war jedes Mittel recht. Handlungen, die nicht abgestritten werden konnten, mussten in ein unschuldiges Licht gestellt werden. Aus diesem Grunde opferte der Verteidiger anscheinend seine Beziehung zu Popitz – in einem Akt, der vor dem Hintergrund der gemeinsamen Geschichte beider Männer nachdenklich stimmt. Mit hoch- und landesverräterischen Plänen habe sich der preußische Finanzminister beschäftigt, Pläne, die er selbst nicht teilte; sein Anliegen wäre es deshalb gewesen, sie »unschädlich« zu machen, indem er Popitz dem Reichsführer-SS »zuspielte«. Die Absichten waren allerdings weniger brutal, als man zunächst fürchten möchte. Denn Langbehn wollte nicht Popitz, sondern seine Pläne unschädlich machen – und dabei nur jene Aspekte, die ihm schädlich schienen. An Popitz' Treue zum »Führer« habe er nie gezweifelt und die legitimen Teile seiner Pläne auch unterstützt. Das Gespräch mit Himmler, richtig, hatte er vermittelt, aber allenfalls in der Hoffnung, dass sich der Reichsführer-SS für den »berechtigten Teil der Wünsche des Dr. Popitz« einsetzen würde, namentlich die »Einsetzung eines Wehrmachtführungsstabes« und die »Reaktivierung der deutschen Außenpolitik«. Diese zwei legitimen »Wünsche« nannte Langbehn nicht zufällig, denn wie aus dem späteren Urteil hervorgeht, sollte das Gespräch mit Himmler am 26. August drei wesentliche Ziele formulieren: die Absetzung des Reichsaußenministers; eine Veränderung der Wehrmachtsführung, durch die Hitler von seinem Amt als oberster Befehlshaber abgezogen wird; und die Einsetzung Himmlers als Reichskanzler, die mit einer Zurücksetzung Hitlers auf eine repräsentative Funktion einhergehen sollte. Was Langbehn an diesen Vorstellungen legitim finden wollte, ist all das, was nicht mit Hitler zu tun hatte. Das Ziel, die deutsche Außenpolitik zu reaktivieren, durfte er jetzt noch ohne Einschränkung teilen. Aber die Absetzung Hitlers als oberster Befehlshaber der Wehrmacht musste in die »Einsetzung eines Wehrmachtführungsstabes« übersetzt werden, die den Namen Hitler unberührt ließ. Gänzlich ungenannt blieben die faktische politische Absetzung Hitlers und die Idee, Himmler zum neuen ersten Mann im Staate zu machen.

Die Ziele, die Langbehn für die seinigen ausgab, erschienen, so gewendet, harmlos und ließen sich dabei zugleich als inhaltliche Aspekte jener Ziele ausweisen, die man Popitz zuschrieb. Der Verteidiger brauchte diese doppelte Natur, um seine Handlungen als Vermittler des Gesprächs vom 26. August plausibel zu machen. Diese Handlungen mussten damit ja nicht notwendig als Hoch- und Landesverrat gewertet werden, sondern konnten vielmehr ebenso unschuldig wie verdienstvoll wirken: unschuldig, weil sie legitime Ansprüche repräsentieren, verdienstvoll, weil sie verräterische Ideen unschädlich machen würden.

Der Oberreichsanwalt wollte dieser Interpretation nicht folgen und lag hier einmal richtig. Der Verteidiger hatte auch in diesem Fall viel riskiert, sein ganzes Geschick zum Einsatz gebracht und eine Sichtweise vorgetragen, die nunmehr ihn selbst aus einer scheinbar ausweglosen Lage retten sollte. Scheiterte er als Verteidiger, so indes nicht deshalb, weil er einen Fehler machte, sondern weil dieses Spiel entschieden war, bevor es begonnen hatte. Ob er dabei auch als Mensch scheiterte, ist eine andere Frage. Man kann Verständnis für Aussagen haben, mit denen jemand sein Leben zu retten versucht. Wer solches Verständnis aufbringt, läuft freilich Gefahr, dass man ihm menschlichen Realismus für apologetisches Getue ausgibt. Wer sich dagegen moralisch enttäuscht zeigt, kann mit dem Vorwurf rechnen, dass diese Enttäuschung doch nur eine Enttäuschung darüber ist, hier kein Heldenepos des deutschen Widerstandes schreiben zu können. Wer sich aber zwischen diesen beiden Standpunkten nicht entscheiden möchte, dem bleibt die Beschreibung – eine, die weder in den verständnisvollen noch in den selbstgefälligen Blick des Zuschauers verfällt und darüber hinaus vermeiden lässt, den für uns verschlossenen Blick, den Langbehn an diesem Punkt in seinem Leben auf sich selbst einnahm, mit nur allzu eindeutigen Urteilen über ihn zu kompensieren.

Das Urteil wurde am 3. Oktober von Freisler verkündet. Ein paar Tage zuvor, am 29. September, wurde Langbehn in das Gefängnis Tegel überführt. An diesem Tag sah er noch einmal von Moltke, der ebenfalls dorthin verlegt wurde. Einmal dort angekommen, ging Carl daran, sich neu zu organisieren. Am 1. Oktober schrieb er an seine Mutter Martha. In diesem Brief stehen die menschlichen Bedürfnisse eines Zellenhäftlings – nach sauberer Wäsche und Handtüchern zum Beispiel – neben dem Versuch, die Mutter mit den jetzt notwendigen Schritten bekannt zu machen. Was der Sohn ihr schrieb, klingt ganz nach dem Rechtsanwalt, der noch lange nicht aufgegeben hatte. Man möge draußen beraten, »was man für die nächste Zeit tun kann«. Denn: »Ich selbst bin ja seit über 1 Jahr aus allem heraus.« Heinz Kleine solle »sofort« mit seinem Verteidiger sprechen und ihn darum bitten, »mich *möglichst bald* aufzusuchen«.[260] Dass er schon zwei Tage später vor dem Volksgerichtshof stehen sollte, war Langbehn offenbar nicht bekannt. Einen der Verteidiger, die für ihn und Popitz dort antraten – mit Namen Weimann und Kunze –, hatte er vielleicht bis dahin noch nicht einmal gesehen.

Sein eigener Verteidiger war er darüber hinaus nur noch in der Sache. Das Regime war sehr darum bemüht, es am Verhandlungstag mit einem *ehemaligen* Rechtsanwalt zu tun zu haben. Ende September wartete man im Reichsjustizministerium auf den »Führerbefehl«, Langbehn aus der Liste der Rechtsanwälte zu löschen. Am 1. Oktober lag die Anordnung vor, ihn aus der Rechtsanwaltschaft auszustoßen. Ein Mitarbeiter des Reichsjustizministeriums teilte dies dem Berliner Landgericht am nächsten Tag in einem Telephongespräch mit und ordnete mit Hinweis auf die Verfügung des »Führers« die Löschung aus den entsprechenden Listen des Landgerichts an. Dort nahm man die Änderung sofort vor und meldete den Vorgang noch am selben Tag telephonisch an das Reichsjustizministerium zurück. Am 2. Oktober 1944 war Carl Langbehn kein Rechtsanwalt mehr.

Am nächsten Tag standen Langbehn und Popitz gemeinsam vor dem Volksgerichtshof. Die Verhandlung dauerte den ganzen Tag, von 9 bis 21 Uhr. Im Vorfeld hatte sich Kaltenbrunner mit einem Schreiben vom 27. September an den Reichsjustizminister Thierack gewandt. Sein Anliegen ist aufschlussreich:

> Im Hinblick auf den auch Ihnen bekannten Sachverhalt, nämlich Besprechung RF*SS*-Popitz, bitte ich anordnen zu wollen, dass die Hauptverhandlung unter praktischem Ausschluss der Öffentlichkeit durchgeführt wird. Ihr Einverständnis voraussetzend, würde ich zu diesem Termin etwa 10 meiner Mitarbeiter als Zuhörer abordnen. Wegen eines weiteren Kreises von Zuhörern bitte ich schliesslich, mir ein Überprüfungsrecht zuzubilligen.[261]

Selbstverständlich folgte der Reichsjustizminister dem Vorschlag des hohen Parteifunktionärs, so dass keine neugierige oder gaffende Öffentlichkeit, sondern eine ausgewählte kleine Schar von Mitarbeitern der Sicherheitsdienste den Anschein eines ordentlichen Gerichtsverfahrens wahrte. Der Grund für diese Maßnahme: das Gespräch von Himmler und Popitz am 26. August 1943. Kaltenbrunner befürchtete, dass die für die Verhandlung notwendigen Ausführungen einem weiteren Kreis von Zuschauern merkwürdig vorkommen könnten und Himmler in ein schlechtes Licht geriet. In seiner Vorsicht ging man sogar so weit, dass die Inhalte dieses Gesprächs in der Verhandlung selbst nicht zur Sprache kamen. Statt dessen wurde vor der Verhandlung unter anderem Freisler ein »besonderes Ermittlungsheft«[262] zur orientierenden Ansicht vorgelegt. Den 26. August hielt man anscheinend für so brisant, dass man ihn selbst vor einem ausgewählten Kreis von Mitarbeitern und den bestellten Laien im Richtergremium – Gartentechniker und Kleingärtner Kaiser, Bürgermeister Ahmels und Ingenieur Wernecke – nicht ausbreiten wollte.

Den langen Tag bestritt Freisler deshalb damit, die zwei Wege in den Widerstand zu verhandeln sowie Hintergründe, Ziele und Folgen des 26. August offenzulegen.[263] In besonderer Weise war er dadurch gefordert, dass die Angeklagten dem Präsidenten des Volksgerichtshofes keinesfalls das Feld überließen und ihn zwangen, eine Schuld zu beweisen, die mehr in Gesinnungen als in Taten bestehen musste. Weil Langbehn zu »drehen« versucht habe, sah sich Freisler zuweilen genötigt, energisch und laut dazwischenzugehen. Gegenüber Popitz habe er sich dagegen »sehr überlegen und ruhig« gegeben. Aber auch Popitz war nun sein eigener Verteidiger, der nichts anderes versuchte als sein Mitstreiter Langbehn in den Verhören zuvor: eine Deutung der Ereignisse, die ihn in bestimmter Weise entlastet. Er schilderte verschiedene Phasen in seiner Sorge um Deutschland seit dem Ende der 1930er Jahre und entwickelte ein Bild, das einen Menschen im Sinneswandel zeigt. Nach dem Gespräch mit Tresckow Anfang August 1943 habe er seine *inneren* Beziehungen zu den Regimegegnern aus unterschiedlichen Gründen aufgegeben, neue Ziele formuliert und das Gespräch mit Himmler wenige Wochen später geführt, um seine »Sorgen in der Ministerebene« mitzuteilen. Auf diese Weise wendete Popitz das am Ende in der Tat relativ harmlos bleibende Gespräch zu einem ministeriellen Treffen, auf dem man über außenpolitische Themen und innenpolitische Veränderungen sprach, ohne dass die Absetzung Hitlers ja wirklich angesprochen worden war. Spätere Treffen im Juni 1944 mit von Witzleben und Helldorf versuchte er dabei mit der veränderten inneren Haltung vereinbar zu machen, sofern er zwischen äußerlicher Handlung und innerer Einstellung unterschied und dafür eintrat, dass man diese innere Einstellung nicht an seinen Handlungen abzulesen suche. Auch für die unmittelbare Zeit vor dem Attentat auf Hitler beanspruchte Popitz damit einen innerlich geläuterten Standpunkt.

Dieser Vortrag war ein kluger, denn weil Freisler selbst darauf angewiesen war, die Schuld an der Gesinnung festzumachen, musste er Popitz jetzt nachweisen, dass sein Bild vom inneren Sinneswandel eine Lüge war. Hier konnte es aber keinen Beweis geben. Dem Richter blieb deshalb nur, das zu tun, was Popitz für sinnwidrig erklärte, mithin seine Gesinnung an seinen Handlungen abzulesen. Aber konnte man die Suche nach einem Namen, der für die Übernahme des Oberbefehls in Frage kommt – Popitz wurde bei seiner Suche schließlich an von Witzleben verwiesen –, wirklich nicht als unmittelbaren Ausdruck einer Hitler- und Regimegegnerschaft werten? Freisler war von der prinzipiellen Überzeugung geleitet, dass es keinen Weg vom Verrat zurück zur Treue gibt, und hatte deshalb kein Problem, jede infragekommende Handlung nach dem 26. August als einen Beleg dafür zu werten, dass Popitz keinen Sinneswandel durchgemacht hatte. Popitz' Rückzug in ein intelligibles Reich seiner selbst, in dem Meinungen, Überzeugungen und Absichten existieren, setzte Freisler die Handlungswirklichkeit entgegen, die ihm genug war, um über die innere Haltung des Angeklagten zu urteilen.

Ganz ähnlich ging der Vorsitzende auch im Falle Langbehns vor. Wer nichts tut, handelt zuweilen, und weil Langbehn es nicht unternommen hatte, die Stellen über die ihm bekannten Sachverhalte auf Seiten des Widerstandes zu informieren, schloss Freisler, dass auch er von verräterischer Gesinnung war. Anders als in den vorangegangen Vernehmungen stellte Langbehn in seiner Verteidigung anscheinend nicht mehr die Absicht in den Vordergrund, die verräterischen Aspekte im Plan von Popitz unschädlich zu machen – Popitz saß oder stand direkt neben ihm. Seine Unschuld begründete er mit seiner fehlenden Erfahrung in Fragen, die auf Ministerebene verhandelt werden. Auch er sei von der Sorge um Deutschland geleitet worden und habe mit dem Gespräch am 26. August eigentlich nur zwei Möglichkeiten verbunden: entweder einen Erfolg, der darin bestanden hätte, dass Himmler die Vorschläge von Popitz dem »Führer« vortrage, oder die Festnahme des preußischen Finanzministers. Freisler ließ sich auf diese verharmlosende Logik nicht ein und führte seine eigene ins Feld: Langbehn habe die Sache für »faul« gehalten, da die Schuld doch vom Erfolg nicht abhängen könne. Nicht weniger für ihn als für Popitz

Carl Langbehn und Johannes Popitz am 3. Oktober 1944 vor dem Volksgerichtshof

stellte er deshalb fest, dass sie das Treffen mit Himmler »nicht guten, sondern verräterischen Herzens vorbereitet« hätten: »Mitten im Kriege! In unserem schwersten Ringen! Als es auf Leben und Tod ging! Männer, die Bildung in Anspruch nehmen!«

Für die Geschichten dieser Männer interessierte Freisler sich nicht. Und weil die Angeklagten selbst sie nicht erzählen konnten, endete der Tag für mindestens Langbehn tragisch. In seinem Schlusswort auf seine guten Absichten zurückgeworfen, begründete er sie ausgerechnet mit einem Hinweis auf denjenigen, der für seine Situation nicht unverantwortlich war: Heinrich Himmler. Das Protokoll vermerkt, dass auch dieses Schlusswort die Anwesenden »nicht ganz ohne Eindruck« ließ, möglich auch deshalb, weil Freisler die zusammenhängende Rede am Ende dieses Tages einmal nicht unterband. So war es Langbehn immerhin möglich, seine letzte Verteidigung im Klang der eigenen Worte zu beenden. Er rechtfertigte sein Verhalten in der Zeit vor seiner Verhaftung dabei unter anderem damit, dass er der Aufforderung Himmlers gefolgt sei, »Anregungen« zu geben – welch forderndes Wort.

Zum einen lässt sich mit ihm die im fünften Kapitel zurückgestellte Frage wiederholen, in welchem Maße Himmler eigenmächtige Schritte unternommen und sich damit illoyal gegenüber Hitler verhalten hat. Wenn Langbehn die Wahrheit sagte und Himmler von ihm wirklich »Anregungen« erwartet hatte, so wäre das Spiel des Verteidigers an manchen Stellen durch Himmler selbst motiviert worden. Allein, der vage Hinweis auf »Anregungen« ist nicht substantiell und die über dieses Wort artikulierte Aussage deshalb auch keinesfalls geeignet, mit ihm über Himmlers Verhältnis zu Hitler zu spekulieren oder das Spiel des Verteidigers in ein Spiel Himmlers umzuschreiben.

Zum anderen spiegelt die Rede von »Anregungen« die ganze Komplexität eines Verhaltens vor dem Volksgerichtshof wider. Im Bewusstsein der Geschichte eines Mannes im Widerstand, wie ich sie mit diesem Buch geschrieben habe, erscheint die genannte Rechtfertigung wie ein traurig stimmender Rückzug vom Kampf gegen das Regime. Mit seinem Hinweis auf Himmlers Aufforderung, so könnte man meinen, überging Langbehn sich selbst, die Geschichte seines Widerstandes und die ehrenvollen Absichten, von denen er getragen war. Am Abend des 3. Oktober 1944 tauschte Carl, so gesehen, sein Leben für ein wenig Hoffnung ein, es mit Himmler verlängern zu können. Aber diese Sichtweise wäre zu einseitig und würde andere ehrenvolle Absichten verdecken. Denn wenngleich Carl sich vor einem Richter verteidigte, darf nicht vergessen werden, dass er dabei nicht nur für sich selbst, sondern auch für andere sprach. In seine Verteidigung musste die Sorge um die eigene Familie eingeschlossen sein, so dass der Hinweis auf die »Anregungen« nicht zuletzt dem Anliegen geschuldet war, die Menschen in seinem persönlichen Umfeld vor dem (wiederholten) Zugriff der Nazis zu schützen.

Der Richter war freilich schon lange entschieden. Am Verrat hatte er keine Zweifel, nicht daran, dass Langbehn wie Popitz dem »Führer die Führungsmacht« entreißen wollte. »Sie sind«, lautete das Urteil, »dadurch Verräter geworden an allem, was wir sind und wofür wir kämpfen, am Opfer unserer Krieger, an Volk, Führer und Reich. Für immer ehrlos werden sie mit dem Tode bestraft. Ihr Vermögen verfällt dem Reich.«

Schneller als erwartet

Was Langbehn nach der Urteilsverkündung das Leben verlängerte, war sein bisheriges. Dieser Mann war in sozialer Hinsicht in einem außergewöhnlichen Maße in das Leben seiner Zeit eingelassen und mit einer Unzahl von Menschen im In- und Ausland bekannt. Seine weitgespannten Beziehungen machten ihn zu einem lohnenswerten Ziel weiterer Verhöre. Nach seiner Verurteilung wurde er deshalb nicht gleich hingerichtet. Goebbels kommentierte das drei Tage später mit dem Hinweis, dass Langbehn »noch eine ganze Menge von sensationellen Neuigkeiten mitzuteilen« habe.[264] Auch Popitz führte man wieder in seine Zelle zurück. Mit ihm hatte man in den nächsten Monaten noch einiges vor. So manch einer konnte seine Hinrichtung allerdings kaum erwarten. Reichsjustizminister Thierack zum Beispiel wandte sich im November an Kaltenbrunner, um ihn wissen zu lassen, dass er jeden weiteren Aufschub der Hinrichtung für »recht mißlich« hielt. Im Dezember sagte man ihm zu, dass man den Verurteilten wahrscheinlich Mitte Januar für die Vollstreckung des Todesurteils freigeben könne. So war es denn auch. Johannes Popitz wurde am 2. Februar 1945 in Berlin-Plötzensee gehenkt. Das Gnadengesuch, das seine Tochter Cornelia einen Tag nach der Urteilsverkündung handschriftlich an Hitler richtete, blieb wirkungslos.

Auch diejenigen, die sich in gleicher Weise für Carl Langbehn einsetzten, fanden kein Gehör. Eine Freundin der Familie, Birgitta Nestler, setzte sich auch hier noch einmal für einen Verfolgten des NS-Regimes ein. Sie war mit Albert Nestler verheiratet, einem Großunternehmer in Süddeutschland. In ihrem Schreiben an das Reichsjustizministerium bezeichnete sie Langbehn als einen »der besten Freunde meines Mannes«, war aber anscheinend auch selbst gut mit ihm bekannt. »Ich war inzwischen im Führerhauptquartier«, schrieb der Rechtsanwalt ihr etwa im November 1941, »und glaube erreicht zu haben, daß Dr. Bartsch in allernächster Zeit entlassen wird.«[265] Auch Birgitta Nestler setzte auf die letzte Berliner Hoffnung, wenn es galt, Menschen aus der Haft zu holen. Sie entstammte einem schwedischen Adel – eine geborene von Rosen – und war seit den 1920er Jahren mit Hermann Göring persönlich bekannt, weil ihre Tante Carin eine Zeit lang mit ihm verheiratet war. Ihre Verbindung zu Göring hatte sie in späteren Jahren das eine um das andere Mal nutzen wollen, um inhaftierten Regimegegnern zu helfen. Im Jahre 1944 war das aber keine Option mehr; und für Umwege blieb auch keine Zeit:

> Soeben aus Schweden zurückgekehrt, habe ich durch Zufall erfahren, dass einer der besten Freunde meines Mannes Rechtsanwalt Dr. Carl Langbehn-Berlin inhaftiert wurde und sich in Lebensgefahr befindet. Gestatten Sie mir unter diesem Eindruck Ihnen mitteilen zu dürfen wie man über Carl Langbehn in Schwedens massgeblichen Kreisen urteilt. Langbehn gilt dort als zuverlässiger, aufrichtiger Deutscher und insbesondere als einer der treuesten Mitarbeiter des Reichsführers SS. Umsomehr hat mich die Anklage gegen Langbehn erschüttert und ich möchte alles tuen um zu verhindern, dass man durch ein voreiliges Urteil ein wertvolles Leben für Deutschland vernichtet. Ich bin jederzeit bereit diese meine Angaben zu beeiden.[266]

Auch hier sollte die Verbindung zu Himmler den ausschlaggebenden Grund geben können, den Angeklagten zu verschonen. In Schweden war Langbehn sicherlich nicht unbekannt, sofern er dort ja tatsächlich für Himmler mit dem Ausland Gespräche führte. Doch das alles interessierte jetzt nicht mehr, zumindest in der Sache Langbehn. Denn wer sich in den befreundeten Kreis eines Hochverräters stellte, erzwang die Mitteilung an die Sicherheitspolizei, die am 19. Oktober auch prompt folgte und wahrscheinlich Maßnahmen zur Überprüfung der Bittstellerin nach sich zog.

Irmgard reichte am 9. Oktober ein Gnadengesuch beim Hauptamt für Gnadensachen ein. Ihr Schreiben wurde am 13. Oktober an das Reichsjustizministerium weitergeleitet. »Das Urteil ist bereits vollstreckt«, teilte man der Stelle von dort gut eine Woche später mit. Etwa ebenso lange war Carl schon nicht mehr am Leben. Kurz vor seiner Hinrichtung, »in letzter Stunde«, wie er schrieb, richtete er noch ein paar wenige Zeilen an seine Frau, in »fester, klarer Schrift«, wie Irmgard später hervorhob:

> Ich scheide in Gedanken an Euch. Gott wird Euch schützen. *Erhalte Dich den Kindern*. Das ist mein Vermächtnis. Sie werden Dir Kraft geben, das Leben zu meistern und werden Dir Deine Liebe mit Dankbarkeit lohnen. Vielleicht kannst Du ihnen später einmal klarmachen, wie alles kam. Erziehe sie in Demut vor Gott und lasse [sie] stets ihrem guten Gewissen folgen. Halt den Kopf hoch! Dich umarmt in inniger Liebe und Dankbarkeit wie stets Dein Carl.[267]

Als der Mensch dies schrieb, lag das Schlimmste vielleicht schon hinter ihm. In den neun Tagen zwischen Urteil und Hinrichtung war er für die Technokraten nur noch ein Stück Fleisch, aus dem man so lange Informationen herauszupressen versuchte, wie es noch lebte. Der Tegeler Anstaltspfarrer Poelchau begleitete Hunderte von Häftlingen in den letzten Tagen und Stunden vor ihrer Hinrichtung, darunter Carl. Seinem Anblick will man widerstehen. Als man ihn zum Galgen führte, lagen qualvolle Tage der Folter hinter ihm. »Er wurde so mißhandelt«, erinnerte sich Poelchau später, »wie wohl kaum ein anderes Opfer zuvor.«[268] Die körperlichen Verletzungen waren so schlimm, »daß selbst der Scharfrichter nach seinem Tode sich dahin äußerte, eine so mißhandelte Person habe er noch nicht zur Hinrichtung bekommen«.[269] Der Verurteilte musste vor keine Instanz mehr gebracht, von niemanden mehr wahrgenommen werden. Man konnte jetzt bis zum Äußersten gehen und musste nur vermeiden, die Hinrichtung überflüssig zu machen. Am 12. Oktober 1944 vollstreckte man sie. In Berlin-Plötzensee wurde Carl Langbehn in den Hinrichtungsschuppen geführt, in dem seine Geschichte endet.

Anmerkungen

1 Vgl. Irmgard Langbehn, »Mitteilung vom 18. Sept. 1946«, S. 1, in: Biographische Akte Carl Langbehn, Gedenkstätte Deutscher Widerstand, Berlin.
2 Vgl. ebd.
3 Vgl. Carl Langbehn, Brief an Hans Heinrich Langbehn, 23. August 1932 (im Besitz des Verf.). Mit diesem Brief antwortete Langbehn auf einen Brief von Hans Heinrich Langbehn vom 13. August, der nicht mehr erhalten ist. Dieser Brief wiederum muss die Antwort auf ein Schreiben seitens Carl Langbehns gewesen sein, das seinerseits nicht mehr erhalten ist.
4 Vgl. »Personal- und Befähigungsnachweisung«, Punkt 11, in: Biographische Akte Carl Langbehn, Gedenkstätte Deutscher Widerstand, Berlin. – Heinrich von zur Mühlen dagegen schreibt, dass Langbehn als Schüler am Kapp-Putsch teilgenommen habe (»Zusammenfassung der Mitteilungen von Frau Irmgard Langbehn«, S. 1, in: Biographische Akte Carl Langbehn, Gedenkstätte Deutscher Widerstand, Berlin).
5 Von zur Mühlen, »Zusammenfassung der Mitteilungen von Frau Irmgard Langbehn«, S. 1.
6 Vgl. Heinrich von zur Mühlen, »Aufzeichnung Dr. Kleine über Carl Langbehn«, S. 1, in: Biographische Akte Carl Langbehn, Gedenkstätte Deutscher Widerstand, Berlin.
7 Von zur Mühlen, »Zusammenfassung der Mitteilungen von Frau Irmgard Langbehn«, S. 1.
8 Irmgard Langbehn, »Mitteilung vom 18. Sept. 1946«, S. 1.
9 Von zur Mühlen, »Aufzeichnung Dr. Kleine über Carl Langbehn«, S. 1.
10 »The simple life of a ›bourgeois‹ without any opportunity of adventure and danger seemed boring for him […]. He was a charming young man, full of good humour, vigorous and interested in many good things, often a little desperate and doubtful if he would have a chance to show that he could achieve. He was an intimate guest in my house, a friend of Mrs Pringsheim and my boys, always helpful and with pleasure prepared to every service he could do.« (Fritz Pringsheim, »Statement concerning Carl Langbehn«, (Oxford, 2. Januar 1946). Allen Dulles papers, Seeley Mudd Manuscript Library, Princeton, box 37, file 1, S. 1; unter: http://thisiszionism.blopgspot.com/2008/02/hitlers-jewish-solicitor.html).
11 Bildersprache hat da keinen Platz: »Man hat das Eigentum eine ›Quelle‹ genannt, aus der die Machtbefugnisse immer neu hervorsprudeln. Doch das sind Bilder, keine Erklärungen.« (Carl Langbehn, *Zustimmung und Verfügung*, Diss. Göttingen 1925, S. 22f.).
12 Vgl. von zur Mühlen, »Aufzeichnung Dr. Kleine über Carl Langbehn«, S. 1f.
13 Vgl. Pringsheim, »Statement concerning Carl Langbehn«, (Oxford, 2. Januar 1946), S. 1.
14 Vgl. von zur Mühlen, »Aufzeichnung Dr. Kleine über Carl Langbehn«, S. 1 – Meyer zufolge hat Langbehn seit 1929 Kontakte zur NSDAP unterhalten (vgl. Winfried Meyer, »Carl Langbehn«, in: ders. (Hg.), *Verschwörer im KZ. Hans von Dohnanyi und die Häftlinge des 20. Juli 1944 im KZ Sachsenhausen*, Berlin 1999, S. 300–307, hier S. 300).
15 Vgl. Anklageschrift vom 25. September 1944, S. 3, Gedenkstätte Deutscher Widerstand, Berlin; Meyer, »Carl Langbehn«, S. 300.
16 Langbehn wird im Berliner Adressbuch für das Jahr 1932 zwar noch für den Kurfürstendamm 185 und damit als Mitarbeiter in der Kanzlei Dr. Asch geführt, aber Kleine taucht in diesem Jahr bereits in der Neuen Wilhelmstraße 12–14 auf, nachdem er 1931 noch in der Neuen Wilhelmstraße 1 geführt wurde. Auch wenn Langbehn erst mit dem Adressbuch des Jahres 1933 in der Neuen Wilhelmstraße 12–14 erscheint, ist es also gut möglich, dass er bereits im Jahr zuvor selbständig wurde. Die zeitlich noch früheren Angaben von Kleine selbst und auch Irmgard sind zumindest vor diesem Hintergrund unplausibel. Allerdings erfordert die Eröffnung einer Anwaltskanzlei viel Vorbereitung, und sollten Langbehn und Kleine 1932 gemeinsam in der Neuen Wilhelmstraße begonnen haben, dann hat der Übergang einige Zeit in Anspruch genommen, so dass die Angabe von Irmgard, Carl sei im Herbst 1931 in die eigene Kanzlei gewechselt, nicht vollkommen an der Sache vorbeigehen muss.

17 Vgl. Pringsheim, »Statement concerning Carl Langbehn«, (Oxford, 2. Januar 1946), S. 2.
18 Vgl. von zur Mühlen, »Aufzeichnung Dr. Kleine über Carl Langbehn«, S. 2.
19 Vgl. Deutscher Herrenklub e.V., Berlin, Mitgliederverzeichnis 1933, abgeschlossen am 1.12.1932, abgedruckt in: Manfred Schoeps, *Der Deutsche Herrenklub. Ein Beitrag zur Geschichte des Jungkonservatismus in der Weimarer Republik*, Diss. Erlangen-Nürnberg 1974, S. 251.
20 Kurt Sontheimer, *Antidemokratisches Denken in der Weimarer Republik. Die politischen Ideen des deutschen Nationalismus zwischen 1918 und 1933*, München 1962, S. 34. – Die Geschichte des Herrenklubs ist schon aufgrund seiner Vorgeschichte komplex; die in der Forschung vertretenen Auffassungen und Wertungen lassen eine eindeutige, nicht-kontroverse Bewertung der Bedeutung des Herrenklubs kaum zu. Vgl. neben Schoeps, *Der Deutsche Herrenklub*, vor allem Stephan Malinowski, *Vom König zum Führer. Sozialer Niedergang und politische Radikalisierung im deutschen Adel zwischen Kaiserreich und NS-Staat*, Berlin 2003, S. 422–437; Berthold Petzinna, *Erziehung zum deutschen Lebensstil. Ursprung und Entwicklung des jungkonservativen ›Ring‹-Kreises 1918–1933*, Berlin 2000, S. 220–230.
21 Die Führungs- und Führeridee hatte im Herrenklub einen besonderen Stellenwert; vgl. Malinowski, *Vom König zum Führer*, S. 424 (hier auch der Nachweis für von Papen).
22 Das geht aus der Ablichtung der Gästeliste in einem Zeitungsartikel über den »Klub der Halbgötter« hervor (um welche Zeitung es sich handelt, ist unbekannt; das Einzelblatt liegt vor in der Gedenkstätte Deutscher Widerstand, Berlin).
23 Ebd.
24 Vgl. Herbert Frank, *Geheimnisvolle Querverbindungen über Deutschland. Der Deutsche Herrenklub*, München 1932.
25 Vgl. »Klub der Halbgötter«.
26 Karl Marx, *Manifest der Kommunistischen Partei* (1848), in: ders., *Manifest der Kommunistischen Partei. Kommentierte Studienausgabe*, hg. von Theo Stammen unter Mitarbeit von Alexander Classen, Paderborn 2009, S. 78. – Die Frage nach der Autorschaft des Manifestes – Marx allein oder gemeinsam mit Engels? – bleibt hier unerörtert; vgl. dazu ebd., S. 14f.
27 Vgl. Peter Sloterdijk, *Kritik der zynischen Vernunft*, Bd. 2, Frankfurt/M. 1983, S. 748f., 757.
28 Vgl. Martin Heidegger, »Die Grundprobleme der Phänomenologie« (Vorlesung Sommersemester 1927), in: Gesamtausgabe, Bd. 24, hg. von Friedrich-Wilhelm von Herrmann, 3. Aufl., Frankfurt/M. 1927, S. 5ff.
29 Diesen Ausdruck verwendet Sloterdijk aus guten Gründen in einem Atemzug mit dem der »Feldherrngesinnung« (Sloterdijk, *Kritik der zynischen Vernunft*, S. 831): »Wie das politische Ich nach Härte und Wendigkeit strebt, so schult sich sein Auge an der Sehweise von Feldherren und Diplomaten: das Terrain erfassen, mit den Gegebenheiten ›eiskalt‹ rechnen; die Zahlen überblicken; lavieren, solange es nötig ist; zuschlagen, sobald die Zeit dafür gekommen ist.« (Ebd.).
30 Im späteren Werk heißt es im versuchten Geiste Kants: »Eine Wissenschaft vom Wissen hebt sich als eine begriffliche Systematisierung des Wissens selbst durch die Einzigartigkeit ihres Gegenstandes aus dem Kreis aller übrigen Wissenschaften heraus. Scientologie ist die Wissenschaft vom Wissen oder die Systematisierung des Wissens, bedeutet also Selbsterwissung, Selbstbespiegelung, Selbsterfassung, Selbsterkennung des Wissens und des Begreifens. Wissen ist der allgemeine Werkstoff aller übrigen Wissenschaften. Folglich ist die Wissenschaft vom Wissen selbst die *Schlüsselwissenschaft* für das gesamte System der Wissenschaften von der Welt. Alle anderen Wissenschaften von der Welt haben die Wissenschaft vom Wissen zu ihrer Voraussetzung, vermöge der ursprungsmäßigen Abhängigkeit aller Weltheit vom Wissen.« (Anastasius Nordenholz, *Scientologie. System des Wissens und der Wissenschaft*, München 1937, S. 13) Und: »Der Urheberstreit zwischen Wissen und Sein muß eine Klärung finden. Das Problem *Kants*, Anteil oder Nichtanteil unseres Bewußtseins, unseres Verstandes, unserer Vernunft an der Bildung der Welt, steht an der Pforte aller Erkenntnis und allen Wissens.« (Ebd., S. 14).
31 Vgl. Irmgard Langbehn, »Mitteilung vom 18. Sept. 1946«, S. 1.

32 Ebd.
33 Ebd., S. 3.
34 Christabel Bielenberg, *Als ich Deutsche war: 1934–1945. Eine Engländerin erzählt*, 7. Aufl., München 2000, S. 90.
35 Carl Langbehn, Brief an Hans Heinrich Langbehn, 23. August 1932 (im Besitz des Verf.).
36 Ebd.
37 Vgl. Landesarchiv Schleswig-Holstein, Abt. 402 A 36 Nr. 41; Abt. 402 A 36 Nr. 123.
38 Lammers meint, dass auch viele Karten aus der zweiten Hälfte des 18. Jahrhunderts erlauben, »in Zeiträume zu sehen, die viele Jahrhunderte zurückliegen, sie lassen uns vielfach noch die *mittelalterlichen* bäuerlichen Besitz- und Betriebsformen erkennen« (Walther Lammers, *Geschichte Schleswig-Holsteins, Bd. 4, Teil 1: Das Hochmittelalter bis zur Schlacht von Bornhöved*, Neumünster 1981, S. 26).
39 Vgl. Heinz Brand, *Die Übertragung altdeutscher Siedlungsformen in das ostholsteinische Kolonisationsgebiet. Im Rahmen einer Entwicklungsgeschichte ländlicher Siedlungen des oldenburgischen Landesteils Lübeck*, Kiel 1933, S. 34; Hartwig Fiege, *Wie Ostholstein und Lauenburg deutsch wurden*, Hamburg 1979, S. 82.
40 Wolfgang Prange, »Siedlungsgeschichtliche Landesaufnahme im ehemaligen Amt Eutin«, in: *Bosau I. Untersuchungen einer Siedlungskammer in Ostholstein*, hg. von H. Hinz, Neumünster 1974, S. 130–149, hier S. 135ff.
41 Die deutsche Ostsiedlung ist gut erforscht. Neben der schon verwendeten Literatur vgl. u.a. auch Rolf Hammel-Kiesow/Ortwin Pelc, »Landesaufbau, Territorialherrschaft, Produktion und Handel im hohen und späten Mittelalter (12.–16. Jh.)«, in: Ulrich Lange (Hg.), *Geschichte Schleswig-Holsteins. Von den Anfängen bis zur Gegenwart*, Neumünster 1996, S. 59–110; Wolfgang Prange, »Die 300 Hufen des Bischofs von Lübeck. Beobachtungen über die Kolonisation Ostholsteins«, in: ders., *Beiträge zur schleswig-holsteinischen Geschichte. Ausgewählte Aufsätze*, Neumünster 2002, S. 3–17; Ingeborg Leister, *Rittersitz und adliges Gut in Holstein und Schleswig*, Schriften des Geographischen Instituts der Universität Kiel 14, 2, 1952.
42 Vgl. Lammers, *Geschichte Schleswig-Holsteins*, S. 294.
43 Vgl. *Handbuch der deutschen Geschichte, Bd. 5: Zwölftes Jahrhundert 1125–1198*, hg. von Alfred Haverkamp, Stuttgart 2003, S. 28; Johannes Piening, *Ostholstein. Eine Ur- und Kulturgeschichte für Jedermann*, Plön 1911, S. 69f.
44 Vgl. Ernst-Günther Prühs, *Geschichte der Stadt Eutin*, mit einem Beitrag von Klaus Langenfeld, Eutin 1993, S. 27; ders., *Das Ostholstein-Buch. Eine Landeskunde in Text und Bild*, 5. Aufl., Neumünster 1985, S. 33; Hammel-Kiesow, Pelc, »Landesaufbau, Territorialherrschaft, Produktion und Handel im hohen und späten Mittelalter (12.–16. Jh.)«, S. 69.
45 Zum folgenden vgl. die Einträge zu »Klenzau« in *Topographie der Herzogthümer Holstein und Lauenburg*, 1856; Julius Alberts, *Das Fürstentum Lübeck. Handbuch der Heimatkunde für Schule und Haus*, Eutin 1882; *Topographie des Herzogtums Holstein*, Kiel 1908.
46 Thomas Mann, »Lübeck als geistige Lebensform«. Rede vom 5. Juni 1926 im Stadttheater zu Lübeck aus Anlass der 700 Jahrfeier der Freien und Hansestadt, in: Thomas Mann, *Essays, Bd. 3: Ein Appell an die Vernunft. 1926–1933*, hg. von Hermann Kurzke und Stephan Stachorski, Frankfurt/M. 1994, S. 16–38, hier S. 29.
47 Carl Langbehn, Brief an Hans Heinrich Langbehn, 3. April 1934 (im Besitz des Verf.).
48 Gustav Langbehn, Brief an Hans Heinrich Langbehn, 17. September 1934 (im Besitz des Verf.).
49 Carl Langbehn, Telegramm an Hans Heinrich Langbehn, 23. September 1934 (im Besitz des Verf.).
50 Frieda Langbehn, Brief an Hans Heinrich Langbehn, 11. Oktober 1934 (im Besitz des Verf.).
51 Anna Sach, Brief an Hans Heinrich Langbehn, 19. September 1934 (im Besitz des Verf.). Anna Sach ist eine der zwei Schwestern von Hans Heinrich.
52 Peter Friedrich Langbehn, Brief an Hans Heinrich Langbehn (um 1950, im Besitz des Verf.).
53 Die Karten sind erhalten (heute im Besitz des Verf.) und in einem ungleich schlechteren Zu-

stand als das Original. Sie sind nach Expertenauffassung in der Mitte des 19. Jahrhunderts angefertigt; das geht aus einer Schriftanalyse hervor und wird durch den Schriftzug »für richtige Abschrift E[.]Bruhns« bestätigt, der sich auf dem ebenfalls kopierten Vermessungsregister findet. Eduard Bruhns leitete ab 1855 die Erstellung des Katasters für das Fürstentum Lübeck, in dem man die alten Flurkarten aufbewahrte.
54 Handschriftlicher Lebenslauf von Hans Heinrich Langbehn, 1930er Jahre (im Besitz des Verf.).
55 Ebd.
56 Mit den folgenden Ausführungen bin ich einer entsprechenden Untersuchung von Alexandra Gerstner verpflichtet: *Neuer Adel. Aristokratische Elitekonzeptionen zwischen Jahrhundertwende und Nationalsozialismus*, Darmstadt 2008.
57 Vgl. ebd., S. 27f.
58 Zitiert nach Gerstner, *Neuer Adel*, S. 158.
59 Vgl. ebd., S. 131ff.
60 Vgl. ebd., S. 148, 531.
61 Zitiert nach Gerstner, *Neuer Adel*, S. 416.
62 Langbehn, Brief an Hans Heinrich Langbehn, 3. April 1934.
63 Gerstner, *Neuer Adel*, S. 140 – Langbehn »präfigurierte ein neues Künstlerideal, das seine Tatkraft und Lebenslust allerdings weniger durch Gewaltbereitschaft und Machthunger als durch künstlerische Schaffenskraft und Sinnenfreude zum Ausdruck brachte« (ebd., S. 200). Sein Buch war ein »ausgesprochener Bestseller und übte eine nachhaltige Wirkung auf die kulturkritische Debatte um 1900 aus« (ebd., S. 200, Anm. 902). – Die Zeitgenossen standen dem Buch gespalten gegenüber. Die einen stellten es auf eine Stufe mit Werken von Philosophen wie Fichte und Kant, sahen darin eine Fortführung von Fichtes *Reden an die deutsche Nation* oder auch von Kants *Kritik der reinen Vernunft*, insofern das 19. Jahrhundert unter dem Eindruck von Kants Kritik des menschlichen Geistes begonnen und mit Langbehns Kritik des deutschen Geistes geendet habe. Die Kritiker dagegen hielten das Werk für unverständlich, assoziativ, irrational und ideologisch motiviert. Vgl. dazu Johannes Heinssen, »Ein Indikator für die Probleme der Problemgeschichte: Kulturkritische Entdifferenzierung am Ende des 19. Jahrhunderts«, in: *Das Problem der Problemgeschichte 1880–1932*, hg. von Otto Gerhard Oexle, Göttingen 2001, S. 39–84, hier S. 39ff. – Heinssen plädiert dafür, Langbehn jene »Lizenz zur poetischen Freiheit« zuzugestehen, die man auch anderen Werken der zeitgenössischen Literatur zubilligt; das Buch führe Kulturkritik und Poesie zusammen und gehöre damit in die literarische Moderne (vgl. ebd., S. 70f.). Im »Horizont moderner Literatur« verkehre sich der »Eindruck des Pathologischen in eine avantgardistische Fortschrittlichkeit« (ebd., S. 72). Der »Eindruck des Unsinnigen« entstehe bei Langbehn aus einer »verfehlten Fragestellung«. Um ihn »neu zu verstehen, muß man nur seine inhaltlichen Forderungen einer künstlerischen Umgestaltung der Wirklichkeit ernst nehmen und sie auf den Text selbst zurückbeziehen« (ebd., S. 72f.).
64 Vgl. Ina Ulrike Paul, »Paul Anton de Lagarde«, in: *Handbuch zur ›Völkischen Bewegung‹ 1871–1918*, hg. von Uwe Puschner, Walter Schmitz und Justus H. Ulbrich, München 1996, S. 45–93, hier S. 49; vgl. auch Bernd Behrendt, »August Julius Langbehn, der ›Rembrandtdeutsche‹«, in: ebd., S. 94–113, hier S. 94.
65 Julius Langbehn, *Rembrandt als Erzieher*, Von einem Deutschen, 77.–84. Aufl., Leipzig 1922, S. 191.
66 Ebd.
67 Georg Bründl, »Der Rembrandt-Deutsche und das Bauerntum«, in: *Nationalsozialistische Landpost*, 9. Juli 1937.
68 Vgl. Fritz Stern, *Kulturpessimismus als politische Gefahr. Eine Analyse nationaler Ideologie in Deutschland*, Stuttgart 2005, S. 141–246.
69 Es entbehrt nicht einer gewissen Ironie des Schicksals, dass Carl Langbehn in einer späteren Forschungsarbeit mit dem Namen Julius Langbehn versehen wird; dies geht soweit, dass selbst eine Photographie, die den Angeklagten Langbehn vor dem Volksgerichtshof im Oktober

1944 zeigt, mit dem Namen Julius Langbehn unterlegt ist: »Prozeß vor dem Volksgerichtshof, stehend Julius Langbehn, rechts daneben Johannes Popitz.« (*Die Mittwochs-Gesellschaft. Protokolle aus dem geistigen Deutschland 1932–1944*, hg. und eingeleitet von Klaus Scholder, Berlin 1982, S. 354).

70 Vgl. Carla Weidemann, »Die väterlichen Vorfahren Julius Langbehns, des ›Rembrandtdeutschen‹«, in: *Archiv für Sippenforschung* 9 (1932) 4, S. 109–111.
71 Carla Weidemann, Brief an Hans Heinrich Langbehn, 28. Januar 1934 (im Besitz des Verf.), S. 1.
72 Ferdinand Dohm, Brief an Hans Heinrich Langbehn, 25. Februar 1934 (im Besitz des Verf.).
73 Vgl. Momme Nissen, *Der Rembrandtdeutsche Julius Langbehn*, Freiburg 1926, S. 11.
74 So Sarre in einem Gespräch mit Klemperer am 8. März 1978 (vgl. Klemens von Klemperer, *Die verlassenen Verschwörer. Der deutsche Widerstand auf der Suche nach Verbündeten 1938–1945*, Berlin 1994, S. 281).
75 Marie-Louise Sarre, Brief vom 11. Oktober 1945, Gedenkstätte Deutscher Widerstand, Berlin.
76 Joseph Goebbels, Tagebucheintrag vom 6. Oktober 1944, in: *Die Tagebücher von Joseph Goebbels. Sämtliche Fragmente*, hg. von Elke Fröhlich im Auftr. des Instituts für Zeitgeschichte und in Verb. mit dem Bundesarchiv. Teil 2: Diktate 1941–1945, Bd. 14: Oktober bis Dezember 1944, München 1996, S. 47.
77 Vgl. Irmgard Langbehn, »Mitteilung vom 18. Sept. 1946«, S. 2.
78 Vgl. von zur Mühlen, »Aufzeichnung Dr. Kleine über Carl Langbehn«, S. 2.
79 Ebd.
80 Pringsheim, »Statement concerning Carl Langbehn«, S. 2 (Übersetzung vom Verf.); vgl. auch Allen Welsh Dulles, *Verschwörung in Deutschland* (*Germany's underground*), Zürich 1948, S. 186.
81 Vgl. Bielenberg, *Als ich Deutsche war*, S. 89.
82 Ebd., S. 93.
83 Vgl. Irmgard Langbehn, »Mitteilung vom 18. Sept. 1946«, S. 1.
84 Vgl. Günther Gereke, *Ich war königl.-preuß. Landrat*, Berlin 1968, S. 245ff.
85 Vgl. Meyer, »Carl Langbehn«, S. 300.
86 Vgl. Tony Honoré, »Fritz Pringsheim (1882–1967)«, in: *Jurists uprooted. German-speaking Émigré Lawyers in Twentieth-century Britain*, ed. by Jack Beatson and Reinhard Zimmermann, Oxford 2004, S. 205–232, hier S. 212. – Pringsheim wurde ein gewisser Stolz nachgesagt, Deutscher zu sein (»pride in being German«, ebd., S. 221); einer seiner Kollegen war der Auffassung, dass er nur deshalb nicht dem deutschen Nationalismus anheim gefallen sei, weil er Jude war (vgl. ebd., S. 222).
87 Pringsheim, »Statement concerning Carl Langbehn«, S. 2f. (Übersetzung vom Verf.).
88 Ebd., S. 3 (Übersetzung vom Verf.).
89 Reinhard Heydrich, Runderlass vom 16. Januar 1942, Gedenkstätte Deutscher Widerstand, Berlin.
90 Vgl. Knut Hansen, *Albrecht Graf von Bernstorff. Diplomat und Bankier zwischen Kaiserreich und Nationalsozialismus*, Frankfurt/M. 1996, S. 251.
91 Carl Langbehn, Brief an SS Gruppenführer Karl Wolff, 20. Januar 1942, Gedenkstätte Deutscher Widerstand, Berlin (Bundesarchiv Berlin, NS 19, 2878, Blatt 3, 4).
92 Heydrich, Runderlass vom 16. Januar 1942.
93 Zum folgenden vgl. Paul Fechter, *Menschen und Zeiten*, Gütersloh 1948, S. 387–393.
94 Vgl. von zur Mühlen, »Aufzeichnung Dr. Kleine über Carl Langbehn«, S. 2.
95 »Langbehns Eintritt in die NSDAP und die SA sowie seine damit verbundene Zugehörigkeit zum ›Nationalsozialistischen Rechtswahrer-Bund‹, der Parteigliederung für Rechtsanwälte, standen im Zusammenhang mit seinem Engagement als Verteidiger in Strafprozessen für politisch Mißliebige und Gegner des NS-Regimes.« (Meyer, »Carl Langbehn«, S. 300) – Auf die Verteidigung von Juden verweist Karl-Günter Zelle (*Hitlers zweifelnde Elite. Goebbels–Göring–Himmler–Speer*, Paderborn 2010, S. 221).
96 Von zur Mühlen, »Zusammenfassung der Mitteilungen von Frau Irmgard Langbehn«, S. 2.

97 »Nach der Machtübernahme war er als Anwalt, der häufig in die Albrechtstr. Mußte (sic!), gezwungen, in die Partei einzutreten, schon zu seiner persönlichen Sicherung. Seine Stellung war häufig äußerst gefährlich, mehr mals (sic!) stand er kurz vor der Verhaftung.« (Irmgard Langbehn, »Mitteilung vom 18. Sept. 1946«, S. 1).
98 Vgl. von zur Mühlen, »Zusammenfassung der Mitteilungen von Frau Irmgard Langbehn«, S. 1.
99 So der Wortlaut bei Irmgard Langbehn, »Mitteilung vom 18. Sept. 1946«, S. 2.
100 Einen Eindruck davon gibt Norbert J. Schürgers, *Politische Philosophie in der Weimarer Republik. Staatsverständnis zwischen Führerdemokratie und bürokratischem Sozialismus*, Stuttgart 1989.
101 Jürgen Kaube, *Max Weber. Ein Leben zwischen den Epochen*, Berlin 2014, S. 323; vgl. auch ebd., S. 437.
102 Vgl. Pringsheim, »Statement on Carl Langbehn«, S. 2f. (Übersetzung vom Verf.).
103 Freisler an Thierack, 5. Oktober 1944, in: Biographische Akte Carl Langbehn, Gedenkstätte Deutscher Widerstand, Berlin.
104 Anklageschrift vom 25. September 1944, S. 3, 7f.
105 Urteil vom 3. Oktober 1944, S. 3 in: Biographische Akte Carl Langbehn, Gedenkstätte Deutscher Widerstand, Berlin.
106 Vgl. Dulles, *Verschwörung in Deutschland*, S. 186.
107 Den Zusammenhang zwischen den genannten Ereignissen im Jahre 1938 und der Frage nach Langbehns Weg in den Widerstand beschreibt Meyer in diesem Sinne folgendermaßen: »In seiner Opposition gegen das NS-Regime und insbesondere dessen Judenverfolgung wurde Langbehn bestärkt, als sein akademischer Lehrer Fritz Pringsheim [...] nach dem Judenpogrom vom 9. November 1938 verhaftet und im KZ Sachsenhausen verschleppt wurde.« (Meyer, »Carl Langbehn«, S. 300f.) Auch Klemperers Einschätzung, dass Langbehn sich aus den genannten Gründen 1938 »endgültig gegen das Regime« (Klemperer, *Die verlassenen Verschwörer*, S. 280) entschieden habe, impliziert einen Übergang.
108 Zitiert nach der Erinnerung von Irmgard Langbehn, »Mitteilung vom 18. Sept. 1946«, S. 2.
109 Ebd.
110 Vgl Edgar Haverbeck, »Lebenslauf«, 22. August 1946, Anlage Nr. 1 zum Fragebogen der »Military Government of Germany«, NDS 171 Hannover Nr. 11947.
111 Zum Verhältnis von Quandt und Haverbeck vgl. Joachim Scholtyseck, *Der Aufstieg der Quandts. Eine deutsche Unternehmerdynastie*, München 2011, S. 90, 173, 774f. (Scholtyseck spricht von einer »tiefe[n] Abneigung« (ebd., S. 774), die Haverbeck Quandt gegenüber empfunden habe).
112 Edgar Haverbeck, Schreiben an Ministerialdirigent Dr. Lauffer, 16. Januar 1947, NDS 171 Hannover Nr. 11947, S. 2.
113 Vgl. Edgar Haverbeck, Fragebogen des »Military Government of Germany«, 12. Juli 1945, S. 4, und 13. September 1946, S. 9, NDS 171 Hannover Nr. 11947; aus den Leumundszeugnissen von Marie-Louise Sarre (ohne Datum), Cornelia Popitz (28. März 1946) und Heinrich Zahler (16. Januar 1948) geht hervor, dass Haverbeck in den Jahren 1938, 1939 und 1940 bei Treffen im Hause Popitz anwesend war (vgl. ebd.).
114 Vgl. Edgar Haverbeck, Fragebogen des »Military Government of Germany«, Anlage Nr. 2: E. Mitgliedschaften, NDS 171 Hannover Nr. 11947, S. 1f.; dieses Vorgehen wird in den Leumundszeugnissen von Irmgard Langbehn (11. Februar 1946), Cornelia Popitz (28. März 1946) und Heinz Kleine (17. April 1946) bestätigt.
115 Vgl. Haverbeck, Schreiben an Ministerialdirigent Dr. Lauffer, S. 1f.
116 Ebd., S. 2 – die zweite Seite des Vertrags, die die Arbeitsgebiete Haverbecks regelte, wurde am 31. März 1939 von Haverbeck und Quandt unterschrieben (vgl. »Anlage zum Vertrag«, NDS 171 Hannover Nr. 11947).
117 Ulrich von Hassell, Tagebucheintrag vom 30. August 1941, in: *Die Hassell-Tagebücher 1938–1944. Aufzeichnungen vom andern Deutschland*, hg. von Friedrich Hiller von Gaertringen, nach d. Handschr. rev. und erw. Ausgabe, Berlin 1988, S. 267.

118　Das Jahr 1940 nennen u.a. Rainer Hildebrandt, *Wir sind die Letzten. Aus dem Leben des Widerstandskämpfers Albrecht Haushofer und seiner Freunde*, Neuwied/Berlin 1949, S. 99; Friedrich Hiller von Gaertringen, in: von Hassell, *Die Hassell-Tagebücher 1938–1944*, S. 541 (Anm. 93); das Jahr 1941 geben an Cornelia Popitz, Leumundszeugnis vom 28. März 1946, NDS 171 Hannover Nr. 11947; Heinz Kleine, Leumundszeugnis vom 21. Januar 1948, NDS 171 Hannover Nr. 11947 – in einem weiteren Leumundszeugnis vom 25. August 1948 spricht Kleine von »1940 oder 1941« (ebd.).
119　Haverbeck, Schreiben an Ministerialdirigent Dr. Lauffer, S. 2.
120　Vgl. von Hassell, Tagebucheintrag vom 12. Juni 1944, in: *Die Hassell-Tagebücher 1938–1944*, S. 431.
121　Marie-Louise Sarre, Leumundszeugnis für Edgar Haverbeck, ohne Datum, NDS 171 Hannover Nr. 11947 (dieses Dokument stammt wahrscheinlich aus dem Jahre 1948, weil es in einem Verbund von anderen Leumundszeugnissen für Haverbeck aus dieser Zeit steht).
122　Marie-Louise Sarre, Leumundszeugnis für Edgar Haverbeck, 10. September 1946, NDS 171 Hannover Nr. 11947.
123　Heinrich Zahler, Leumundszeugnis für Edgar Haverbeck, 16. Januar 1948, NDS 171 Hannover Nr. 11947.
124　Günther Gereke, Leumundszeugnis für Edgar Haverbeck, 26. August 1948, NDS 171 Hannover Nr. 11947.
125　So ist etwa Meyer der Auffassung, dass Langbehn Popitz im Frühjahr 1940 durch den mit diesem gut bekannten Gereke kennengelernt habe (vgl. Meyer, »Carl Langbehn«, S. 302). Schulz gibt zu verstehen, dass es Gereke war, der Langbehn bei Popitz einführte (vgl. Gerhard Schulz, »Johannes Popitz«, in: *20. Juli. Portraits des Widerstands*, hg. von Rudolf Lill und Heinrich Oberreuter, Düsseldorf/Wien 1984, S. 237–251, hier S. 246).
126　Vgl. Gereke, *Ich war königl.-preuß. Landrat*, S. 256f.
127　Ebd., S. 281.
128　»Der 1938 im Hause Popitz von uns erörterte Gedanke, Hitler in eine Art Ehrenhaft zu nehmen, um ihn auf diese Weise von der militärischen und zivilen Führung auszuschalten, erwies sich […] als unrealistisch.« (Gereke, *Ich war königl.-preuß. Landrat*, S. 288).
129　Harald Poelchau, *Die letzten Stunden. Erinnerungen eines Gefängnispfarrers* (1949), 3. Aufl., Berlin 1987, S. 128.
130　Lutz-Arwed Bentin, *Johannes Popitz und Carl Schmitt. Zur wirtschaftlichen Theorie des totalen Staates in Deutschland*, München 1972, S. 9.
131　Vgl. Reimer Voß, *Johannes Popitz (1884–1945). Jurist, Politiker, Staatsdenker unter drei Reichen – Mann des Widerstands*, Frankfurt am Main 2006, S. 290; Bentin, *Johannes Popitz und Carl Schmitt*, S. 13ff.
132　Vgl. Bentin, *Johannes Popitz und Carl Schmitt*, S. 124f.
133　Vgl. Klaus Scholder, »Einleitung«, in: *Die Mittwochs-Gesellschaft*, S. 31; Popitz reichte nach den Pogromen bei Göring sein Rücktrittsgesuch ein, das indes nicht beantwortet und damit auch nicht angenommen wurde (vgl. Bentin, *Johannes Popitz und Carl Schmitt*, S. 41). – Wehler stellt heraus, dass es bei den Konservativen eines »langwierigen, im Ergebnis unstreitig auch imponierenden Lernprozesses« bedurfte, um in den aktiven Widerstand zu gehen (Hans-Ulrich Wehler, *Deutsche Gesellschafts-Geschichte. Vierter Band: Vom Beginn des Ersten Weltkrieges bis zur Gründung der beiden deutschen Staaten 1914–1949*, 3. Aufl., München 2008, S. 914). Grund für das schwierige Verhältnis ist zweifellos die »Interessenidentität«, wie man sie zwischen dem liberal-konservativen Bürgertum und den national-konservativen Eliten einerseits und der nationalsozialistischen Politik andererseits betonen kann (vgl. Walter L. Bernecker, *Europa zwischen den Weltkriegen 1914–1945. Handbuch der Geschichte Europas*, Bd. 9, Stuttgart 2002, S. 314).
134　Vgl. Wagner, *Der Volksgerichtshof im nationalsozialistischen Staat*, S. 764; Voß, *Johannes Popitz*, S. 281, 290f.
135　»Die Mittwochsgesellschaft wurde nie, wie oft behauptet, eine ›Widerstandszelle‹ oder ein Verschwörerclub.« (Bentin, *Johannes Popitz und Carl Schmitt*, S. 54). Das muss natürlich

nicht der Selbsteinschätzung der Mitglieder entsprochen haben: Scholder weist darauf hin, dass Spranger in einem Vortrag vom 31. Januar 1940 von *Zellenbildung* sprach, womit er die Mittwochs-Gesellschaft als den Ort einer solchen Zellenbildung bezeichnet habe (vgl. Scholder, »Einleitung«, S. 36).

136 Kaltenbrunner an Bormann, 23. August 1944, in: »*Spiegelbild einer Verschwörung«. Die Opposition gegen Hitler und der Staatsstreich vom 20. Juli 1944 in der SD-Berichterstattung. Geheime Dokumente aus dem ehemaligen Reichssicherheitshauptamt*, hg. von Hans-Adolf Jacobsen, Erster Band, Stuttgart 1984, S. 289.

137 Wagner geht davon aus, dass Langbehn der Mittwochs-Gesellschaft angehörte (vgl. Wagner, *Der Volksgerichtshof im nationalsozialistischen Staat*, S. 764). Diese Einschätzung ist nicht haltbar; in den Listen der Mitglieder der 1930er und 1940er Jahre taucht der Name nicht auf (vgl. *Die Mittwochs-Gesellschaft*, S. 368). Mochte er der noch so erfolgreiche und von allen Seiten für seine Intelligenz und Klugheit gepriesene Rechtsanwalt sein – als eben derjenige war Langbehn ein Mitglied des gesellschaftlichen Lebens in Berlin, nicht der wissenschaftlichen oder politischen Elite des Landes.

138 Vgl. Irmgard Langbehn, »Mitteilung vom 18. Sept. 1946«, S. 2. – Langbehn war dem Militär sehr zugeneigt; in den 1930er Jahren hatte er an unterschiedlichen Militärübungen teilgenommen, um Reserveoffizier zu werden (vgl. von zur Mühlen, »Aufzeichnung Dr. Kleine über Carl Langbehn«, S. 2).

139 Hildebrandt nennt Langbehn die »geborene Ergänzung« zu Popitz: »Besaß Popitz das weitgespannte Denken, so fand Langbehn stets die kürzeste Linie vom Plane zur Durchführung.« (Hildebrandt, *Wir sind die Letzten*, S. 99).

140 Vgl. von zur Mühlen, »Zusammenfassung der Mitteilungen von Frau Irmgard Langbehn«, S. 2 – Meyer datiert das Treffen auf das Jahr 1936 (vgl. Meyer, »Carl Langbehn«, S. 301). Das Jahr 1936 kommt ins Spiel, wenn man Carl Langbehns Aussage aus den Prozessakten berücksichtigt, dass er Himmler seit acht Jahren kenne.

141 Vgl. Bielenberg, *Als ich Deutsche war*, S. 91.

142 Irmgard Langbehn, »Mitteilung vom 18. Sept. 1946«, S. 2.

143 Vgl. von zur Mühlen, »Zusammenfassung der Mitteilungen von Frau Irmgard Langbehn«, S. 2.

144 Von zur Mühlen, »Zusammenfassung der Mitteilungen von Frau Irmgard Langbehn«, S. 2.

145 Zum Doppelspiel gibt es unterschiedliche Stimmen und Auffassungen. Als *Subjekt* dieses Spiels begreift Gereke etwa Himmler und nicht Langbehn: »Als Anwalt und Mensch war Carl Langbehn stets zuverlässig gewesen, und vieles Gemeinsame hatte uns verbunden. Tragisch empfand ich es, daß er sich in das dunkle Doppelspiel Himmlers begeben hatte, aus dem für ihn kein Entrinnen möglich war.« (Gereke, *Ich war königl.-preuß. Landrat*, S. 298f.). Bei Padfield stellt sich die Sache anders dar: »If in previous years Langbehn had been conducting his talks with ›a double face‹ – for the opposition *and* Himmler – there is every sign that by this date the two were merging together. The traces go back at least as far as the spring of 1942 after the reverses of the first Russian winter.« (Peter Padfield, *Himmler. Reichsführer-SS*, London 1990, S. 421).

146 Hoffmann geht ganz selbstverständlich genau davon aus (Peter Hoffmann, *Widerstand, Staatsstreich, Attentat. Der Kampf der Opposition gegen Hitler*, 3. Aufl., München 1979, S. 367).

147 Langbehn soll Himmler einmal so bezeichnet haben (vgl. Bielenberg, *Als ich Deutsche war*, S. 91).

148 Klaus-Jürgen Müller, *Generaloberst Ludwig Beck. Eine Biographie*, hg. mit Unterstützung des Militärgeschichtlichen Forschungsamtes Potsdam, Paderborn 2008, S. 711 (Anm. 219), 484.

149 Klemperer, *Die verlassenen Verschwörer*, S. 505 (Anm. 77).

150 Gerhard Schulz-Wittuhn, »Widerstand gegen Hitler. Ein Beitrag zur jüngsten Geschichte Deutschlands«, in: *Gewerkschaftliche Monatshefte* 4 (1958), S. 232–239, hier S. 236.

151 Brief von Sarre, 11. Oktober 1945.

152 Vgl. Eberhard Zeller, *Geist der Freiheit. Der zwanzigste Juli*, 2. Aufl., München 1954, S. 43; von Hassell, Tagebucheintrag vom 30. November 1941, in: *Die Hassell-Tagebücher 1938–1944*, S. 285.
153 Brief von Sarre, 11. Oktober 1945.
154 Irmgard Langbehn, »Mitteilung vom 18. Sept. 1946«, S. 2.
155 Rainer Hildebrandt, *Wir sind die Letzten*, Neuwied/Berlin 1949, S. 58.
156 Vgl. Helmuth James Graf von Moltke, *Briefe an Freya*, hg. von Beate Ruhm von Oppen, München 1988, S. 255.
157 Von Hassell, Tagebucheintrag vom 1. Januar 1942, in: *Die Hassell-Tagebücher 1938–1944*, S. 293.
158 Bielenberg, *Als ich Deutsche war*, S. 43.
159 Vgl. *Die Mittwochs-Gesellschaft*, S. 34.
160 Vgl. Eberhard Zeller, *Geist der Freiheit. Der zwanzigste Juli*, 2. Aufl., München 1954, S. 43.
161 Leumundszeugnis von Marie-Louise Sarre, ohne Datum, NDS 171 Hannover Nr. 11947.
162 Vgl. von Hassell, Tagebucheintrag vom 6. März 1943, in: *Die Hassell-Tagebücher 1938–1944*.
163 Vgl. Irmgard Langbehn, »Mitteilung vom 18. Sept. 1946«, S. 2.
164 Von Hassell, Tagebucheintrag vom 22. März 1942, in: *Die Hassell-Tagebücher 1938–1944*, S. 305.
165 Vgl. Carl Friedrich Goerdeler, »Das Ziel«, in: *Beck und Goerdeler. Gemeinschaftsdokumente für den Frieden 1941–1944*, hg. und erläutert von Wilhelm Ritter von Schramm, München 1965, S. 81–166.
166 Ebd., S. 119.
167 Ebd., S. 84.
168 Ebd., S. 87.
169 Carl Friedrich Goerdeler, »Der Weg«, in: *Beck und Goerdeler*, hg. von W. Ritter, S. 167–232.
170 Ebd., S. 214f., 229f.
171 Ebd., S. 199.
172 Goerdeler, »Das Ziel«, S. 98.
173 Ebd., S. 133.
174 Ebd., S. 147.
175 Ebd., S. 165. – Eine umfassendere Interpretation und Bewertung gibt Hans Mommsen, »Gesellschaftsbild und Verfassungspläne des deutschen Widerstandes«, in: *Widerstand im Dritten Reich. Probleme, Ereignisse, Gestalten*, hg. von Hermann Graml, Frankfurt/M. 1994, S. 14–91, hier S. 63ff.
176 Goerdeler, zitiert nach einem Brief von Kaltenbrunner an Bormann, 5. September 1944, in: »*Spiegelbild einer Verschwörung*«, S. 351.
177 Vgl. Nicolai Hammersen, *Politisches Denken im deutschen Widerstand. Ein Beitrag zur Wirkungsgeschichte neokonservativer Ideologien 1914–1944*, Berlin 1993, S. 28ff.
178 Vgl. Gereke, *Ich war königl.-preuß. Landrat*, S. 288f.; Hildebrandt hat darin eine der »Verzweiflungsideen« des Widerstandes gesehen (Hildebrandt, *Wir sind die Letzten*, S. 103). Auf wen die Idee eines solchen Attentates zurückging, bleibt unsicher; die Darstellung bei Gereke erweckt den Eindruck, sie wäre seine eigene gewesen, während diejenige bei Hildebrandt die Sache eher offen lässt.
179 Vgl. Meyer, »Carl Langbehn«, S. 302.
180 Vgl. Winfried Meyer, »Nachrichtendienst, Umsturzvorbereitung und Widerstand – Hans von Dohnanyi im Amt Ausland/Abwehr des Oberkommandos der Wehrmacht 1939–1943«, in: ders. (Hg.), *Verschwörer im KZ. Hans von Dohnanyi und die Häftlinge des 20. Juli 1944 im KZ Sachsenhausen*, Berlin 1999, S. 76–115, hier S. 85.
181 Peter Hoffmann, *Claus Schenk Graf von Stauffenberg. Die Biographie*, 2. Aufl., München 2008, S. 340; Zelle, *Hitlers zweifelnde Elite*, S. 368.
182 Vgl. Friedrich Hiller von Gaertringen, »Einführung«, in: *Die Hassell-Tagebücher 1938–1944*, S. 36.

183 Anklageschrift vom 25. September 1944, S. 7.
184 Abgedruckt bei von Hassell, *Die Hassell-Tagebücher 1938–1944*, S. 451–454.
185 Abgedruckt bei von Hassell, *Die Hassell-Tagebücher 1938–1944*, S. 454–461.
186 Aus der Formulierung bei Fest, dass neben Jessen auch Langbehn »beratend gehört« worden ist, bevor er gemeinsam mit Jessen das Gesetz über den Ausnahmezustand formulierte, geht nicht eindeutig hervor, dass Langbehn schon zu Zeiten der *Abfassung* des Staatsgrundgesetzes in dieser beratenden Funktion tätig war (vgl. Joachim Fest, *Staatsstreich. Der lange Weg zum 20. Juli*, Gütersloh 2008 (1994), S. 152). Ausgeschlossen jedoch ist es, wie gesagt, nicht.
187 Die Bewertung dieses Dokuments sollte deshalb vornehmlich unter Berücksichtigung der historischen Bedingungen vorgenommen werden, unter denen es entstanden ist. Solcher Historismus relativiert oder entschuldigt nicht den aus heutiger Perspektive kritisch zu betrachtenden antiliberalen Grundzug im Staatsgrundgesetz, sondern bestätigt am Ende nur die Auffassung, dass der deutsche Widerstand gegen Hitler zum einen verstanden, zum anderen aber – und das macht ihn seit jeher so schmerzlich für das historische Bewusstsein – gerade deshalb nicht als unmittelbare Vorgeschichte des Wirklichkeit gewordenen demokratischen Nachkriegsdeutschlands in Anspruch genommen werden kann. – Zur Diskussion und Bewertung des Staatsgrundgesetzes vgl. Hoffmann, *Widerstand, Staatsstreich, Attentat*, S. 233ff.; Voß, *Johannes Popitz*, S. 302ff. – Bentin hält den Entwurf von Popitz für eine »praktische Nutzanwendung seiner Staatsphilosophie« und ein »verspätetes, nach rückwärts gewandtes Stück ›aufgeklärter Despotismus‹ mit preußisch-sozialen Zügen« (Bentin, *Johannes Popitz und Carl Schmitt*, S. 35). Vorsichtig verteidigend dagegen äußern sich von Gaertringen, »Einführung«, S. 31; Scholder, »Einleitung«, S. 35.
188 Vgl. Meyer, »Carl Langbehn«, S. 302; der Text konnte bisher nicht aufgefunden werden (Stand 1988, vgl. *Die Hassell-Tagebücher 1938–1944*, S. 450).
189 Abgedruckt bei von Hassell, *Die Hassell-Tagebücher 1938–1944*, S. 462–465.
190 Zitiert nach *Die Hassell-Tagebücher 1938–1944*, S. 450.
191 Als ein »kompromißloser Gegner des NS-Regimes« *(Die Hassell-Tagebücher 1938–1944*, S. 541, Anm. 93) galt Langbehn seinen Zeitgenossen teils sogar als ein »fanatischer Kämpfer gegen den Nationalsozialismus« (Hermann Schilling, Leumundszeugnis für Edgar Haverbeck, 25. September 1948, NDS 171 Hannover Nr. 11947) und dabei als einer der »wesentlichsten und tätigsten Mitarbeiter der Widerstandsbewegung« (Cornelia Popitz, Leumundszeugnis für Edgar Haverbeck, 28. März 1946, NDS 171 Hannover Nr. 11947), als einer der »aktivsten Teilnehmer unseres Kreises« (Günther Gereke, Leumundszeugnis für Edgar Haverbeck, 26. August 1948, NDS 171 Hannover Nr. 11947). Hildebrandt spricht von der »praktischen, entschlossenen, brachial-gewaltigen Natur Langbehns […], der […] Pläne voranzutreiben vermochte.« (Hildebrandt, *Wir sind die Letzten*, S. 58)
192 Vgl. Zelle, *Hitlers zweifelnde Elite*, S. 222; Padfield, *Himmler*, S. 327.
193 Vgl. von Hassell, Tagebucheintrag vom 18. Mai 1941, in: *Die Hassell-Tagebücher 1938–1944*, S. 252f.
194 Vgl. die Tagebucheinträge vom 18. und 30. August 1941, in: *Die Hassell-Tagebücher 1938–1944*, S. 266f.
195 »1) scharfer Unterschied zwischen öffentlichen (propagandistischen) Äußerungen und internen Mitteilungen (aber authentischen!); 2) zwei Extreme ausschließen: feindliche Forderungen, das deutsche System zu ändern, weil das eine rein deutsche nationale Angelegenheit ist – andererseits: Identifikation von Deutschland und Naziregime (zerstört alle Möglichkeiten).« (Von Hassell, Tagebucheintrag vom 18. Mai 1941, in: *Die Hassell-Tagebücher 1938–1944*, S. 266f.) Von Hassell schloss demnach Friedensverhandlungen aus, die eine Einmischung in die inneren politischen Angelegenheiten vorsehen, und sekundierte diese Auffassung mit dem Hinweis, dass es ein Fehler wäre, Deutschland mit dem Nationalsozialismus zu identifizieren, weil unter dieser Voraussetzung überhaupt keine Friedensverhandlungen möglich wären.

196 Vgl. von Hassell, Tagebucheintrag vom 30. Mai 1941, in: *Die Hassell-Tagebücher 1938–1944*, S. 267.
197 Vgl. Hermann Graml, »Die außenpolitischen Vorstellungen des deutschen Widerstandes«, in: *Widerstand im Dritten Reich. Probleme, Ereignisse, Gestalten*, hg. von Hermann Graml, Frankfurt/M. 1994, S. 91–139, hier S. 95ff., 115f., 127f.
198 Vgl. von Hassell, Tagebucheintrag vom 19. September 1943, in: *Die Hassell-Tagebücher 1938–1944*, S. 390.
199 Kaltenbrunner an Bormann, 21. November 1944, in: *»Spiegelbild einer Verschwörung«*, S. 492.
200 Ebd., S. 492f.
201 Vgl. von Hassell, Tagebucheintrag vom 30. November 1941, in: *Die Hassell-Tagebücher 1938–1944*, S. 285.
202 Vgl. von Hassell, Tagebucheintrag vom 22. März 1942, in: *Die Hassell-Tagebücher 1938–1944*, S. 305.
203 Vgl. Heinrich Himmler, *Der Dienstkalender Heinrich Himmlers 1941/42*, bearbeitet, kommentiert und eingeleitet von Peter Witte et al. im Auftrag der Forschungsstelle für Zeitgeschichte in Hamburg, Hamburg 1999, S. 254 (5. November 1941), S. 324 (23. Januar 1942).
204 John zufolge kam Langbehn auf die »Idee, den Sturz des Regimes mit der SS in Gang zu bringen. [...] Popitz, Albrecht Haushofer und andere fanden diesen Plan durchaus nicht absurd.« (Vgl. John, *Zweimal kam ich heim*, S. 103) So spricht er auch von der »Idee Langbehns«, die Popitz später aufgegriffen habe (ebd., S. 132). Auch Pechel meint, dass es Langbehn gewesen sei, der »diesen Plan gefaßt« habe (Rudolf Pechel, *Deutscher Widerstand*, Zürich 1947, S. 226). Entschieden äußert sich Schulz: »Die Initiative ging nicht von Popitz aus, sondern von Langbehn, wenn nicht gar von Himmler selbst [...].« (Schulz, »Johannes Popitz«, S. 250) Andere sprechen von Popitz' Idee oder Gedanken, Himmler für einen Umsturz einzuspannen (vgl. Voß, *Johannes Popitz*, S. 295; Fest, *Staatsstreich*, S. 149). Eine ausgewogene Darstellung geben Sabine Gilmann und Hans Mommsen: »Die Überlegungen innerhalb der Opposition, Heinrich Himmler in Umsturzpläne einzubeziehen, gingen vor dem Attentat vom 20. Juli 1944 in erster Linie von Johannes Popitz aus. Auch über den Rechtsanwalt und Vertrauensmann Himmlers, Carl Langbehn, waren bereits seit dem Beginn der 40er Jahre Pläne im Gespräch, sich mit Himmler zu verbünden.« (*Politische Schriften und Briefe Carl Friedrich Goerdelers*, hg. von Sabine Gillmann und Hans Mommsen, Bd. 2, München 2003, S. 1201 [Anm. 6 der Herausgeber].)
205 Brief von Sarre, 11. Oktober 1945.
206 Himmler, *Der Dienstkalender Heinrich Himmlers 1941/42*, S. 516.
207 Vgl. Peter Longerich, *Heinrich Himmler. Biographie*. 2. Aufl., München 2008, S. 741; vgl. auch Johannes Tuchel, »Heinrich Himmler. Der Reichsführer-SS«, in: Ronald Smelser/Enrico Syring (Hg.), *Die SS: Elite unter dem Totenkopf. 30 Lebensläufe*, Paderborn/München 2000, S. 234–253.
208 Vgl. Longerich, *Heinrich Himmler*, S. 717 und S. 961f., Anm. 3, S. 962, Anm. 5.
209 Vgl. Zelle, *Hitlers zweifelnde Elite*, S. 175. – Radikaler formuliert: »Er funktionierte reibungslos und erfolgreich im Sinne des Dritten Reiches und plante indessen Hitlers Entmachtung oder Tod.« (Ebd., S. 247)
210 Vgl. ebd., S. 221ff.; vgl. in diesem Zusammenhang außerdem John W. Wheeler-Bennett, *Die Nemesis der Macht. Die deutsche Armee in der Politik 1918–1945*, Düsseldorf 1954, S. 598; Padfield, *Himmler*, S. 326f., 383, 421ff.
211 Anklageschrift vom 25. September 1944, S. 10.
212 Marx, *Das Manifest der Kommunistischen Partei*, S. 68.
213 Ebd., S. 95.
214 Vgl. Voß, *Johannes Popitz*, S. 295.
215 Vgl. Meyer, »Nachrichtendienst, Umsturzvorbereitung und Widerstand«, S. 87.
216 Vgl. Müller, *Generaloberst Ludwig Beck*, S. 484.

217 Vgl. von Hassell, Tagebucheintrag vom 19. September 1943, in: *Die Hassell-Tagebücher 1938–1944*, S. 389f.
218 Vgl. Müller, *Generaloberst Ludwig Beck*, S. 484.
219 Vgl. Zelle, *Hitlers zweifelnde Elite*, S. 224.
220 Vgl. Heinz Höhne, *Der Orden unter dem Totenkopf*, Frankfurt/M. 1969, S. 478.
221 Vgl. Meyer, »Carl Langbehn«, S. 302f.; Zelle, *Hitlers zweifelnde Elite*, S. 224.
222 Vgl. von Hassell, Tagebucheintrag vom 20. Dezember 1942, in: *Die Hassell-Tagebücher 1938–1944*, S. 341.
223 Vgl. Hoffmann, *Widerstand, Staatsstreich, Attentat*, S. 264. – Rothfels sieht im politisch und kriegsstrategisch motivierten Hinwegblicken über den deutschen Widerstand, aber auch in dessen Marginalisierung und Geringschätzung durch die Alliierten ein wesentliches Problem, nicht nur für das Denken über den Widerstand in der Nachkriegszeit, sondern auch für den Widerstand selbst und seine Handlungsmöglichkeiten (vgl. Hans Rothfels, *Die deutsche Opposition gegen Hitler. Eine Würdigung* (1948/49), Zürich 1994, S. 41ff., 279ff. et passim).
224 Vgl. Voß, *Johannes Popitz*, S. 292. – In seiner Aufzählung der anwesenden Personen, in der Langbehn namentlich nicht genannt wird, fügt Voß an, dass »vielleicht noch ein oder zwei andere« teilgenommen haben (ebd.).
225 Vgl. Hoffmann, *Widerstand, Staatsstreich, Attentat*, S. 453f.; Gereke, *Ich war königl.-preuß. Landrat*, S. 291.
226 Vgl. Meyer, »Nachrichtendienst, Umsturzvorbereitung und Widerstand«, S. 76.
227 Maria Theodora von dem Bottlenberg-Landsberg, *Karl Ludwig Freiherr von und zu Guttenberg, 1902–1945. Ein Lebensbild*, Berlin 2003, S. 231f.
228 Zitiert nach einem Brief von Kaltenbrunner an Bormann, 31. Oktober 1944, in: »*Spiegelbild einer Verschwörung*«, S. 476.
229 Vgl. Anklageschrift vom 25. September 1944, S. 10f.
230 Ebd., S. 11.
231 Vgl. Zelle, *Hitlers zweifelnde Elite*, S. 224.
232 Ulrich von Hassell, Tagebucheintrag vom 9. Juni 1943, in: *Die Hassell-Tagebücher 1938–1944*, S. 368f.
233 Marie-Louise Sarre, zitiert nach Dulles, *Verschwörung in Deutschland*, S. 187.
234 Vgl. Hoffmann, *Claus Schenk Graf von Stauffenberg*, S. 340; ders., *Widerstand, Staatsstreich, Attentat*, S. 367f.; Scholder, »Einleitung«, S. 41.
235 Ingeborg Fleischhauer, *Die Chance des Sonderfriedens*, Berlin 1986, S. 183.
236 Zum folgenden vgl. ebd., S. 183ff.
237 Vgl. von Hassell, Tagebucheintrag vom 15. August 1943, in: *Die Hassell-Tagebücher 1938–1944*, S. 382.
238 Ebd.
239 Hauptquelle ist die Anklageschrift vom 25. September 1944.
240 Vgl. Longerich, *Heinrich Himmler*, S. 701.
241 Anklageschrift vom 25. September 1944, S. 14.
242 Von Hassell, Tagebucheintrag vom 19. September 1943, in: *Die Hassell-Tagebücher 1938–1944*, S. 390.
243 Brief von Marie-Louise Sarre, 11. Oktober 1945, S. 2.
244 Menschen in seiner Umgebung blieb das nicht verborgen. Sein Kompagnon hielt die Liaison nach dem Krieg für wichtig genug, um sie herauszustellen (vgl. von zur Mühlen, »Aufzeichnung Dr. Kleine über Carl Langbehn«, S. 1).
245 Brief von Marie-Louise Sarre, 11. Oktober 1945, S. 2.
246 Ebd.
247 Martha Schad, *Frauen gegen Hitler. Vergessene Widerstandskämpferinnen im Nationalsozialismus*, München 2010, S. 146f.
248 Vgl. Dulles, *Verschwörung in Deutschland*, S. 209.
249 Von Hassell, Tagebucheintrag vom 9. Oktober 1943, in: *Die Hassell-Tagebücher 1938–1944*, S. 394.

250 Irmgard Langbehn, »Mitteilung vom 18. Sept. 1946«, S. 2.
251 Poelchau, *Die letzten Stunden*, S. 125. – Vgl. auch Harald Poelchau, Brief an Oberstleutnant Brodckii, 21. Oktober 1947, Gedenkstätte Deutscher Widerstand, Berlin.
252 Vgl. Hedwig Maier, »Die SS und der 20. Juli,«, in: *Vierteljahrshefte für Zeitgeschichte* 14 (1966), S. 299–316, hier S. 311.
253 Heinrich Himmler, »Reichsführer SS Himmler auf der Gauleitertagung am 3. August 1944 in Posen«, in: *Vierteljahreshefte für Zeitgeschichte* 1 (1953), S. 357–394, hier S. 375f.
254 Vgl. Albert Speer, *Erinnerungen*, Berlin 1969, S. 390; vgl. auch Zelle, *Hitlers zweifelnde Elite*, S. 225.
255 Von Hassell, Tagebucheintrag vom 7. Februar 1944, in: *Die Hassell-Tagebücher 1938–1944*, S. 418.
256 Von Hassell, Tagebucheintrag vom 13. November 1943, in: ebd., S. 399.
257 Irmgard Langbehn, »Mitteilung vom 18. Sept. 1946«, S. 3.
258 Anklageschrift vom 25. September, S. 1.
259 Zum folgenden vgl. ebd., S. 16.
260 Carl Langbehn, Brief an Martha Langbehn, 1. Oktober 1944, abgedruckt bei: Winfried Meyer (Hg.), *Verschwörer im KZ. Hans von Dohnanyi und die Häftlinge des 20. Juli 1944 im KZ Sachsenhausen*, Berlin 1999, S. 306, mit Verweis auf Lady Elke Atcherly, Long Melford).
261 Ernst Kaltenbrunner, Schreiben an den Reichsjustizminister Otto Thierack, 27. September 1944, Gedenkstätte Deutscher Widerstand, Berlin.
262 Protokoll der Gerichtsverhandlung vom 3. Oktober 1944, S. 4 in: Biographische Akte Carl Langbehn.
263 Zum folgenden vgl. das Urteil vom 3. Oktober 1944.
264 Goebbels, Tagebucheintrag vom 6. Oktober 1944, S. 46f.
265 Carl Langbehn, Brief an Birgitta Nestler, 5.11.1941 (zitiert nach: Uwe Werner, *Anthroposophen in der Zeit des Nationalsozialismus (1933–1945)*, München 1999, S. 328).
266 Birgitta Nestler, Brief an den Reichsjustizminister, 14.10.1944, Gedenkstätte Deutscher Widerstand, Berlin.
267 Carl Langbehn, Brief an Irmgard Langbehn, 12. Oktober 1944, zitiert nach Irmgard Langbehn, »Mitteilung vom 18. Sept. 1946« (Briefanschreiben).
268 Poelchau, *Die letzten Stunden*, S. 126.
269 Poelchau, Brief an Oberstleutnant Brodckii, 21. Oktober 1947. – Diese Schilderung findet Bestätigung bei von Moltke: »Am schlimmsten hat man Langbehn behandelt – jetzt zum Schluß, anfangs war er so ein Sonderfall wie ich, und in der P.A. brachte ihm sein Diener jeden Morgen auf einem Tablett ein opulentes Frühstück; der wurde an Händen und Füßen gefesselt und sowohl in der Zelle wie bei der Vernehmung geprügelt […].« (Helmuth James Graf von Moltke, *Im Land der Gottlosen. Tagebuch und Briefe aus der Haft 1944/45*, hg. und eingeleitet von Günter Brakelmann, München 2009, S. 324f.)

Danksagung

Ein Buch schreibt und verantwortet man allein, aber das vorliegende hätte in dieser Form nicht entstehen können, wenn ich in den Jahren meiner Auseinandersetzung mit Carl Langbehn nicht im kritischen Gespräch mit anderen Menschen gewesen wäre. Gerhard Fouquet, Winfried Meyer und Karl-Günter Zelle gilt mein Dank für ihre wertvollen, mutmachenden Kommentierungen eines früheren, kürzeren Manuskripts, von dem eine bestimmte Richtung in der Ausarbeitung zum Buch ihren Ausgang genommen hat. Motivation, dieses Manuskript in eine politische Biographie auszuarbeiten, verdanke ich auch Stephan Leuenberger, der mehr über die Sache erfahren wollte und jetzt hoffentlich ein entsprechendes Angebot in den Händen hält. Ralf Köhne hat mich über den Zeitraum eines halben Jahres in Brasilien dankenswerterweise mit wichtiger Forschungsliteratur aus Deutschland versorgt, ohne die ich dort nicht hätte arbeiten können. Dem Landesarchiv Schleswig-Holstein danke ich für die Genehmigung zum Abdruck der Flurkarte aus dem Jahre 1758, Frank Pringham, USA, dafür, dass eine Photographie von Fritz Pringsheim in den Band aufgenommen werden konnte. Die verbliebenen Kinder von Carl Langbehn – Dagmar, Malte, Wolfgang und Karl – sowie ihre Familien haben eine Reihe von Photographien aus dem Familienbesitz zur Verfügung gestellt; sie tragen auf diese Weise wesentlich dazu bei, dass die Geschichte auch in Bildern erzählt werden kann. Die Woche im Oktober 2013, in der ich bei den Nachfahren in Buenos Aires, Argentinien, zu Gast sein durfte, hat mich ebenso sehr beeindruckt wie berührt. In dieser Zeit hat sich mir ein ungemein erhellender Zugang in private Bereiche im Leben von Carl Langbehn im Horizont seiner eigenen Familie eröffnet; darüber hinaus konnte ich den argentinischen Hintergrund seiner Frau Irmgard erschließen. Für die außerordentlich großzügige, überaus warmherzige Gastfreundschaft, die vielen aufschlussreichen Gespräche, in denen mir vertrauensvoll ein intimer Einblick in die familiäre Vergangenheit gewährt wurde, und für das keinesfalls selbstverständliche Interesse an meinem historischen Blick auf den Vater und Großvater gilt allen, mit denen ich Zeit in Buenos Aires verbringen durfte, mein allerherzlichster Dank. Diesen richte ich gesondert und nachdrücklich noch einmal an Dagmar Langbehn und Regula Rohland de Langbehn, die sich mit sehr viel Spürsinn und kritischen Nachfragen zum Manuskript geäußert haben. Im weiten Familienkosmos der Familie Langbehn überhaupt bin ich in den Jahren zwischen 2007 und 2009 durch viele Gespräche mit meiner Mutter Anne Langbehn und meiner Tante Charlotte Bielefeldt, geb. Langbehn, in die Orientierung gekommen. Der Nachlass meines Großvaters Hans Heinrich Langbehn wäre ohne die Erinnerungen seiner Tochter Charlotte und die von ihr unternommenen Transkriptionen alter Dokumente zu keiner lebendigen Überlieferung für mich geworden. Auf dem einmal eingeschlagenen Weg hat sich dann eine ursprüngliche Frage in ein bestimmendes Thema und schließlich in den Gegenstand einer konzentrierten Untersuchung gewandelt. Mit der Empathie von Katrin Grünepütt durfte ich dabei stets rechnen. Sie hat die ganze Entwicklung – von der Frage bis zum Buch – begleitet und mir eine geistige Heimat geschenkt, die nicht unwesentlich dazu beigetragen hat, dass ich mich dieser Entwicklung und ihren Ansprüchen entsprechend öffnen konnte. Das abschließende Lektorat hat Wolfgang Schlüter besorgt, der das Manuskript mit dem ihm eigenen Sprachgefühl, aber auch mit großer thematischer, historischer Umsicht, auf so bewundernswert lehrreiche Art und Weise kritisch durchgegangen ist und mich dabei vor mehr als nur einer Torheit bewahrt hat. Dass ein Buch auf breiter Quellenbasis überhaupt entstehen konnte, von fachhistorischer Seite kundig betreut wurde und am Ende seinen rechten Publikationsort gefunden hat, verdanke ich dem Leiter der Gedenkstätte Deutscher Widerstand in Berlin, Johannes Tuchel. Ohne den mir gewährten Zugang zu historischen Dokumenten, vor allem zu der biographischen Akte von Carl Langbehn, wäre der Forschungsprozess ohne maßgebliches Material und die Auseinandersetzung ohne entscheidendes Quellenstudium geblieben. Es ist mir eine besondere Freude und Ehre zugleich, dass die Arbeit in der von Johannes Tuchel gemeinsam mit Peter Steinbach herausgegebenen Buchreihe »Analysen und Darstellungen« innerhalb der Schriften der Gedenkstätte Deutscher Widerstand erscheinen darf. Dem Lukas Verlag schließlich danke ich für die verlegerische Umsetzung, mithin dafür, dass ein Buchmanuskript unter so ausgezeichneten Bedingungen die Form eines Buches annehmen durfte.

Chicago, im September 2014 *Claus Langbehn*

Literaturverzeichnis

I. Quellen

a. Primärquellen

Biographische Akte Carl Langbehn. Gedenkstätte Deutscher Widerstand, Berlin.
Langbehn, Carl: *Zustimmung und Verfügung*. Diss. Göttingen 1925.
Langbehn, Carl: Brief an Hans Heinrich Langbehn, 23. August 1932 (im Besitz des Verf.).
Langbehn, Carl: Brief an Hans Heinrich Langbehn, 3. April 1934 (im Besitz des Verf.).
Langbehn, Carl: Telegramm an Hans Heinrich Langbehn, 23. September 1934 (im Besitz des Verf.).
Langbehn, Carl: Brief an Birgitta Nestler, 5. November 1941 (zitiert nach: Uwe Werner, *Anthroposophen in der Zeit des Nationalsozialismus (1933–1945)*, München 1999, S. 328).
Langbehn, Carl: Brief an SS Gruppenführer Karl Wolff, 20. Januar 1942, Gedenkstätte Deutscher Widerstand, Berlin (Bundesarchiv Berlin, NS 19, 2878, Blatt 3, 4).
Langbehn, Carl: Brief an Martha Langbehn, 1. Oktober 1944. Abgedruckt in: Winfried Meyer (Hg.), *Verschwörer im KZ. Hans von Dohnanyi und die Häftlinge des 20. Juli 1944 im KZ Sachsenhausen*, Berlin 1999, S. 306, mit Verweis auf Lady Elke Atcherly, geb. Langbehn, Long Melford.
Langbehn, Carl: Brief an Irmgard Langbehn, 12. Oktober 1944. Zitiert nach Irmgard Langbehn, »Mitteilung vom 18. Sept. 1946« (Briefanschreiben).

b. Sekundärquellen

Ahlers, O.: *Civilitates. Lübecker Neubürgerlisten 1317–1356*. Lübeck 1967.
Anklageschrift gegen Carl Langbehn, 25. September 1943. In: Biographische Akte Carl Langbehn, Gedenkstätte Deutscher Widerstand, Berlin.
Bielenberg, Christabel: *Als ich Deutsche war: 1934–1945. Eine Engländerin erzählt*. 7. Aufl., München 2000.
Gereke, Günther: Leumundszeugnis für Edgar Haverbeck (26. August 1948). NDS 171 Hannover, Nr. 11947.
Goebbels, Joseph: *Die Tagebücher von Joseph Goebbels. Sämtliche Fragmente*. Hg. von Elke Fröhlich im Auftr. des Instituts für Zeitgeschichte und in Verb. mit dem Bundesarchiv. Teil 2: Diktate 1941–1945, Bd. 14: Oktober bis Dezember 1944. München 1996.

Haverbeck, Edgar: Fragebögen der »Military Government of Germany, 12. Juli 1945 und 13. September 1946. NDS 171 Hannover Nr. 11947.

Haverbeck, Edgar: Fragebogen der »Military Government of Germany«, Anlage Nr. 2: E. Mitgliedschaften. NDS 171 Hannover Nr. 11947.

Haverbeck, Edgar: Lebenslauf, 22. August 1946, Anlage Nr. 1 zum Fragebogen der »Military Government of Germany«. NDS 171 Hannover Nr. 11947.

Haverbeck, Edgar: Schreiben an Ministerialdirigent Dr. Lauffer, 16. Januar 1947. NDS 171 Hannover Nr. 11947.

Hassell, Ulrich von: *Die Hassell-Tagebücher 1938–1944. Aufzeichnungen vom andern Deutschland*. Nach der Handschrift revidierte und erweiterte Ausgabe unter Mitarbeit von Klaus Peter Reiß hg. von Friedrich Freiherr Hiller von Gaertringen. Berlin 1988.

Helmold von Bosau: *Slawenchronik* (*Chronica Slavorum*). Neu übertragen und erläutert von Heinz Stoob. 7. Aufl., Darmstadt 2008.

Heydrich, Reinhard: Runderlaß vom 16. Januar 1942. Bundesarchiv Berlin, R 58/1028, Blatt 75 [zitiert nach Biographische Akte Carl Langbehn, Gedenkstätte Deutscher Widerstand, Berlin].

Himmler, Heinrich: »Reichsführer SS Himmler auf der Gauleitertagung am 3. August 1944 in Posen.« In: *Vierteljahrshefte für Zeitgeschichte* 1 (1953), S. 357–394.

Himmler, Heinrich: *Der Dienstkalender Heinrich Himmlers 1941/42*. Bearbeitet, kommentiert und eingeleitet von Peter Witte et al. im Auftrag der Forschungsstelle für Zeitgeschichte in Hamburg. Hamburg 1999.

Kaltenbrunner, Ernst: Bericht an Martin Bormann, 23. August 1944. In: »*Spiegelbild einer Verschwörung*«. *Die Opposition gegen Hitler und der Staatsstreich vom 20. Juli 1944 in der SD-Berichterstattung. Geheime Dokumente aus dem ehemaligen Reichssicherheitshauptamt*. Hg. von Hans-Adolf Jacobsen, Erster Band. Stuttgart 1984, S. 288ff.

Kaltenbrunner, Ernst: Bericht an Martin Bormann, 5. September 1944. In: »*Spiegelbild einer Verschwörung*«, S. 351.

Kaltenbrunner, Ernst: Bericht an Martin Bormann, 31. Oktober 1944. In: »*Spiegelbild einer Verschwörung*«, S. 475f.

Kaltenbrunner, Ernst: Bericht an Martin Bormann, 21. November 1944. In: »*Spiegelbild einer Verschwörung*«, S. 492ff.

Kaltenbrunner, Ernst: Schreiben an den Reichsjustizminister Otto Thierack, 27. September 1944. Gedenkstätte Deutscher Widerstand, Berlin.

Kleine, Heinz: Leumundszeugnis für Edgar Haverbeck (17. April 1946). NDS 171 Hannover Nr. 11947.

Kleine, Heinz: Leumundszeugnis für Edgar Haverbeck (21. Januar 1948). NDS 171 Hannover Nr. 11947.

Kleine, Heinz: Leumundszeugnis für Edgar Haverbeck (25. August 1948). NDS 171 Hannover Nr. 11947.

Langbehn, Harald Malte: Schriftliche Mitteilung an den Verfasser, 26. September 2012.

Langbehn, Hans Heinrich: Nachlaß. Briefe, Dokumente, Flurkarten und Urkunden (im Besitz des Verf.).

Langbehn, Hans Hinrich: Tagebuch (im Besitz des Verf.).

Langbehn, Irmgard: Leumundszeugnis für Edgar Haverbeck (11. Februar 1946). NDS 171 Hannover Nr. 11947.

Langbehn, Irmgard: »Mitteilung vom 18. Sept. 1946.« In: Biographische Akte Carl Langbehn, Gedenkstätte Deutscher Widerstand, Berlin.

Moltke, Helmuth James Graf von: *Briefe an Freya*. Herausgegeben von Beate Ruhm von Oppen. München 1988.

Moltke, Helmuth James Graf von: *Im Land der Gottlosen. Tagebuch und Briefe aus der Haft 1944/45*. Herausgegeben und eingeleitet von Günter Brakelmann. München 2009.

Mühlen, Heinrich von zur: »Zusammenfassung der Mitteilungen von Frau Irmgard Langbehn, Buenos-Aires.« In: Biographische Akte Carl Langbehn, Gedenkstätte Deutscher Widerstand, Berlin.

Mühlen, Heinrich von zur: »Aufzeichnung Dr. Kleine über Carl Langbehn.« In: Biographische Akte Carl Langbehn, Gedenkstätte Deutscher Widerstand, Berlin.

Nestler, Birgitta: Brief an den Reichsjustizminister, 14.10.1944. Gedenkstätte Deutscher Widerstand, Berlin.

Poelchau, Harald: *Die letzten Stunden. Erinnerungen eines Gefängnispfarrers* (1949). Aufgezeichnet von Graf Alexander Stenbock-Fermor. 3. Aufl., Berlin 1987.

Poelchau, Harald: Brief an Oberstleutnant Brodckii, 21. Oktober 1947. Gedenkstätte Deutscher Widerstand, Berlin.

Popitz, Cornelia: Leumundszeugnis für Edgar Haverbeck (28. März 1946). NDS 171 Hannover Nr. 11947.

Pringsheim, Fritz: »Statement concerning Carl Langbehn« (Oxford, 2. Januar 1946). Allen Dulles papers, Seeley Mudd Manuscript Library, Princeton, box 37, file 1 (eingesehen unter: http://thisiszionism.blopgspot.com/2008/02/hitlers-jewish-solicitor.html).

Protokoll der Gerichtsverhandlung vom 3. Oktober 1944. In: Biographische Akte Carl Langbehn, Gedenkstätte Deutscher Widerstand, Berlin.

Sarre, Marie-Louise: Brief vom 11. Oktober 1945. Gedenkstätte Deutscher Widerstand, Berlin.

Sarre, Marie-Louise: Leumundszeugnis für Edgar Haverbeck (10. September 1946). NDS 171 Hannover Nr. 11947.

Sarre, Marie-Louise: Einige Aufzeichnungen zu dem Aktenstück des Reichsjustizministeriums ›Popitz-Langbehn‹, Anklage, Bericht über die Hauptverhandlung und das Urteil des Volksgerichtshofes. 28.1.1946. BA/MA, N 524/v. 18.

Sarre, Marie-Louise Sarre: Leumundszeugnis für Edgar Haverbeck (ohne Datum). NDS 171 Hannover Nr. 11947.

Schilling, Hermann: Leumundszeugnis für Edgar Haverbeck (25. September 1948). NDS 171 Hannover, Nr. 11947.

Urkundenbuch des Bisthums Lübeck, Band 1: 1154–1341. Herausgegeben von

Wilhelm Leverkus. Unveränderter Nachdruck der Ausgabe Oldenburg 1856, Neumünster 1994.

Urkundenbuch des Bistums Lübeck, Band 2: 1220–1439. Bearbeitet von Wolfgang Prange. Neumünster/Hamburg 1994.

Urkundenbuch des Bistums Lübeck, Band 3: 1439–1509. Bearbeitet von Wolfgang Prange. Neumünster/Hamburg 1995.

Urkundenbuch des Bistums Lübeck, Band 4: 1510–1530. Bearbeitet von Wolfgang Prange. Neumünster/Hamburg 1996.

Urteil vom 3. Oktober 1944. In: Biographische Akte Carl Langbehn, Gedenkstätte Deutscher Widerstand, Berlin.

Zahler, Heinrich: Leumundszeugnis für Edgar Haverbeck (16. Januar 1948). NDS 171 Hannover Nr. 11947.

Zeitungsartikel: »Die Langbehn in Klenzau. Eine der ältesten Bauernfamilien unserer Landschaft.« In: *Anzeiger für das Fürstentum Lübeck*, 29. September 1934.

II. Weitere Literatur

Alberts, J.: *Das Fürstenthum Lübeck. Handbuch der Heimathskunde für Schule und Haus*. 1882.

Bahar, Fauzi: Mitteilung des Bürgermeisters von Padang an den Bürgermeister der Stadt Hildesheim, 19. Juni 2012, Akt.-Nr. 100/02.66/BU-VI/2012.

Behrendt, Bernd: »August Julius Langbehn, der ›Rembrandtdeutsche‹«. In: *Handbuch zur ›Völkischen Bewegung‹ 1871–1918*. Hg. von Uwe Puschner, Walter Schmitz und Justus H. Ulbrich. München 1996, S. 94–113.

Bentin, Lutz-Arwed: *Johannes Popitz und Carl Schmitt. Zur wirtschaftlichen Theorie des totalen Staates in Deutschland*. München 1972.

Berlin, Isaiah: »Zwei Freiheitsbegriffe« (»Two Concepts of Liberty«). In: Ders., *Freiheit. Vier Versuche*. Frankfurt/M. 1995, S. 197–256.

Bernecker, Walter L.: *Europa zwischen den Weltkriegen 1914–1945. Handbuch der Geschichte Europas, Bd. 9*. Stuttgart 2002.

Bottlenberg-Landsberg, Maria Theodora von dem: *Karl Ludwig Freiherr von und zu Guttenberg. 1902–1945. Ein Lebensbild*. Berlin 2003.

Brand, Heinz: *Die Übertragung altdeutscher Siedlungsformen in das ostholsteinische Kolonisationsgebiet. Im Rahmen einer Entwicklungsgeschichte ländlicher Siedlungen des oldenburgischen Landesteils Lübeck*. Kiel 1933.

Bründl, Georg: »Der Rembrandt-Deutsche und das Bauerntum.« In: *Nationalsozialistische Landpost*, 9. Juli 1937.

Dulles, Allen Welsh: *Verschwörung in Deutschland* (*Germany's underground*). Zürich 1948.

Fechter, Paul: *Menschen und Zeiten*. Gütersloh 1948.

Fest, Joachim: *Staatsstreich. Der lange Weg zum 20. Juli*. Gütersloh 2008.

Fiege, Hartwig: *Wie Ostholstein und Lauenburg deutsch wurden*. Hamburg 1979.

Fleischhauer, Ingeborg: *Die Chance des Sonderfriedens*. Berlin 1986.

Frank, Herbert: *Geheimnisvolle Querverbindungen über Deutschland. Der Deutsche Herrenklub.* München 1932.

Gaertringen, Friedrich Hiller von: »Einleitung.« In: Ulrich von Hassell, *Die Hassell-Tagebücher 1938–1944. Aufzeichnungen vom andern Deutschland*, hg. von Friedrich Hiller von Gaertringen, nach d. Handschr. rev. und erw. Ausgabe, Berlin 1988.

Gereke, Günther: *Ich war königl.-preuß. Landrat.* Berlin 1968.

Gerstner, Alexandra: *Neuer Adel. Aristokratische Elitekonzeptionen zwischen Jahrhundertwende und Nationalsozialismus.* Darmstadt 2008.

Giesenhagen, Karl: *Auf Java und Sumatra. Streifzüge und Forschungsreisen im Lande der Malaien.* Leipzig 1902.

Gläser, Manfred: *Die Slawen in Ostholstein. Studien zu Siedlung, Wirtschaft und Gesellschaft der Wagrier.* Diss. Hamburg 1983.

Goerdeler, Carl Friedrich: »Das Ziel.« In: *Beck und Goerdeler. Gemeinschaftsdokumente für den Frieden 1941–1944.* Herausgegeben und erläutert von Wilhelm Ritter von Schramm. München 1965, S. 81–166.

Goerdeler, Carl Friedrich: »Der Weg.« In: *Beck und Goerdeler. Gemeinschaftsdokumente für den Frieden 1941–1944.* Herausgegeben und erläutert von Wilhelm Ritter von Schramm. München 1965, S. 167–232.

Goerdeler, Carl Friedrich: *Politische Schriften und Briefe Carl Friedrich Goerdelers.* Hg. von Sabine Gillmann und Hans Mommsen, Bd. 2. München 2003.

Graml, Hermann: »Die außenpolitischen Vorstellungen des deutschen Widerstandes.« In: *Widerstand im Dritten Reich. Probleme, Ereignisse, Gestalten.* Herausgegeben von Hermann Graml. Frankfurt/M. 1994, S. 91–139.

Hammel-Kiesow, Rolf/Ortwin Pelc: »Landesaufbau, Territorialherrschaft, Produktion und Handel im hohen und späten Mittelalter (12.–16. Jh.).« In: Ulrich Lange (Hg.), *Geschichte Schleswig-Holsteins. Von den Anfängen bis zur Gegenwart.* Neumünster 1996, S. 59–110.

Hammersen, Nicolai: *Politisches Denken im deutschen Widerstand. Ein Beitrag zur Wirkungsgeschichte neokonservativer Ideologien 1914–1944.* Berlin 1993.

Haverkamp, Alfred (Hg.): *Handbuch der deutschen Geschichte, Bd. 5: Zwölftes Jahrhundert 1125–1198.* Stuttgart 2003.

Heidegger, Martin: »Die Grundprobleme der Phänomenologie« (Vorlesung Sommersemester 1927). In: *Gesamtausgabe, Bd. 24.* Herausgegeben von Friedrich-Wilhelm von Herrmann. 3. Aufl., Frankfurt/M. 1927.

Heinssen, Johannes: »Ein Indikator für die Probleme der Problemgeschichte: Kulturkritische Entdifferenzierung am Ende des 19. Jahrhunderts.« In: *Das Problem der Problemgeschichte 1880–1932.* Hg. von Otto Gerhard Oexle. Göttingen 2001, S. 39–84.

Hildebrandt, Rainer: *Wir sind die Letzten. Aus dem Leben des Widerstandskämpfers Albrecht Haushofer und seiner Freunde.* Neuwied/Berlin 1949.

Höhne, Heinz: *Der Orden unter dem Totenkopf.* Frankfurt/M. 1969.

Hoffmann, Erich: *Geschichte Schleswig-Holsteins. Bd. 4, Teil 2: Spätmittelalter und Reformationszeit.* Neumünster 1990.

Hoffmann, Peter: *Widerstand, Staatsstreich, Attentat. Der Kampf der Opposition gegen Hitler*. 3. Aufl., München 1979.
Hoffmann, Peter: *Claus Schenk Graf von Stauffenberg. Die Biographie*. 2. Aufl., München 2008.
Honoré, Tony: »Fritz Pringsheim (1882–1967).« In: *Jurists uprooted. German-speaking Émigré Lawyers in Twentieth-century Britain*. Ed. by Jack Beatson and Reinhard Zimmermann. Oxford 2004, S. 205–232.
Kaube, Jürgen: *Max Weber. Ein Leben zwischen den Epochen*. Berlin 2014.
Klemperer, Klemens von: *Die verlassenen Verschwörer. Der deutsche Widerstand auf der Suche nach Verbündeten 1938–1945*. Berlin 1994.
Lammers, Walther: *Geschichte Schleswig-Holsteins. Band 4, Teil 1: Das Hochmittelalter bis zur Schlacht von Bornhöved*. Neumünster 1981.
Langbehn, Julius: *Rembrandt als Erzieher*. Von einem Deutschen. 77.–84. Aufl., Leipzig 1922.
Leister, Ingeborg: *Rittersitz und adliges Gut in Holstein und Schleswig*. Schriften des Geographischen Instituts der Universität Kiel 14, 2, 1952.
Longerich, Peter: *Heinrich Himmler. Biographie*. 2. Aufl., München 2008.
Lukács, Georg: *Geschichte und Klassenbewußtsein. Studien über marxistische Dialektik*. Neuwied 1968.
Maier, Hedwig: »Die SS und der 20. Juli.« In: *Vierteljahrshefte für Zeitgeschichte* 14 (1966), S. 299–316.
Malinowski, Stephan: *Vom König zum Führer. Sozialer Niedergang und politische Radikalisierung im deutschen Adel zwischen Kaiserreich und NS-Staat*. Berlin 2003, S. 422–437.
Mann, Golo: *Deutsche Geschichte des 19. und 20. Jahrhunderts*. 15. Aufl., Frankfurt/M. 1958.
Mann, Thomas: »Lübeck als geistige Lebensform«. Rede vom 5. Juni 1926 im Stadttheater zu Lübeck aus Anlaß der 700 Jahrfeier der Freien und Hansestadt. In: Thomas Mann, *Essays. Band 3: Ein Appell an die Vernunft. 1926–1933*. Herausgegeben von Hermann Kurzke und Stephan Stachorski. Frankfurt/M. 1994, S. 16–38.
Marx, Karl: *Manifest der Kommunistischen Partei* (1848). In: Ders., *Manifest der Kommunistischen Partei. Kommentierte Studienausgabe*. Hg. von Theo Stammen unter Mitarbeit von Alexander Classen. Paderborn 2009, S. 66–96.
Meyer, Winfried: »Carl Langbehn.« In: Ders. (Hg.), *Verschwörer im KZ. Hans von Dohnanyi und die Häftlinge des 20. Juli 1944 im KZ Sachsenhausen*. Berlin 1999, S. 300–307.
Meyer, Winfried: »Terror und Verfolgung nach dem 20. Juli 1944 und das KZ Sachsenhausen.« In: Ders., *Verschwörer im KZ. Hans von Dohnanyi und die Häftlinge des 20. Juli 1944 im KZ Sachsenhausen*, Berlin 1999, S. 11–53.
Meyer, Winfried: »Nachrichtendienst, Umsturzvorbereitung und Widerstand – Hans von Dohnanyi im Amt Ausland/Abwehr des Oberkommandos der Wehrmacht 1939–1943.« In: Ders. (Hg.), »*Verschwörer im KZ.*« *Hans von Dohnanyi*

und die Häftlinge des 20. Juli 1944 im KZ Sachsenhausen. Berlin 1999, S. 76–115.

Mommsen, Hans: »Gesellschaftsbild und Verfassungspläne des deutschen Widerstandes.« In: *Widerstand im Dritten Reich. Probleme, Ereignisse, Gestalten.* Herausgegeben von Hermann Graml. Frankfurt/M. 1994, S. 14–91.

Müller, Klaus-Jürgen: *Generaloberst Ludwig Beck. Eine Biographie.* Hg. mit Unterstützung des Militärgeschichtlichen Forschungsamtes Potsdam. Paderborn 2008.

Nissen, Momme: *Der Rembrandtdeutsche Julius Langbehn.* Freiburg 1926.

Nordenholz, Anastasius: *Welt als Individuation.* Leipzig 1927.

Nordenholz, Anastasius: *Scientologie. System des Wissens und der Wissenschaft.* München 1937.

Padfield, Peter: *Himmler. Reichsführer-SS.* London 1990.

Paul, Ina Ulrike: »Paul Anton de Lagarde«. In: *Handbuch zur ›Völkischen Bewegung‹ 1871–1918.* Hg. von Uwe Puschner, Walter Schmitz und Justus H. Ulbrich. München 1996, S. 45–93.

Pechel, Rudolf: *Deutscher Widerstand.* Zürich 1947.

Petzinna, Berthold: *Erziehung zum deutschen Lebensstil. Ursprung und Entwicklung des jungkonservativen ›Ring‹-Kreises 1918–1933.* Berlin 2000.

Piening, Johannes: *Ostholstein. Eine Ur- und Kulturgeschichte für Jedermann.* Plön 1911.

Pietsch, Ulrich: »Greggenhoffer, Georg«. In: *Biographisches Lexikon für Schleswig-Holstein und Lübeck,* Bd. 6. Neumünster 1982.

Plessner, Helmuth: *Die Grenzen der Gemeinschaft. Eine Kritik des sozialen Radikalismus.* Gesammelte Schriften, Bd. 5. Herausgegeben von Günter Dux, Odo Marquard und Elisabeth Ströker. Frankfurt/M. 2003.

Prange, Wolfgang: »Siedlungsgeschichtliche Landesaufnahme im ehemaligen Amt Eutin.« In: *Bosau I. Untersuchungen einer Siedlungskammer in Ostholstein.* Hg. von H. Hinz. Neumünster 1974, S. 130–149.

Prange, Wolfgang: »Die 300 Hufen des Bischofs von Lübeck. Beobachtungen über die Kolonisation Ostholsteins.« In: Ders., *Beiträge zur schleswig-holsteinischen Geschichte. Ausgewählte Aufsätze.* Neumünster 2002, S. 3–17.

Prühs, Ernst-Günther: *Das Ostholstein-Buch. Eine Landeskunde in Text und Bild.* 5. Aufl., Neumünster 1985.

Prühs, Ernst-Günther: *Geschichte der Stadt Eutin.* Mit einem Beitrag von Klaus Langenfeld. Eutin 1993.

Rasmussen, Carsten P. (et al.) (Hg.): *Die Fürsten des Landes. Herzöge und Grafen von Schleswig, Holstein und Lauenburg.* Neumünster 2008.

Rothfels, Hans: *Die deutsche Opposition gegen Hitler. Eine Würdigung (1948/49).* Zürich 1994.

Sartori, Giovanni: *Demokratietheorie.* Aus dem Englischen übersetzt von Hermann Vetter. Herausgegeben von Rudolf Wildemann. Darmstadt 1992.

Schad, Martha: *Frauen gegen Hitler. Vergessene Widerstandskämpferinnen im Nationalsozialismus.* München 2010.

Schmitz, Antje: *Die Orts- und Gewässernamen des Kreises Ostholstein.* Neumünster 1981.
Schoeps, Manfred: *Der Deutsche Herrenklub. Ein Beitrag zur Geschichte des Jungkonservatismus in der Weimarer Republik.* Diss. Erlangen-Nürnberg 1974.
Scholder, Klaus (Hg.): *Die Mittwochs-Gesellschaft. Protokolle aus dem geistigen Deutschland 1932–1944.* Berlin 1982.
Scholtyseck, Joachim: *Der Aufstieg der Quandts. Eine deutsche Unternehmerdynastie.* München 2011.
Schürgers, Norbert J.: *Politische Philosophie in der Weimarer Republik. Staatsverständnis zwischen Führerdemokratie und bürokratischem Sozialismus.* Stuttgart 1989.
Schulz, Gerhard: »Johannes Popitz.« In: *20. Juli. Portraits des Widerstands.* Hg. von Rudolf Lill und Heinrich Oberreuter. Düsseldorf/Wien 1984, S. 237–251.
Schulz-Wittuhn, Gerhard: »Widerstand gegen Hitler. Ein Beitrag zur jüngsten Geschichte Deutschlands.« In: *Gewerkschaftliche Monatshefte* 4 (1958), S. 232–239.
Sloterdijk, Peter: *Kritik der zynischen Vernunft,* Bd. 2. Frankfurt/M. 1983.
Sontheimer, Kurt: *Antidemokratisches Denken in der Weimarer Republik. Die politischen Ideen des deutschen Nationalismus zwischen 1918 und 1933.* München 1962.
Speer, Albert: *Erinnerungen.* Berlin 1969.
Stern, Fritz: *Kulturpessimismus als politische Gefahr. Eine Analyse nationaler Ideologie in Deutschland.* Stuttgart 2005.
Tönnies, Ferdinand: *Gemeinschaft und Gesellschaft. Grundbegriffe der reinen Soziologie.* 4. Aufl., Darmstadt 2005.
Topographie der Herzogthümer Holstein und Lauenburg. 1856.
Topographie des Herzogtums Holstein. Kiel 1908.
Trott, Adam von: *Hegels Staatsphilosophie und das internationale Recht.* Göttingen 1932.
Tuchel, Johannes: »Heinrich Himmler. Der Reichsführer-SS.« In: Ronald Smelser/Enrico Syring (Hg.), *Die SS: Elite unter dem Totenkopf. 30 Lebensläufe*, Paderborn/München 2000, S. 234–253.
Tuchel, Johannes: »Heinrich Himmler und die Vorgeschichte des 20. Juli 1944.« Unveröffentlichtes Manuskript, Fassung 2003.
Voß, Reimer: *Johannes Popitz (1884–1945). Jurist, Politiker, Staatsdenker unter drei Reichen – Mann des Widerstands.* Frankfurt am Main 2006.
Wagner, Walter: *Der Volksgerichtshof im nationalsozialistischen Staat.* Stuttgart 1974.
Wehler, Hans-Ulrich: *Deutsche Gesellschafts-Geschichte. Vierter Band: Vom Beginn des Ersten Weltkrieges bis zur Gründung der beiden deutschen Staaten 1914–1949.* 3. Aufl., München 2008.
Weidemann, Carla: »Die väterlichen Vorfahren Julius Langbehns, des ›Rembrandtdeutschen‹.« In: *Archiv für Sippenforschung* 9 (1932) 4, S. 109–111.

Wheeler-Bennett, John W.: *Die Nemesis der Macht. Die deutsche Armee in der Politik 1918–1945*. Düsseldorf 1954.

Winkler, Heinrich August: *Der lange Weg nach Westen*, Bd. 2. 5. Aufl., München 2002.

Zelle, Karl-Günter: *Hitlers zweifelnde Elite. Goebbels-Göring-Himmler-Speer*. Paderborn 2010.

Bildnachweis

Bundesarchiv: S. 108 (links)
Bundespresseamt (BPA), Bonn: S. 111 (links oben)
Gedenkstätte Deutscher Widerstand, Berlin: S. 110 (2), 147
Institut für Zeitgeschichte München – Berlin (IfZ): S. 109 (2)
Landesarchiv Schleswig-Holstein, Schleswig: S. 44
Claus Langbehn, Chicago, IL, USA: S. 52, 53
Dagmar Langbehn, Paris, Frankreich; Wolfgang Langbehn, Buenos Aires, Argentinien: S. 14, 15, 16, 21, 36, 39, 56, 95, 111 (unten); Titelbild
Frank Pringham, Atlanta, GA, USA: S. 71
Privatbesitz: S. 108 (rechts), 111 (rechts oben)

Aus Publikationen:
Archiv Dagmar Langbehn, Paris: S. 68
Benedikt Momme Nissen, *Der Rembrandtdeutsche. Julius Langbehn*, Freiburg 1926: S. 59

Personenregister

Adolf II., Graf von Schauenburg 15, 46, 48
Asch, Ernst 22ff., 152 (Anm. 16)

Beck, Ludwig 80, 89f., 100, 105f., 109f., 117, 121
Berlin, Isaiah 101
Bernstorff, Albrecht Graf von 71f., 134
Bielenberg, Christabel 41, 67, 91, 101, 103f.
Bielenberg, Peter 41, 63, 67, 91, 101, 103, 140
Bloch, Ernst 76, 124
Bock, Fedor von 128
Bonhoeffer, Dietrich 75, 136
Bonhoeffer, Karl Friedrich 126
Bonhoeffer, Klaus 126
Bormann, Martin 136
Bruck, Arthur Moeller van den 25, 112
Brüning, Heinrich 24ff., 30f.
Brütt, Adolf 37
Burckhardt, Carl 103, 119f.

Canaris, Wilhelm 136

Dallin, Rudolph M. 45
Delbrück, Justus 126
Dohnanyi, Hans von 109, 114, 124, 126, 136
Dorsch, Käthe 134
Dulles, Allen Welsh 125, 129

Ebert, Friedrich 30
Engels, Friedrich 29, 153 (Anm. 26)

Fechter, Paul 72f.
Fichte, Johann G. 155 (Anm. 63)
Franke, Günter 142
Freisler, Roland 79f., 81, 93, 144ff.
Friedrich I. Barbarossa 55

Gereke, Günther 67f., 86f., 114, 158 (Anm. 125), 159 (Anm. 145), 160 (Anm. 178)
Giesenhagen, Karl 13

Goebbels, Joseph   65, 92, 148
Goerdeler, Carl   80, 89, 100, 106ff., 112, 115f., 119, 121
Goethe, Johann Wolfgang von   33
Göring, Carin   149
Göring, Hermann   88, 134, 149, 158 (Anm. 133)
Greggenhoffer, Georg   43ff., 51
Guttenberg, Karl Ludwig Freiherr von   104, 120, 126

Halder, Franz   137
Harms, Bernhard   104
Harnack, Arvid   125
Hassell, Ilse von   104, 119, 124
Hassell, Ulrich von   8, 84, 89f., 100, 103f., 105f., 108, 111f., 115ff., 119ff.,
    124f., 127, 129, 132f., 135f., 139ff.
Haushofer, Albrecht   85, 102f., 111, 162 (Anm. 204)
Haushofer, Karl   102f.
Haushofer, Martha   102f.
Haverbeck, Agnes   17, 82
Haverbeck, Edgar   80, 82ff., 91f., 157 (Anm. 111, 113, 116)
Haverbeck, Gaston   82
Hegel, Georg W. Fr.   101
Heidegger, Martin   32f.
Heisenberg, Elisabeth   38
Heisenberg, Werner   38, 89
Helmold von Bosau   46
Herder, Johann G.   59
Heß, Rudolf   102f.
Heydrich, Reinhard   71f., 99
Himmler, Gudrun   91
Himmler, Heinrich   7f., 10, 69f., 72, 82f., 90, 91ff., 99, 102ff., 109, 114, 119,
    121ff., 132ff., 140ff., 149, 159 (Anm. 145, 147), 162 (Anm. 204)
Himmler, Margarete   91, 139
Hindenburg, Paul von   25f., 30
Hitler, Adolf   7f., 26, 41, 54, 58, 61, 67, 75f., 78, 79ff., 83f., 87f., 92ff., 99ff.,
    114ff., 121ff., 135ff., 141ff., 146ff., 158 (Anm. 128), 161 (Anm. 187), 162
    (Anm. 209)
Hopper, Bruce   125

Jessen, Jens   89f., 100, 104ff., 109f., 112, 117ff., 124, 140f., 161 (Anm. 186)
Johst, Hanns   134
Jung, Edgar   112
Jünger, Ernst   112

Kaltenbrunner, Ernst   89f., 120, 144f., 149

Kant, Immanuel   37, 59, 153 (Anm. 30), 155 (Anm. 63)
Kleine, Heinz   18f., 20, 24, 65, 67, 86, 140, 144, 152 (Anm. 16)
Koerner, Bernhard   57f.

Langbehn, Asmus   43
Langbehn, Charlotte   38, 166f.
Langbehn, Dagmar   23, 38, 166
Langbehn, Dora   53
Langbehn, Elke   23, 91
Langbehn, Franz   53
Langbehn, Frieda   50, 53
Langbehn, Friedericke   13, 53f.
Langbehn, Gustav   50, 53
Langbehn, Hans   14ff.
Langbehn, Hans Heinrich   10, 14, 38, 41f., 50ff., 55f., 60f., 63, 152 (Anm. 3), 167
Langbehn, Hans Hinrich   51f.
Langbehn, Harald Malte   23, 166
Langbehn, Heinrich   13f., 16f., 19
Langbehn, Hinrich Friedrich   51
Langbehn, Ingeborg   38
Langbehn, Irmgard   13ff., 18, 23, 35ff., 41f., 50, 67, 74, 80f., 84, 91f., 103, 105, 134f., 140f., 150, 152 (Anm. 16), 166
Langbehn, Johann Friedrich Wilhelm   14, 51, 52f.
Langbehn, Johann Heinrich   17, 51f.
Langbehn, Julius   58ff., 155 (Anm. 69)
Langbehn, Karl   23, 166
Langbehn, Katharina Wiebke   51
Langbehn, Martha (Mutter von Carl)   13, 16f., 36, 39f., 144
Langbehn, Martha (Tante von Carl)   42, 50, 53
Langbehn, Peter Friedrich   51
Langbehn, Wilhelm   53f.
Langbehn, Wolfgang   23, 166
Lautz, Ernst   115, 127, 141f.
Leuschner, Wilhelm   86
Lewon, Johann Christian   45
Liebknecht, Karl   29
Lukács, Georg   29
Luxemburg, Rosa   29

Mann, Thomas   49
Marx, Karl   29, 123f.
Maschmeyer, Agnes   17, 82
Maschmeyer, Carl   13, 17, 19, 36, 86

Messerschmitt, Wilhelm Emil   38
Moltke, Helmuth James Graf von   101, 103, 144, 164 (Anm. 269)
Müller, Heinrich   72f., 135f.

Nelson, Leonard   76
Nestler, Albert   149
Nestler, Birgitta   149f.
Nissen, Momme   58, 60f.
Nordenholz, Anastasia   36
Nordenholz, Anastasius   23, 35, 37f., 153 (Anm. 30)
Nordenholz, Anita   36f.
Nordenholz, Friedrich Wilhelm   36f.
Nordenholz, Martha   23, 37
Nordenholz, Ursula   36f.

Olbricht, Friedrich   114, 132
Oster, Hans   114, 126

Papen, Franz von   25f.
Planck, Erwin   85, 100, 105f., 109f., 117, 124, 141
Planck, Max   105
Plessner, Helmuth   112
Ploetz, Alfred   37
Poelchau, Harald   88, 136, 150
Popitz, Cornelia   119, 149
Popitz, Johannes   7f., 72f., 80f., 82ff., 88ff., 92ff., 99ff., 108ff., 117ff., 121, 123f., 126ff., 132ff., 158 (Anm. 125, 128, 133), 159 (Anm. 139), 161 (Anm. 187), 162 (Anm. 204)
Pringsheim, Fritz   19f., 24, 66, 68ff., 73, 76f., 81, 156 (Anm. 86), 157 (Anm. 107), 166

Quandt, Günther   82, 85, 87, 157 (Anm. 111, 116)

Radbruch, Gustav   76
Rembrandt Harmenszoon van Rijn   59f.
Ribbentrop, Joachim von   103, 130

Sarre, Marie-Louise   65, 84ff., 101f., 105, 128, 133ff.
Sauerbruch, Ferdinand   89
Schadewaldt, Wolfgang   89
Schellenberg, Walter   125, 127, 135
Schleicher, Kurt von   26, 105
Schmitt, Carl   76, 89, 112
Schopenhauer, Arthur   37, 59

Schulze-Boysen, Harro   125
Schulze-Gaevernitz, Gero von   129
Sonnenschein, Adolf   25, 27
Speer, Albert   138
Spengler, Oswald   112
Spranger, Eduard   89, 158 (Anm. 135)
Stalin, Josef   129
Stauffenberg, Claus Schenk Graf von   80, 100, 105, 124f., 142

Thierack, Otto   79, 145, 149
Tillich, Paul   76
Tönnies, Ferdinand   112
Torgler, Ernst   66f.
Tresckow, Henning von   109, 114, 128, 145
Trott, Adam von   41, 101f., 111f.

Wartenburg, Peter Graf Yorck von   101, 126
Weber, Max   76
Weidemann, Carla   60f.
Witzleben, Erwin von   106, 132, 146
Wolff, Karl   72, 81, 99, 122, 127, 129, 130ff., 134f.

Zahler, Heinrich   85ff.

Otto Carl Kiep
Mein Lebensweg 1886–1944

Aufzeichnungen während der Haft
Mit einem Nachwort von Johannes Tuchel

Der deutsche Diplomat Otto Carl Kiep erkannte früh, in welchen Abgrund die politische Entwicklung unter dem NS-Regime führen sollte. Als er im März 1933 an einem Bankett zu Ehren von Albert Einstein teilnahm, verlangten die Nationalsozialisten seine Ablösung. Kiep ließ sich in den einstweiligen Ruhestand versetzen. Bei Kriegsbeginn wurde er in das Amt Ausland/Abwehr im Oberkommando der Wehrmacht eingezogen und hatte dort bald engen Kontakt zum Kreis um Hans Oster und Hans von Dohnanyi. Nach einer Denunziation wurde er am 16. Januar 1944 festgenommen und am 1. Juli 1944 zum Tode verurteilt. Seine Verbindungen zu anderen Widerstandskreisen entdeckte man indes erst nach dem gescheiterten Attentat vom 20. Juli 1944. Nach erneuten Vernehmungen und schweren Misshandlungen wurde Otto Carl Kiep am 26. August 1944 in Berlin-Plötzensee ermordet.

Unter denkbar schwierigsten Bedingungen, den Augen der Gestapo verborgen, konnte er während der Haft die vorliegenden Lebenserinnerungen verfassen. Im Nachwort beschreibt Johannes Tuchel detailliert die Verfolgung, die Haft und die Umstände des Todes von Otto Carl Kiep

Festeinband mit Schutzumschlag, 243 Seiten, 39 Schwarzweißabbildungen
ISBN 978-3-86732-124-2 € 19,80